KB272230

기적을 만들던 순간들,
역시 사람이었다

● **일러두기**

영어 및 한자 병기는 본문보다 작은 글씨로 처리했습니다. 인명 및 지명은 국립국어원의 외래어 표
기법에 따라 표기했으며, 규정에 없는 경우는 현지음에 가깝게 표기했습니다.

기적을 만들던 순간들,
역시 사람이었다

대우 신화의 숨은 주역 윤영석,
기술 자립으로 세계를 개척한 순간들

윤영석 지음

생각의 창

함께 우물을 판 사람들에게

미국의 한 경제학자가 이런 말을 한 적이 있다.

"사람의 소득 중 절반은 어느 나라에서 태어났는가로 정해지고, 30%는 어떤 가정에서 태어났는가로 결정된다. 오직 20%만이 자신의 노력에 달려 있다."

나는 이 말 속에 인생의 냉엄한 진실이 숨어 있다고 생각한다. 인간은 태어나는 조건을 스스로 고를 수 없고, 주어진 틀 안에서 발버둥 치며 자신의 길을 만들어 간다. 내가 성장하던 시절, 이 나라는 가난이 공기처럼 스며 있던 땅이었다. 하루 세 끼를 걱정하지 않는 집이 드물었고, 대학을 나와도 일자리가 없어 '룸펜'이라는 말이 거리의 언어가 되던 시절이다. 가난은 부끄러움이 아니라 숙명이었다.

그러나 그 척박한 현실 속에서도 누군가는 길을 내야 했다. 박정희 대통령 시절, 대한민국은 비로소 산업화를 향한 거대한 걸음을 내디뎠다. 전국 곳곳에 중화학 공장이 세워지고 농촌마다 새마을의 깃발이 휘날리던 그때, 국민의 심장은 다시 뛰기 시작했다.

사람들은 새벽같이 일어나 일터로 향했고, 공장의 불빛은 밤새 꺼지지 않았다. 집보다 직장이 더 따뜻했고, 가족의 얼굴보다 기계의 불빛을 더 오래 바라보던 시절이었다. '저녁이 있는 삶'은 없었지만, '내일이 있는 조국'을 만들겠다는 믿음 하나로 살아갔다. 누가 시킨 것도 아니었지만, 우리는 모두 산업의 역군이었다. 굴뚝마다 솟구치는 연기 속에는 땀과 함께 희망이 섞여 있었다. 그 치열한 세월 끝에, 오늘의 대한민국이 있게 되었다.

지금 우리가 누리는 풍요와 번영은 어느 날 하늘에서 떨어진 것이 아니다. 한 삽 한 삽 땀으로 파낸 우물 속의 물과도 같다. 그래서 나는 종종 중국의 옛말을 떠올린다.

"우물물을 마실 때는, 그 우물을 판 사람을 기억하라."

나는 산업화 시절 그 우물을 함께 판 사람 중 한 명이었다. 그 시절 삶의 가장 큰 보상은 풍요가 아니라 보람이었다. 그 우물이 마르지 않고 다음 세대가 더 깊고 넓게 길어 올릴 수 있는 우물이 된다면, 그것은 내 인생 최상의 축복이 될 것이다.

1980년대 초, 기술도 자본도 경험도 없던 시절 국내 수요는 한정적이었고, 기계제품은 대부분 일본이나 미국에서 부품을 들여와 조립했다. 그때 대우중공업의 기술자들은 무모하다 할 만큼 과감하게 건설중장비와 엔진의 국산화에 도전했고, 대우조선의 젊은 엔지니어들은 세계의 조선소들이 감히 시도하지 못한 공정 혁신을 통해 두세 배 빠른 속도로 고수익 선박을 만들어 냈으며, 한국중공업의 기술자들은 발상의 전환으로 세계 담수화 설비 시장을 장악했다.

조국의 산업을 일으키겠다는 신념 하나로 불가능에 맞섰던 그들. 나는 이 책을 그들의 이야기로 채우고 싶었다. 이 책은 한 사람의 성공담이 아니라, 산업의 불모지에서 길을 닦아 온 수많은 사람들의 기록이다. 기계공업의 씨앗을 뿌리고, 도전과 실패와 성취를 거듭하며 이 나라의 근간을 세운 사람들. 그들의 땀방울 하나하나가 오늘의 대한민국을 만들었다.

한 사람의 힘으로 세상을 바꿀 수는 없다. 그러나 함께 흘린 땀과 믿음이 모이면 불가능도 가능으로 바뀐다. 나는 그 사실을 이 책을 통해 증언하고 싶었다. 그래서 이 글은 나의 회상인 동시에, 다음 세대를 향한 당부이기도 하다.

우리가 판 우물이, 내일의 젊은이들이 마실 맑은 물이 되기를, 그들이 또 다른 우물을 파 더 큰 역사를 써 내려가기를 바란다. 그런 마음으로 이 책을 그 모든 '우물을 판 사람들'에게 바친다. 당신들의 헌신이야말로 이 땅의 산업을 일으킨 진정한 찬가이며, 내 인생이 증언하고 싶은 가장 아름다운 이야기들이다.

차례

2부

세상의 아침을 열다

3부

성공의 뒤안길

1부

어둠을 넘어
새벽으로 가는 길

제1장

집안의 역사

그 어둠의 시대

1938년 여름은 유난히도 무더웠고 조선 사람들의 삶은 더욱 팍팍해져 있었다. 징병과 징용, 식량 배급과 강제 동원, 공출과 궁핍이 일상이었다. 구체적인 절망과 근거 없는 희망이 기묘하게 교차하던 그해 9월 9일(음력 윤7월 16일) 나는 파평 윤씨 37대손으로 서울 종로구 궁정동 21번지 일본식 집에서 10남매 중 일곱째로 태어났다.

일제강점기 28년째이던 그해는 우리나라가 '대한제국'이라는 이름을 잃은 지 한 세대쯤 지났을 무렵이다. '황국신민'이라는 낯선 호칭을 강요받으며 나라를 잃은 굴종의 나날을 살아가던 시절이다. 중일전쟁이 발발한 지 1년이 넘어 국경 건너 대륙에서는 전쟁의 포화가 번지고 있었고, 일제는 점령지에서 병력을 확충하고 전시 물자를 수탈하는 데 혈안이 되어 있을 즈음이다. 그나마 아버지가 은행에 재직하고 계셔서 우리 집안은 궁핍을 면할 수 있었다.

집안의 역사와 부모님의 삶, 그리고 나와 형제들의 성장기를 쓰려니, 막상 내가 알고 있는 것이나 떠오르는 생각들이 상당히 제한적이라 답답하다. 아무래도 아버지가 일찍 돌아가시는 바람에 집안 역사에 대해 들을 기회가 많지 않아서 그런 것 같다. 그래서 기억이 희미하거나 회상할 수 있는 범위 밖의 일들에 대해서는 좀 더 정확한 기록을 위해 집안 내력을 학술적으로 정리한 윤정석 교수의 저서《재경양반 파평윤씨》(2014)를 일부 참고했다.

나의 조부 윤성희는 강화도조약이 체결된 1876년 파평 윤씨 35대손으로 태어났다. 그는 1907년 보성전문학교(현 고려대학교) 경제학과를 졸업한 경제학자였다. 대학을 졸업한 이듬해인 1908년 뜻을 같이하는 사람들과 '경기·충청의 흥학興學을 위해' 기호흥학회를 설립하여 연구도 하고 학교를 열기도 했다.

조부는 당시 몇 안 되는 경제 칼럼니스트였는데 〈기호흥학회보〉에도 논문을 여러 편 발표한 기록이 남아 있다. 그는 당시로서는 드물게 서양 경제학 사조를 연구해 조선 사회에 소개한 학자였다.

  1909년 안성군수가 되었다가 원주 재무서장으로 옮긴 후 한일병합을 맞았는데, 1911년 총독부가 우수한 관료 100여 명을 군수에 임명할 때 그는 양평군수로 발령이 났다. 그러나 양평군수 시절 군민들이 군청에 모여 '대한독립만세'를 부른 사건에 앞장섰다가 총독부로부터 1921년 파면당한 이후 돌아가실 때까지 17년을 공직에 나가지 않았다. 어릴 적 들은 얘기로는 공직을 떠난 할아버지가 말년에 술로 근심을 달래고 들어오실 때 두루마기가 새벽이슬에 더러워지는 일이 잦아, 며느리인 나의 어머니가 이른 아침 다시 빨아 바느질해 입혀 드렸다니 어머니의 고초가 심하셨을 것 같다.

  아쉬운 것은 조모가 돌아가신 후 조부는 나이가 한참 아래인 열아홉 살짜리 재취를 맞으셨는데 이분 모녀가 우리 어머니에게 상당히 심한 시집살이를 시키셨던 모양이다. 그래서 우리 부모와는 좋은 관계가 아니었던 것 같다.

  결국 조부가 돌아가시면서 남긴 집과 토지를 아버지가 모두 이 (젊은) 할머니에게 드리고, 집안 호적에서 그녀를 말소해 관계를 단절한 것으로 전해 들었다. 내가 태어나기 바로 전해에 조부가 돌아가셨기 때문에 사실 그분에 대한 추억은 전혀 없고 더 밝힐 필요도 없을 것 같다.

헌신적인 삶

아버지 윤기학은 대한제국이 기울어 가던 1904년 태어나 조부가 군수로 있던 양평에서 보통학교를 다니며 성장했다. 보통학교 졸업 무렵 조모가 돌아가시자 홀로 상경해 제일고등보통학교(지금의 경기중학교)에서 5년의 학업을 마쳤다. 그 후 경성법전(지금의 서울법대)에 들어가실 만큼 머리가 영민하셨다.

경성법전 졸업반 때인 1922년 아버지는 우리 나이 열아홉에 한 살 아래 신부 홍은희와 백년가약을 맺었다. 어머니는 외할아버지 홍성천洪性天과 외할머니 함안 조씨 사이에서 막내로 태어난 남양 홍씨 집안의 규수였다. 어머니에 관한 내용은 뒤에 별도로 다루기로 하고, 여기서는 내 가족 전체의 역사에 관한 이야기를 이어 나가야겠다.

결혼 후 아버지는 법원 춘천지청에서 통역요원으로 근무를 시작했는데 "일본인 판검사가 조선 사람 심문하는 것을 통역하는 것은 아주 곤혹스러운 일이었다"고 말씀하신 적이 있다. 입이 무거우신 아버지는 우리에게 일제에 대한 이야기를 한 기억이 거의 없지만, 일제가 지정한 복장 대신 신사복을 입고 출근하실 만큼 저항적인 성격을 갖고 계셨던 것 같기는 하다.

어머니는 결혼 이듬해인 1923년 7월 제일 큰누나 화석을 출산할 때부터 1947년 막내 광석을 낳을 때까지 거의 2년 터울로

6남 4녀를 두셨다. 1926년 6월에 큰형 태석을 출산하고 이어 1929년에 둘째 누나 경석을 낳을 때까지 양평 조부 댁에서 엄혹한 시집살이를 하셔야 했다. 어머니는 억척스럽게도 세 아이를 품에 안으면서도 한편으로는 시댁의 혹독한 요구를 묵묵히 견뎌 내셨다.

이후 1931년 아버지가 경성지방법원 민사 법원으로 발령이 난 후에야 두 분이 서울로 오셔서 중림동 셋방에 보금자리를 틀었다. 그 집에서 1933년 셋째 누나(난석)가, 그 이듬해에 둘째 형(갑석)이 태어났다. 이제 식구는 모두 일곱으로 불었다. 이미 큰누나는 국민학교(지금의 초등학교) 상급반에 다닐 정도로 성장했지만, 아직 가정은 완성된 것이 아니었다.

할아버지가 세상을 떠나셨을 때 34세 아버지는 삼촌까지 아홉 명의 대식구를 거느린 가장이 되었다. 어차피 조부가 직업 없이 인생 말년을 보내셨기에 새삼스러운 부담은 아니었다. 할아버지의 재산으로는 양평 집과 약간의 땅이 있었지만, 앞에서 언급한 대로 서모와의 관계를 정리하기 위해 아버지가 손대지 않고 버텼다.

아버지는 벌이가 좋지 않은 법원 하위직에서 10년을 근무하고, 1936년 할아버지 지인이 행장으로 있는 동일은행으로 직장을 옮겼다. 은행의 급여가 공무원보다 훨씬 많아 아버지는 셋째 형 출산을 앞두고 교남동, 지금의 적십자병원 근처 큰 집으로 이

사할 수 있었다.

내가 태어난 곳은 그 후 다시 이사한 궁정동이다. 그곳에서 다시 통의동 현 금융감독원 별관 자리로 이사해, 나는 어린 시절 이 집에서 많은 날을 보냈다. 그리고 이 집에서 1940년 막내 여동생 명석이 태어났다.

당시 아버지 월급이 80원이었다는 기록이 있는데 이것은 쌀 27가마를 살 수 있는 거금이었다. 아버지는 날 때부터 허약했던 둘째 형에게 집 한 채 값을 주고 산삼을 구해 먹일 정도로 당시 우리는 풍요로운 나날을 보냈다.

거의 2년 터울로 형제가 생기다 보니 10남매 중 첫째인 큰누나는 나보다 열다섯 살이나 위다. 아버지는 여성의 교육에 대해 부정적이었던 것 같다. 큰누나가 국민학교만 졸업하면 세상 사는 데 충분하다고 고집했다니 말이다. 교육을 못 받아 한이 된 어머니가 큰누나를 몰래 동덕여중에 진학시켰다가 졸업을 1년 앞둔 4학년 때 들통났는데, 아버지가 졸업은 시켜주셨다는 에피소드도 기억난다.

1942년 초가을에 우리는 창성동으로 집을 늘려 이사했다. 아버지가 산 두 번째 집인 이 집은 대지가 55평가량 되는 전통 한옥이다. 목욕탕이 있을 정도로 당시에는 호화주택이라고 할 수 있었다. 이 집에서 1943년 다섯째 아들 우석이 태어났다. 이때쯤 아버지는 다니시던 동일은행이 한성은행과 합병하면서 생긴 '조흥은행'의 안국동지점 차장이 되었다.

창성동에 살 때 집은 컸고 수입은 늘었지만, 태평양전쟁 중이라 일제의 수탈은 극에 달했다. 일본인 순사가 거의 매일 가가호호 다니면서 집 안의 놋그릇, 놋수저 등 쇠붙이를 강탈해갔다. 나는 골목 밖에서 망을 보다가 일본 순사가 나타나면 달려와 어른들께 말씀드렸고, 그러면 식구들이 재빨리 그릇과 수저를 가마니에 담아 마루 밑 깊숙이 숨기기도 했다. 순사가 지나가면 다시 꺼내 기왓장 빻은 가루를 볏짚에 묻혀 그릇을 닦았다. 어린 나이에도 내가 참 열심히 어머니를 도와드렸던 기억이 난다.

해방을 실감한 것은 일제의 수탈이 없어지면서 시장이 풍요로워질 때부터였다. 아버지는 주말이면 통인동 큰길 모퉁이 고깃간에서 소 내장과 뼈를 한 양동이씩 사와 일주일 내내 곰탕을 떨어뜨리지 않고 자식들을 먹였다. 우리에게 해방은 먹을거리가 풍족해졌고 뒷집까지 사서 집을 넓히는 바람에 생활공간이 확대됐다는 것을 의미했다.

이즈음 아버지는 조흥은행 안국동지점 차장에서 경기도 안성지점장으로 승진 발령을 받았다. 그러나 얼마 안 돼 혜화동출장소를 지점으로 승격하는 일을 맡아 서울로 올라오면서 우리 식구들은 은행에서 제공해준 혜화동 양옥집으로 이사를 했다. 그 집에서 1947년 막내 광석이 출생했다. 그때 이미 성장해 시집간 큰누나는 혜화국민학교 건너편 꽤 넓은 한옥에 살림을 차려 우리 형제들이 자주 놀러 간 기억도 있다.

이즈음 셋째 형은 경기중학교에, 나는 혜화국민학교에 들어갔고 나이 차가 큰 첫째 형은 서울대 기계공학과에, 둘째 누나는 서울사대 교육심리학과에, 셋째 누나는 풍문여자중학교에 다니고 있었다. 아침마다 어머니는 도시락을 여섯 개씩 싸야 했지만, 마음속으로는 공부 잘하고 쑥쑥 커가는 자식들이 대견했을 것이다.

아버지가 은행지점장이 되니 당시 풍습대로 갈비짝, 사과 상자, 쌀가마 등이 집에 많이 들어왔다. 하지만 아버지는 형들을 시켜 선물을 되돌려 보내기도 했고, 어머니는 가족이 먹을 만큼만 놔두고 이웃에 나눠주기도 했다. 그 모습을 보면서 우리 형제들은 덜 가진 사람들에 대한 배려와 사회적 포용의 정신을 마음속에 담지 않았을까 싶다.

아버지는 자식들한테 말로 가르치기보다 솔선수범하셨고 근면 성실과 절약, 신의, 정직을 강조하셨다. 그리고 "매사에 최선을 다하라. 지성이면 감천이다"라는 말을 자주 하셨다. 어릴 적에는 건성으로 들었지만 이 평범한 덕목이 내 인생에 끼친 영향은 결코 적지 않다. 아버지는 말이 적었지만 정이 많고 너그러운 분이셨다. 어느 날 겨울 새벽 내가 대학입시를 앞두고 이불을 뒤집어쓴 채 촛불을 켜놓고 공부하고 있을 때, 방 밖에서 아버지가 "춥지는 않냐?"고 물으셨다. 그 음성이 지금도 귓가에 쟁쟁하다.

해방이 된 이듬해 아버지는 은행을 그만두고 과도정부 산하 운수국 감사관으로 일터를 옮겼다. 정부의 일을 하게 되었지만, 은행에서 제공한 혜화동지점 사택에서 그대로 살았다. 그 사택에서 용산 운수국 청사로 출근하실 때 아침마다 미제 검정 뷰익 세단이 와서 모셔갔다. 미군정 고문관이 집에 일반전화와 교통부의 비상전화를 달아줬고, 군용 철제침대를 두 개나 줘 처음 침대에서 잠을 자 보기도 했다.

대한민국 정부가 출범한 1948년 8월 아버지는 교통부장관 비서실장이 되었다. 민희식 교통부장관은 고종을 경호하던 시종무관으로 한일병합에 비분강개해 자결한 민영환의 큰아들이었다. 그해 9월 경부선을 달리던 해방호가 용산역에서 충돌 사고를 일으키면서 미군 25명과 한국인 한 명이 사망했다. 이 사건으로 교통부장관이 사임하면서 아버지도 공직에서 물러났다.

아버지의 위대한 유산

그 후 아버지는 한국 상공은행장 비서실장으로 자리를 옮겼고, 1950년 4월 총선 때 양평군 국회의원 선거에 무소속으로 출마했다. 창성동 집을 팔아 선거운동에 쓰셨는데 낙선하자 집 한 채가 고스란히 날아갔다. 그로부터 불과 두 달 후 한국전쟁이 터질 줄은 누구도 상상조차 하지 못했다.

1950년 6월 25일 한국전쟁이 발발했을 때 나는 마루에서 아버지와 장기를 두고 있었는데 멀리서 쿵쿵하는 대포 소리가 들렸다. 며칠 뒤 장독대에 올라 밖을 내다봤을 때 중앙청에 이상한 깃발이 걸려 있었다. 호기심에 큰길가에 나가 보니 탱크들이 여러 대 서 있고 총에 맞아 죽은 사람들이 널려 있었다. 그날로 아버지는 시골로 피신한다며 나가셨고, 장성한 큰형은 할아버지가 군수로 계시던 양평으로 내려갔다. 나머지 우리 가족은 통의동 집에서 그냥 지냈다.

아버지는 시골을 전전하며 피해 다니다가 어찌어찌하여 1·4 후퇴 때는 상공은행의 부장이 되어 은행이 빌려준 트럭을 탈 수 있었고, 그 덕에 우리 가족은 대구로 피난했다. 1951년 봄, 전쟁통에 둘째 누나가 스물두 살의 나이에 폐결핵으로 세상을 떠나 부모님 가슴에 큰 아픔을 안겨드렸다. 이 일로 온 가족이 슬픔에 빠져 지냈다.

피난을 가기 시작하면서 나의 떠돌이 학업이 시작되었다. 해방 전에는 청운국민학교를 1년 다녔고 해방 후 혜화국민학교에서 2, 3, 4학년을, 그리고 수송국민학교에서 공부하다가 피난으로 대구, 군산을 거쳐 마산 성호국민학교까지 요즘의 초등학교만 무려 6군데를 전전했다. 그러다 보니 초등학교 친구가 거의 없고 성호국민학교 동창 박순규하고만 그 이후에도 교분을 쌓았다. 그 친구는 서울상대를 졸업하고 은행에 가 있었는데, 후에 내가 불러 대우에서 어울렸고 최근까지도 만나는 유일한 초등학교 친구다.

초등학교 시절 나는 학업에 별로 뜻이 없었던 것 같다. 당시 보자기에 책을 쌓아 메고 다녔는데 1주일 내내 책보를 풀지 않았고 말썽을 잘 부려 어머니가 학교에 자주 불려 가셨던 기억이 난다. 초등학교 졸업 후 부산에 있는 경기중학교에 입학해 마산에서 기차로 통학을 했는데, 편도에만 한 시간 이상이 걸리던 통학 길은 고통스러웠다. 나중에 부산으로 이사 가서 한결 학교 다니기가 나아졌지만 그렇다고 학업에 전념했던 기억은 없다.

1952년 가을 우리 가족은 피난에서 돌아왔고 이듬해 봄, 통의동 집으로 들어갔다. 큰형이 결혼해 합가를 하게 되니 오랜만에 집 안에 다시 활기가 돌았다. 당시 둘째 형이 서울대 금속공학과 3학년 재학 중이었고 셋째 형이 서울대 법대에 들어갔으며 셋째 누나는 서울대 수학교육과를 막 졸업했다.

쉰다섯이 된 아버지는 이제 경제적 수입이 한계를 맞기 시작했다. 하지만 학비 지출은 더욱 늘어 우리는 혜화동 집을 팔고 명륜동 작은 집으로 이사했다. 그래도 빚을 내야 생활이 가능한 처지가 되었다. 1958년 봄, 아버지는 결국 집을 남에게 넘겨주고 신당동 은행 사택으로 이사를 했다. 2층 다다미 8장짜리 방 하나에서 나와 셋째 형, 동생 우석이 지냈다. 좁은 집이었지만 그곳에서 우리는 열심히 공부해 나는 경기고를 졸업하고 서울대 경제학과에 입학했다. 나는 의대를 희망했지만 집안 형제들의 전공을 안배하시려는 아버지의 구상에 따라 상과대학에 진학했다. 내가 경영자가 되는 길을 아버지가 열어주신 셈이다.

아버지가 감당할 수 없는 경제적 궁핍에 몰리고 있는데도 장성한 아들 넷 모두 아버지만 바라보고 있어야 했으니, 건강이 그렇게 나빠지지 않았다면 그것이 오히려 이상했을 것이다. 마침내 아버지는 1959년 55세로 신당동 집에서 세상의 짐을 모두 내려놓으셨다. 아버지가 돌아가셨을 때 남겨주신 재산은 전혀 없었다. 장례를 모시고 나니 소액의 부의금만 남았을 뿐이다.

나에게 있어 경제적인 문제보다 더 절박했던 것은, 가까운 장래에 사회로 나가면서 부닥칠 많은 상황에서 조언을 해주실 집안 어른이 사라졌다는 것이었다. 사회생활을 먼저 경험하신 아버지가 계셨다면 사회 진출 후 내가 맞닥뜨릴 많은 결정들의 순간에 요구되는 지혜를 주실 수 있었을 것이다. 그런 조언자가 없어졌다는 것이 그렇게도 허전하고 불안할 수가 없었다.

그러나 아버지는 우리에게 무엇보다도 더 크고 소중한 자산을 남겨주셨다. 나는 그 사실을 세월을 지내면서 점점 더 뚜렷하게 실감할 수 있었다. 서로 의지하고, 돕고, 논의하면서 가정의 미래를 설계해 나가는 9남매 우리 형제자매들이 서로에게 엄청난 자산이었던 것이다. 일곱이 서울대를 나왔고 넷이 경기고를 나왔으니, 부모의 유산 가운데 이만큼 크고 자랑스러운 것이 또 어디 있겠는가. 수천억 재산을 넘겨받은 자손들이 불화 끝에 법정 소송까지 이어져 서로 원수가 되는 장견을 많이 보지 않던가. 우리는 금전적인 재산 대신 충분히 교육받은 형제들 간의 돈독한 우애를 유산으로 받았다.

자식들의 홀로서기

아버지를 하늘나라에 보내드리던 날 대학원에 다니던 셋째 형은 "아버지가 '졸업하고 취직하지 않겠냐?'고 하신 적이 있다"면서 얼마나 힘드셨으면 그런 말씀을 하셨겠냐며 크게 자책했다. 학업에만 전념했던 셋째 형은 어떻게 직장을 구하는지도 알지 못했다. 대학을 나와도 일할 자리가 거의 없던 시절이기도 했다.

아들 여섯에 딸이 셋이나 됐지만 다 합해도 아버지 한 사람보다 힘이 없었다. 아버지가 돌아가시고 우리 형제와 어머니에게는 슬픔과 절망과 가난이 깃든 삶이 기다리고 있었다. 은행 사택이었던 신당동 집에서 나온 우리 식구 10여 명은 정릉에 16평짜리 허름한 집을 구해 이사했다. 나와 셋째 형은 바깥방을, 둘째 형과 우석은 아랫방을 썼다. 큰형이 두 조카와 아래채 방에서 살았고 안채 건넌방엔 아버지의 신주를 모시고 아침저녁으로 3년 동안 상식을 올렸다.

빚쟁이들이 찾아와 보고 "이렇게 검소하게 사신 줄 몰랐다. 자식들이 훌륭하게 자라 성공하면 그것으로 됐다"며 돈 달라는 소리도 하지 않고 돌아갔다. 내가 성공해서 꼭 갚겠다는 마음이 들 정도로 그분들의 너그러움은 감동적이었다. 그 후 나는 그 장면을 자주 되새기며 조금이라도 여유가 생기면 그분들께 빚 갚는 심정으로 어려운 사람들을 도우려고 노력해왔다.

큰형이 직장을 그만두고 시작한 사업이 잘되지 않아 우리 집은 더 큰 위기에 직면했다. 한때는 하루 세 끼를 모두 미음으로 때워야 할 정도로 어려웠다. 직장에 다니는 이종사촌한테 사채를 빌려서 생활비로 써야 할 정도로 빈곤했다. 당시 이자가 비쌀 때는 25%나 되는데도 그 돈을 빌리지 않으면 안 되는 상황에 몰리곤 했다.

아버지가 돌아가신 후 둘째 형은 이승만 대통령이 '한국원자력원'을 만들어 국비장학생으로 10여 명을 해외로 보내는 데 선발돼 1959년 미국으로 유학을 갔다. 버지니아 폴리텍 인스티튜트에서 공부했는데 귀국을 앞두고 정권이 바뀐 데다 미국에 유학 가는 셋째 형 부부의 뒷바라지를 위해 미국에 남아 일을 하기로 했다. 그는 석사학위를 받고 유명한 싱거미싱 회사에 취업해 오랫동안 재직했다. 유학 중 결혼해 1남 1녀를 두었는데, 훗날 아들이 변호사로 구글 부사장까지 지내고 상원의원 선거에 출마할 정도로 유능했다.

미국으로 간 둘째 형이 큰형을 대신해 가장 역할을 했다. 경무대에서 매달 체재비로 보내주는 200달러 중 미국에서 40달러만 쓰고 160달러는 집으로 송금해 가계를 도왔다. 결국 둘째 형은 서울에 돈을 보내느라 빚까지 졌지만, 그런 처지에도 어머니 편지를 받으면 꼭 돈을 마련해 보냈다. 내 대학 학비는 입주 아르바이트를 하며 스스로 조달했지만, 둘째 형이 돈을 보내지 않았으면 동생들의 학비는 물론 우리 가족은 생계유지도 힘들었을 것이다. 내가 대학 졸업 후 직장에 들어가 월급 받을 때까지 5년 넘게 그렇게 지냈다. 그래서 지금도 둘째 형의 헌신에 대해서는 눈물이 날 정도로 고맙게 생각한다.

1964년 셋째 누나 부부는 1남 2녀를 데리고 브라질로 떠났다. 초기에 큰 어려움을 겪기도 했지만, 열심히 기술을 배워 2년 후 독립해 봉제공장을 차려 모은 돈으로 1968년 캐나다로 다시 이민을 가 슈퍼마켓으로 성공했다. 셋째 형은 1964년 군 복무 중 결혼했는데 군을 마친 후 이들 부부는 미국으로 유학을 떠났다. 박사과정이 끝날 무렵 돈이 없어 등록하지 못할 처지가 되었을 때 취직한 나와 캐나다에 사는 누나가 도와 공부를 마칠 수 있었다고 셋째 형은 말하는데, 나는 형을 도운 기억이 잘 나지 않는다.

형제들이 이처럼 모두 어려운 가운데서도 서로 밀고 끌고 도운 결과, 우리 가슴에는 형제애에 대한 자부심이 강하게 남아 있다. 타고 난 학자인 셋째 형은 미시간대에서 정치학 박사학위를 받고 귀국해 중앙대에서 30년 넘게, 86세까지 국제법을 가르쳤다.

감당해야 할 무거운 짐

셋째 형이 1964년 미국으로 유학을 떠날 즈음부터는 그해 취업한 내가 집안을 책임져야 했다. 한성실업에서 받은 첫 월급은 6,500원이었다. 다른 직장보다 두 세배 가까이 많은 돈이었지만 그것만으로는 동생들 학비를 모두 댈 수 없어 사채를 써야 했다. 결혼하고 분가하게 되자 나도 난감해졌다. 하는 수 없이 회사에 신세를 졌다. 회사에서 사채를 갚아주었고 나중에 내가 회사에 갚았다.

세월이 흘러 동생들이 학업을 마치고 취직하면서 차츰 여유가 생겼지만, 1962년부터 1967년 결혼할 때까지 5년 동안은 이루 다 말할 수 없을 정도로 힘들었다. 집안 경제에 내가 기여해야 하는 비중이 계속 늘어 갈 때의 상황을 지금 생각하면, 져야 할 짐이 커질수록 다리가 튼튼해지듯 인생의 짐이 무거울수록 나는 더 강하게 성장했다는 느낌이다.

그 어려웠던 시절 우연히 어느 책에서 당나라 이백李白의 〈행로난行路難〉에 나오는 시구를 읽고 위로를 받은 적이 있다. '長風破浪會有時 直掛雲帆濟滄海'라는 시구인데 '큰바람이 일어나 파도를 가를 때가 반드시 올 것이니, 구름 같은 돛을 곧게 달아 푸른 바다를 건너 가리라'는 뜻이다. 어려움 속에서도 언젠가는 기회가 찾아와 큰 뜻을 펼칠 수 있다는 희망과 결의를 담은 이 시구를 마음속에 간직하면서 희망을 잃지 않으려고 노력했다.

대우실업에 다니면서도 나는 집안에 챙겨야 할 일들이 많았다. 작은아버지의 아들, 즉 4촌인 원석과 중석 두 동생을 대우에 영입해 함께 일했는데 그들은 나중에 회사에서 꼭 필요한 사람이 되어 사내 고위직에 오르기도 했다. 사업에 실패한 큰형을 대우가 인수한 신성통상에서 일하도록 주선하기도 했다. 중역으로 10년 넘게 근무하다 다시 독립해 사업을 시작했는데 무슨 이유인지 또다시 성공하지 못했다. 큰형은 1957년 결혼해 4남매를 두고 76세가 된 2001년 세상을 떠났다.

바로 아래 남동생 우석은 장인이 운영하던 메커니컬 실mechanical seal 제조회사를 인수했는데, 베어링 없이 쇠와 쇠를 맞붙여 돌리면서 윤활유가 새지 않도록 정밀 가공하는 세계 제일의 첨단기술을 갖고 있는 회사다. 이 회사 진성티이씨TEC는 중장비 하부 주행체에 들어가는 롤러, 아이들러, 스프라켓 등을 세계 최고 수준으로 생산하면서 전 세계 4곳에 공장과 연구소를 갖춘 상장회사로 크게 성장했다.

우석은 기업을 해서 번 돈으로 언젠가 어머니를 기리는 재단을 만들어 사회에 공헌하겠다는 꿈을 갖고 있다. 우리 형제 중 경제적으로 가장 성공한 인물이다. 우석 아래 여섯째인 광석은 LG에서 부사장까지 했다. 내 바로 밑에 여자 동생인 네 딸 중 막내는 나의 상과대 동기와 결혼했다.

집안의 내력과 결혼 전 가족의 역사를 정리하면서 새삼 10남 매를 낳고 키우며 부모님이 겪으셨을 태산 같은 고초가 문득문득 생각났다. 그럴 때마다 가슴이 울컥해서 글쓰기를 멈춘 적이 한두 번이 아니다. 생각하면 할수록 두 분에 대한 존경심은 말로 형용할 엄두조차 나지 않는다. 그분들 덕에 역경을 극복하고 성장하면서 우리 형제는 더욱 결속했고, 세상 어느 집안보다 더 깊은 형제애를 갖게 되었다.

심리적 충격이나 고통스러운 경험을 겪으면 어떤 사람은 부정적 변화인 '외상 후 스트레스 장애'를 앓고, 어떤 사람은 내면의 긍정적인 변화를 얻는 '외상 후 성장'을 경험한다고 한다. 아마도 아버지를 여읜 후 나의 형제들은 다 함께 '외상 후 성장'의 길을 걷지 않았나 싶다.

아버지가 돌아가신 이후 우리 가정이 겪어야 했던 참담한 가난은 결코 만만한 시련이 아니었다. 그러나 나는 그때마다 '삶의 과정에서 고통은 자연스럽게 수반되는 존재'라는 한 단계 더 성숙한 믿음으로 역경을 헤쳐 나가는 지혜를 실천하려고 노력했다. 그것은 내 아이들에게 들려주고 싶은 이야기이기도 하다.

어머니, 어머니, 나의 어머니

"신은 모든 곳에 있을 수 없어서 어머니를 보내셨다"는 말의 출처는 정확히 모르지만 아마도 어머니의 존재를 신적인 사랑과 보호에 비유하는 뜻으로 해석된다. 즉, 신이 베푸는 사랑을 가장 가까운 자리에서 실천하는 존재가 어머니라는 뜻일 것이다. 어머니의 헌신, 사랑, 희생을 찬미하고 그 역할의 위대함을 강조하는 말이다. 그리고 모든 이에게 어머니의 사랑이 얼마나 숭고한지를 가르치고, 그의 존재 자체가 하늘의 축복과도 같다는 것을 시적으로 웅변하는 문장이다. 나에게도 어머니는 신과 같은 존재였다.

어머니는 시집오는 날, "자손이 귀한 집안인 만큼 자식을 많이 낳아 잘 키워 집안을 번성케 하겠다"고 다짐하셨다고 한다. 어머니는 그 약속을 확실하게, 아니 넉넉하게 지키셨다. 비록 여성 교육에 대해 완고하셨던 외할아버지의 고집에 학업의 기회를 갖지 못했지만, 그래서 배운 지식은 부족했지만, 세상 사는 지혜는 누구보다 풍부했던 분이다.

어머니는 배움에 대한 한이 깊어 학업 적령기를 지나서도 학교에 들어가 공부하는 것이 소원이었다. 훗날 놀랍게도 어머니는 살림을 큰형수에게 맡기고 공부를 시작했다. 막내 광석이 수송국민학교에 다닐 때 매일 아들 도시락을 들고 6년을 '등교'해 교실 창 너머로 공부를 했다. 40대 후반이었다. 그렇게 글을 깨우쳐 신문도 읽고 소설책도 읽는 위인이 되었다.

어머니의 배움에 대한 한은 우리를 통해 대리만족의 꽃을 피웠다. 자식 일곱 명이 서울대를 비롯한 유수의 대학을 나왔으니 말이다. 하지만 자식을 그렇게 만드는 길이 순탄치는 않았을 터다. 아버지가 돌아가신 후 직접 친척을 찾아다니며 돈을 꾸어 등록금을 마련해야 했다. 자식 등록금을 장만하려고 사채를 얻었다가 갚지 못해 변변치도 않은 정릉 집조차 압류를 당한 적도 있다. 그런 마음고생을 하면서도 어머니는 아버지가 다 마치지 못한 자식들 대학 뒷바라지를 완수하셨다. 당시 어머니의 고충을 상상하면 지금도 괴로워 몸이 뒤틀리고 가슴속에 비가 내린다.

나는 회사 일로 바쁘고 힘들 때도 어머니의 병원 수발에는 게으르지 않으려고 노력했다. 돌아가시기 전 어머니가 백내장 수술을 하셨을 때도 나는 어머니 곁에 있었다. 나는 어머니가 마음 편히 무엇이든지 얘기하고 부탁할 수 있는 마지막 자식이 되고 싶었다. 셋째 형은 자신의 저서에서 형제 중 내가 어머니를 가장 많이 도와드렸다고 기록했지만, 설혹 그렇게 했더라도 어머니를 생각하면 가장 먼저 떠오르는 감정은 역시 후회다. 시간이 지나고 나서야 깨닫는 것들이 너무 많다.

어린 시절에는 어머니의 사랑이 당연한 것처럼 여겨졌고, 어머니의 희생이 자연스럽게 생각되었다. 철이 들어서야 어머니가 자식들을 위해 얼마나 많은 것을 포기하셨는지 알았다. 어머니는 자신을 위해서는 거의 아무것도 갖지 않으셨고 아무것도 하지 않으셨다. 어머니가 자신을 포기하면서 가족을 위해 헌신하셨다는 사실을 깨달았을 때는 이미 늦어버려, 내가 그분을 위해 할 수 있는 일은 아무것도 없었다.

그래서 어머니를 다시 뵐 수 없다는 사실이 늘 내 가슴을 더욱 아프게 한다. 살아 계실 때 더 많이 사랑을 표현하고 더 따뜻하게 대해 드렸어야 했는데, 그러지 못한 나 자신이 원망스럽다. 그러나 결과론적이지만 나는 어머니께서 바라셨을 듯한 삶을 살아왔고, 그것이 어머니의 사랑에 대한 보답일지도 모르겠다. 나는 어머니를 잃었지만, 어머니의 사랑은 여전히 내 안에 고이 남아 있다.

빛이 되어준 은인들

앞서 가족사에서 잠시 언급했듯, 나는 어린 시절 이후 결혼 전까지 오랫동안 가난을 벗어나지 못했다. 경기고등학교 시절, 교복은 늘 형들이 차례로 입던 옷을 물려받아야 했다. 다행히 그때는 특별히 가난하지 않아도 형제끼리는 교복을 이어 입는 것이 자연스럽고 당연하게 여겨지던 시절이었다.

대학에 들어간 뒤에는 입주 가정교사를 하며 학비와 생활비를 충당했다. 고등학교 동기의 집에 들어가 그 동생을 가르치며 숙식을 해결했는데, 그 집은 을지로에서 제지업을 크게 하던 유복한 가정이었다. 집안 어른들은 마치 친아들을 대하듯 나에게 용돈을 쥐여주고, 철마다 계절 옷을 챙겨주었다. 특히 친구의 할머니는 나를 손주처럼 아껴주셨다. 그 은덕에 대해 나는 지금도 한없이 감사한 마음뿐이다. 그 생활은 군에 입대할 때까지 이어졌다.

대학 4학년 2학기 무렵, 5·16 군사 정변이 일어났다. 그즈음 '학보병 제도가 곧 폐지된다'는 소식을 듣고 마지막 기회라 생각해 입대를 결심했다. 신체검사에서는 불합격 판정을 받았으나, 당시 사회에는 '군대를 다녀오지 않으면 사회생활을 하기 어렵다'는 불문율 같은 인식이 강했다. 나는 재검을 자청해 결국 입대할 수 있었다. 그러나 막상 군 생활은 내 인내심을 한계까지 시험하는 고통의 연속이었다.

가뜩이나 훈련만으로도 힘든 시기에, 불결한 위생 환경 탓에 장티푸스에 걸려 고열에 시달렸다. 오늘날에도 법정 전염병으로 관리되는 무서운 질환인데, 당시 군 의료 체계는 열악하기 그지없었다. 치료다운 치료도 받지 못한 채 병마와 싸우며 절망에 빠져 있을 때, 한양대를 다니다가 입대한 훈련소 동기가 내 곁을 지켜주었다. 그는 행군 때 내 총을 대신 메주고, 빨래까지 도맡으며 간호해주었다. 그의 헌신 덕분에 나는 무사히 고비를 넘기고 전방에서의 겨울을 끝까지 버텨 낼 수 있었다. 그 후 은혜를 갚으려고 여러 경로로 그를 찾았으나 끝내 다시 만나지 못했다. 그것이 지금도 마음 깊은 곳의 아쉬움으로 남아 있다.

대학 시절 함께 지낸 입주 가정의 식구들, 군 시절 목숨을 건져

준 동기. 그들은 내 인생에서 고난 속 빛이 되어준 은인들이었다. 그러나 나는 성취만 좇아 달려오느라 그분들께 진심 어린 감사의 마음을 전할 기회를 제대로 갖지 못했다. 이제 삶을 정리하는 시점에서 돌아보니, 그동안 무수히 많은 도움을 받으면서도 고마움에 인색했던 것은 아닌가 깊은 반성을 하게 된다.

제2장

인생 항해의 시작

세상의 문턱에서

1961년 5·16 군사 정변 이후 들어선 박정희 정부는 '근대화'를 내걸고 경제개발 5개년 계획을 추진했다. 국가 주도의 계획경제가 본격화됐고, 그 중심에는 수출 진흥이라는 목표가 세워졌다. 당시 한국이 내세울 만한 자원은 사실상 인력뿐이었다. 외화는 늘 부족했고, 기술도 경험도 없었지만, 청년들은 굶주림을 이겨 낼 생존의 의지와 배움에 대한 갈증으로 무장하고 있었다. 나도 그중 하나의 얼굴이었다.

대학 졸업반이면 누구나 인생 진로를 놓고 고뇌하게 마련이다. 보이지 않는 미래의 결과를 예측하고 진로를 선택하는 사람은 없을 것이다. 이즈음 아버지가 돌아가셔서 조언을 해줄 어른도 없어, 사회 진출을 앞두고 마음속 불안은 커져만 갔다. 모교의 이현재 교수(훗날 서울대 총장과 총리를 지내셨다) 추천으로 미국 유학을 생각하기도 했지만 내가 과연 학구적인가 의문이 들어 망설이고 있었다. 내가 대학 2학년 때 아버지가 돌아가신 후 형제 중 누구 하나 변변한 직장을 가진 사람이 없었다. 당연히 집안 경제는 궁핍해질 대로 궁핍해진 터라 취직에 대한 압박은 커져만 갔다.

돌이켜 보면, 내가 사회생활을 시작하던 때는 대한민국 근현대사의 굽이 중에서도 특별한 분기점에 놓여 있던 시점이었다. 한국전쟁이 끝난 지 10년을 겨우 넘긴 상태라 빈곤과 결핍의 깊이가 예사롭지 않았다. 폐허에서 일어난 도시들은 아직 먼지와 흙냄새를 풍기고 있었다. 집집마다 쌀독이 비었고, 정전은 흔한 일이었으며, 거리에는 시위와 단속이 끝없이 이어졌다. 국민소득은 100달러 남짓한 수준이었고, 해외 원조에만 의존한 나라 경제는 뚜렷한 활로를 찾지 못한 채 제자리를 맴돌고 있었다.

그 모든 불편과 혼란 속에서 사람들은 성실했고 앞으로 나아가려는 몸짓을 멈추지 않았지만, 사회는 청년에게 호락호락하지 않았다. 변변한 산업이 없던 시절이라 대학을 졸업하는 젊은이들이 갈 수 있는 직장은 아주 귀했다. 소위 일류 대학을 나와도 선택할 수 있는 직장은 한국은행과 시중은행 몇 군데, 그리고 한국전력, 대한중석 등 소수의 국영기업들이 고작이었다. 그나마 나는 유학 준비를 하느라 입사 시험 기회를 놓친 상태였다. 그때 유력 일간지의 사원 모집 광고 하나가 눈길을 잡았다.

'당방當房은 무역회사임'이라는 제하 한성실업漢城實業의 회사 광고를 보고 망설임 없이 원서를 냈다. 무역을 주업으로 하는 소규모 회사였지만, 무역이라는 단어가 주는 머릿속 세계는 내게 넓고도 낯선 바다였다. 수출이 국가 생존의 과제가 되면서, 무역업은 단순한 기업활동을 넘어 시대의 최전선이 된 터였다. 외국어를 배우고 해외에 출장도 할 수 있을 것이라는 막연한 기대는 나에게 희망의 무늬였다.

서울 성동구 신당동에 있는 배명고등학교에서 1차 필기시험을 치렀다. 단 3명을 모집하는데 360여 명이 응시했다니, 357명은 불합격할 사람들이었다. 1차에 합격해 면접을 보라는 통지를 받고 형제들이 공용으로 입는 단벌 신사복을 차려입고 서울 중구 명동 한성실업 사무실에 가던 날은 지금도 기억이 생생하다. 최종 합격자는 나를 포함해 서울상대 출신 두 명과 서울법대 출신 한 명이었다.

한성실업은 일제강점기 일본인이 운영하던 회사였다. 이 회사에 다니던 김용순金容順(1919~1995)이 성실성을 인정받아 해방때 일본인으로부터 물려받은 것이 모태가 되었다는데 사실 여부는 확인할 수 없었다. 그는 이병철, 정주영과 같은 재벌 1세대와 이름을 나란히 하는 재계 원로였다.

1964년 봄, 나는 마침내 처음으로 세상 속에 발을 내디뎠다. 회사가 나눠준 명함에는 '한성실업漢成實業 주식회사'라는 낯설지만 설레는 이름이 새겨져 있었다. 당시 내 나이 스물여섯. 대한민국은 아직 가난했고, 변변한 직장을 구할 수 없었던 청년들은 더 가난했던 시절이라 직장의 첫 출근은 안도와 기대로 가슴을 설레게 했다.

김우중을 만나다

회사는 서울 중구 명동 대한중석 바로 건너편 조그만 국일증권 건물 2층에 있었다. 첫 출근을 하던 날, 정릉 집에서 버스를 타고 회사에 늦지 않게 도착했다. 사무실은 40~50평 정도 됨직한 면적에 김용순 사장실과 조동제 전무실이 별도의 방으로 구분되어 있었고 그 앞에 이해만 상무가 있었다. 그리고 그 바로 앞에 낯익은 얼굴이 있었는데 경기고등학교 2년 선배인 김우중 회장(당시 한성실업에서 과장)이었다. 그 앞에 2개월 먼저 입사한 고교 동기 박세영과 나의 입사 동기 세 명의 자리가 있었다. 여직원까지 합해 12명 안팎의 직원이 근무하는 전형적인 수입 오퍼상의 모습이었다.

김우중 회장과는 경기고등학교 시절 규율부에 함께 있었지만 그 후 전혀 만나지 못하다가 한성실업에서 다시 만나게 되었다. 35년 2개월의 긴 인연이 시작되는 순간이었다. 새 환경이 낯설어 신입 사원 세 명이 어색하게 엉거주춤 앉아 있었는데, 하루 종일 외부 업무를 마치고 들어온 김우중 회장이 내게 밑도 끝도 없이 문서 양식 하나를 던지면서 말했다.

"이 서류 갖고 내가 내일 상공부 들어가야 하니까, 아침 9시까지 문서 좀 만들어봐."

그 서류는 회사에서 가장 기본적으로 작성하는 수입 허가 신청서였지만 처음 접하는 나는 어떻게 해야 하는지를 알 길이 없었다. 그가 왜 세 명 중 나에게 이런 황당한 지시를 했는지는 그때도 몰랐고 지금도 모른다. 한 기수 먼저 입사한 고교 동기 박세영에게 물었으나 우호적인 대답은 받지 못했다. 어떻게 써야 하는지도 몰랐고 가르쳐주는 사람도 없었다.

나는 제때 퇴근하지 못한 채 밤늦도록 캐비닛에 쌓여 있는 서류에서 상공부에 제출했던 서류들을 찾아내 그것을 참고로 숙제를 해결했다. 이후 캐비닛 속 서류들은 이 회사 내 나의 유일한 스승 역할을 했다. 그날부터 캐비닛 서류를 정리하면서 공부하기 시작했다. 이렇게 서류 정리를 통해 무역의 실무 과정을 배웠고 정부의 각종 규정을 깨우쳤다.

이때쯤 정부의 수출촉진정책에 따라 한성실업도 비로소 처음으로 우리나라에서 생산한 물품을 해외에 수출하기 시작했다.

따지고 보면 실질적으로 우리 세대가 수출 1세대인 셈이었다. 수입하던 오퍼상이 정부의 수출 드라이브에 편승해 나섰지만, 당시 수출에 대한 제도나 법규가 미비해서 허점이 한둘이 아니었다. 절차가 중구난방으로 만들어져 제품 하나를 수출하려면 정부의 허가와 승인을 받기 위해 36번이나 결재 도장을 받아야 한다는 현실적 문제점도 알게 되었다.

문제점을 고치려고 정부가 '수출 절차 간소화 위원회'를 발족하고 실무자들의 이야기를 들을 때 업계 대표로 3년 경력밖에 안 된 내가 참여할 수 있었던 것은, 캐비닛 속 서류들에서 축적한 지식과 이른바 '무역 6법'이라고 불리던 관련 규정을 공부한 덕이었다. 전문가들 사이에 끼어 6개월에 걸쳐 간소화 작업을 논의했다. 실제로 현장에서 어떻게 집행되는지 알기 위해 은행에서부터 선적하는 데까지 걸리는 시간을 재고, 공업진흥청과 상공부에서 서류가 얼마나 오래 지체되는지도 체크했다.

마침내 정부는 위원회의 보고를 받아들여 1966년 12월 9일 수출 절차를 대폭 간소화하는 조치를 시행했다. 그리고 수출 실적에 비례해서 인센티브를 주기 시작했다. 수출해서 벌어들인 달러는 공정환율의 두 배가 넘는 시장환율로 바꿀 수 있어 그만큼 이익이 극대화되었다. 나중에는 링크제와 쿼터제라는 것을 도입해 수출한 액수의 일정 비율로 수입을 허락했는데 이 또한 수출업자에게는 떼돈을 버는 혜택이었다. 당시 그런 제도를 악용해 수출품인 것처럼 돌멩이를 내보내고 수입 권한을 행사하려다 적발되는 코미디 같은 일들도 있었다.

김우중을 보고 세상을 배우다

상공부에서 수입 허가를 받아도 대금 지불을 위한 달러 구하기는 하늘의 별 따기만큼이나 어려웠다. 당시 한국은행 특수영업부라는 곳에서 AID 차관으로 들여온 달러를 배분하는 권한을 갖고 있었는데 달러를 정상적으로 배정받는 것은 말 그대로 전쟁이었다. 그때 한국은행에는 경기고등학교 출신들이 많이 진출해 있었다. 김우중 회장은 담당자들을 형님이라 부르며 그들과 친밀하게 지내는 통에 다른 회사보다 수월하게 달러를 확보해왔다.

김우중 회장이 그렇게 길을 잘 닦아놓은 덕분에 내가 그 일을 맡았을 때도 경쟁업체들보다 유리하게 달러를 확보할 수 있었다. 수출해서 받은 달러를 공정환율이 아닌 시장환율로 바꿔 이익을 취하기도 했지만, 달러가 확보돼 수입할 권리를 갖는다는 것은 부를 축적하는 데 엄청난 지름길을 가는 것이었다. 남들과 다른 김우중 회장의 사업 수완은 이때 이미 빛을 내고 있었다.

김우중 회장은 한성실업에서 6년간 재직하며 세일즈에서도 놀라운 성과를 냈다. 회사가 어려웠던 시절의 어느 날, 영국으로 유학 간다던 김우중 회장은 느닷없이 싱가포르에 가서 트리코 tricot(니트) 원단을 주문받아 왔다. 그 물량이 당시로서는 경이적인 37만 달러 규모였다. 국내 최초의 섬유제품 직수출로 기록된 이 사업의 규모는 웬만한 공장이 1년 내내 생산해도 감당할 수 없어 하청까지 주어야 할 정도로 엄청난 물량이었다. 그런 능력으로 김우중 회장은 이미 한성실업의 일개 과장이 아니라 회사 내 실력자 반열에 올라 있었다.

김우중 회장은 나를 데리고 다니며 함께 일하기를 좋아했고, 나는 그의 일거수일투족을 유심히 지켜보며 배우려고 노력했다. 진지하게 현장 사람들을 설득하고, 강단 있게 직접 부딪혀 문제를 해결하는 모습을 익혔다. 그런 과정에서 김우중 회장은 나를 신뢰하고 더 많은 일을 내게 맡겼다. 나에게 일이 몰리는 바람에 나중엔 회사 전체 업무의 상당 부분을 내가 맡게 되기도 했다.

그때쯤부터 나는 주변에서 점점 김우중 회장을 닮아간다는 말을 듣기 시작했다. 그 후 내가 혼자 일을 할 때도 김우중 회장이 일을 하던 습관과 패턴을 참고했다. 그래서 성공한 사례 중 하나가 남들보다 하루 일찍 수입 통관을 해서 엄청난 이익을 창출한 일이었다. 그때는 누가 먼저 수입해서 물건을 시장에 공급하느냐에 따라 시간대별 수익의 규모가 달랐다.

수입 허가를 하는 상공부와 회사 사무실은 서울에 있고 통관을 위해 서류가 도착해야 하는 곳은 부산이었다. 당시 한국은 국제교역에서 변방 국가에 해당했기 때문에 미국이나 유럽의 상선들이 직접 한국까지 오지 않았다. 일본 고베항에 물건을 내려놓고 가면, 작은 배들이 그 물건을 소위 고베의 내항이라 불리던 부산항으로 실어 오는 식이었다.

따라서 부산 세관에 수입 허가증을 제출하고 수입품을 통관해야 했던 시절이다. 상공부에서 받은 허가증을 지금의 서울 중구 소공동 롯데 백화점 근처, 옛날 미도파 백화점 자리에 있던 무역협회의 무역통신 사무실에 의뢰하면 통신 직원이 그것들을 모아 야간열차를 타고 직접 부산으로 내려가 전달하는 시스템이었다. 요즘 같으면 허가증을 인터넷으로 부산에 보내 제출하면 되지만, 당시에는 서울-부산 간 시외 전화조차 아침에 광화문 전화국에 가서 신청하면 오후에나 연결될 정도로 통신망이 열악했던 시절이다.

수입 허가증이 나오는 오후 시간에 상공부에 가면 서류를 받아 가려는 무역회사 직원들로 늘 아수라장이었다. 담당 공무원이 회사 이름을 부를 때 손을 들면 허가증을 던져주는데 그것을 받아들고 무역통신 창구로 뛰어도 5시 마감을 놓치는 날이 허다했다. 상공부에서 저녁 7시에 허가증을 받는 날은 속수무책이었다. 시간에 대지 못하면 직원은 마감이 지났다며 "내일 오라"고 창구를 매몰차게 닫아버리는 게 일상이었다. 다음 날 접수하면 부산항에 모레 아침에 도착하기 때문에 꼬박 하루가 늦어진다.

나는 김우중 회장이 현장에서 실무자들을 설득하던 모습을 떠올리고 직원에게 사정을 하면서 해결 방법을 물었다. 접수원 겸 배달원인 50대 남자가 비법을 알려주었다. 열차가 떠나기 직전인 밤 9시 50분까지 서울역 2등 대합실로 오라는 것이었다. 그 후로 나는 상공부에서 아무리 늦게 서류를 받아도 느긋하게 저녁 식사를 한 후 직접 서울역으로 가서 서류를 전달할 수 있었다. 많이 늦는 날에도 서울역으로 달려가 '아리랑 담배'와 함께 서류를 건네주면 되니, 경쟁사들보다 허가증이 하루 먼저 부산에 도착하게 된 것이다. 나는 그때 '내일이 없다는 생각으로 일을 해야 성공한다'는 걸 깨달았다.

수입품을 먼저 시장에 풀면 같은 제품의 값이 다음 날에는 절반으로 떨어지기 일쑤였다. 내가 묘책을 쓴 덕에 한성실업은 항상 남보다 먼저 물건을 시장에 풀었고, 그만큼 높은 가격을 받았다. 무역은 시간의 승부였고, 나는 시간을 창출했다. 매일 남보다 하루를 먼저 살면 1년에 365일을 벌 수 있다는 진리를 터득했다. 나는 훗날 대우 신입 사원 교육 때도 그 시절 이야기를 하곤 했다.

"서울역 대합실에 가는 것을 급사나 하는 허드렛일이라고 생각하지 말라. 그 일이 회사의 운명을, 당신들의 인생을 바꿀 수 있다. 전 직원에게 1년에 365일이 더 생기면 그 시간의 합은 어마어마하다."

수출할 때는 그 과정이 역순이었다. 일본 고베항에 본선이 들어와 기다리면, 작은 배가 부산항에 와서 물건을 싣고 고베항의 본선에 옮겨 실어 해외로 보냈다. 그러므로 서울 영등포 같은 공업단지에서 수출할 트리코 원단을 밤새 만들어 새벽에 트럭에 싣고 부산항으로 가는 것이 일과였다. 혹시라도 무슨 일이 생기면 회사가 큰 손실을 보게 되니, 당시 수출을 하던 사람들은 저녁 식사 후 간식을 사 들고 공장에 가서 10대 후반의 여공들에게 나눠주며 같이 밤을 새우곤 했다.

대기하던 트럭에 물건을 싣고 새벽에 출발해도 고속도로가 없던 시절이라 국도를 이리저리 돌아 16시간이나 걸려 부산에 도착했다. 그래서 부산으로 수출품을 운송할 때는 잠이 부족한 기사들이 졸음운전을 할까 봐, 약국에서 각성제가 들어간 박카스를 상자로 사 들고 조수석(동반자석)에 앉아 수시로 먹이면서 같이 달려야 했다. 배 떠날 시간을 놓칠까 노심초사하며 우리나라 수출 역군들은 그렇게 수출품을 지켜냈다.

부산항에 제시간에 도착해도 무사히 선적되는 것은 아니었다. 크레인으로 물건을 배에 올려주는 기사는 도착한 순서와 관계없이 본인과의 친소 관계에 따라 먼저 싣기도 하고 늦게 싣기도 했다. 다시 말해 물건이 이번 배에 실릴 수도 있고 아닐 수도 있는 것이다. 환심을 사려고 갖은 방법을 동원해 마침내 착오 없이 물건을 선적해 배를 떠나보내고 나면, 그제야 내가 밤을 하얗게 새

왔다는 것을 느끼며 피로가 엄습해온다. 하지만 아무리 피곤해도 녹초가 된 몸을 어김없이 상행선 야간열차에 싣고 다시 서울로 오곤 했다.

그런 열악한 수출 환경은 1970년대 들어서면서 급속하게 개선되고 발전하기 시작했다. 사명감을 가진 정부 관리들은 수출 기업 보호 육성책을 앞다퉈 내놓았고 사회는 그들의 공헌에 찬사를 보냈다. 이로 인해 젊은 엘리트들은 무역회사를 취업 대상 최우선으로 삼는 분위기가 만들어졌다.

이렇게 수출 제도는 틀이 잡혀 갔고, 우리나라 기업의 수출 무대는 남·북극의 극지를 제외하고 전 지구적으로 확대되었다. 모든 것이 컴퓨터 키보드 자판 몇 번 두들겨 해결되는 시대인 지금, 옛날 수출 초창기를 생각하면 반세기도 안 걸려 단기간에 이뤄진 그 엄청난 변화가 신비롭기까지 하다.

그 당시 열악한 조건 아래 수출에 매달려 국가 경제 발전에 헌신했던 전사들은 이제 이 시대를 사는 사람들의 시야와 기억에서 사라진 존재들이 됐지만, 그런 초기 단계가 없었다면 우리는 지금 세계 7위의 경제력이나 세계 5위의 국방력을 갖춘 나라가 될 수 없었을 것이다. 나를 비롯한 그 당시 수출 현장의 주인공들은 그것이 위안이고 보상이라는 자부심으로 살고 있다.

대우로의 이직

1966년 한성실업은 매출이 200만 달러를 돌파하면서 수출업계 20위권에 들어갔다. 하지만 야망이 큰 김우중 회장이 활동하기에 그 우물은 너무 좁았다. 그는 "이런 수입 오퍼상만으로는 기업의 미래가 없다. 사람을 더 채용해서 조직을 확대하고 수출 쪽도 트리코 외에 다른 품목으로 대상을 넓혀 가자"고 건의했으나 김용순 회장은 김우중 회장과 성격이 다르고 경영 철학도 같지 않았다. 그는 "이 정도면 충분하지 않은가. 이쯤에서 더 욕심내지 말고 관리나 잘해 나가자"며 김우중 회장의 제의를 받아들이지 않았다.

김우중 회장은 사표를 내고 회사를 떠나기 직전, 자신의 계획을 나와 유태유한테 얘기하며 함께 나가서 회사를 차리자고 제의했다. 나는 맡고 있던 일이 있어 당장 한성실업을 떠날 수 없는 처지라 차일피일 기회를 보고 있었다.

1966년 9월 김우중 회장은 소공동에 사무실을 열었다. 비록 한성실업을 퇴사했지만, 그는 찾아오는 바이어들을 만나느라 분주했다. 바이어들은 한국에서 김우중이라야 안심하고 트리코를 살 수 있다고 생각했던 것 같다. 나는 아직 한성실업에 근무하고 있었지만, 김우중 회장과 지속적으로 연락을 주고받으며 공연히 그의 사무실에 가서 시간을 보내다 오기도 했다.

김우중 회장이 한성의 빅3 바이어를 모두 데리고 나가 한성은 껍데기가 되었지만, 그가 김용순 회장을 배신하고 나왔다는 생각은 하지 않는다. 한성이 발전할 수 있는 구체적인 건의가 회사 측에 받아들여지지 않은 데 따른 김우중 회장의 불가피한 선택이었다고 생각하기 때문이다.

김우중 회장은 나를 불러 서울 중구 북창동에 있는 '자매'라는 일식집에서 자주 밥을 사주며 "어서 회사를 옮겨 출근하라"고 재촉했다. 그 후 1967년 11월 22일에 결혼하고 부산에서 신혼살림을 차렸는데 그것은 김우중 회장의 부탁으로 부산사무소를 개설하기 위해서였다. 물론 이때도 아직은 한성에 몸을 담고 있기는 했지만 마음은 이미 그 회사를 떠나 대우에 합류하기로 결심한 후였다.

김우중 회장이 어느 날 나를 부르더니 "너 결혼한다며? 집은 어떻게 됐느냐"고 물었다. 당시의 어려운 재정 상태를 말하자 "우선 내가 보증금을 해줄 테니 집부터 장만하라. 그리고 빚은 다 정리하고 새출발 하는 방법을 찾아보자"고 했다. 그때 나는 그처럼 나를 인정해주고 마음을 써주는 사람과 미래를 함께하기로 다시 한번 다짐했다. 그리고 대우에 내 인생을 걸겠다는 생각을 했다.

하지만 김용순 회장은 내 사표를 받고도 오랫동안 수리해주지 않았다. 나는 김우중 회장과 밖에서 따로 만나 그를 도와 일하는 날이 점점 늘었다. 1967년 대우가 설립된 후에는 한성에 몸은 담고 있었지만 사실상 대우로 출근하다시피 한 것이다. 당시 김용순 회장은 6개월 동안 나에게 회사에 남아 있으라고 신신당부했다. 나중에는 꼭 가야 한다면 "김우중한테만은 가지 말라"는 말도 했다. 아마도 자신을 초라하게 만든 김우중 회장에게 서운함이 남아 있었기 때문이었을 것이다. 만일 내가 김용순 회장을 선택해 한성에 남아 있었으면 나의 인생은 전혀 다른 모습이 되었을 것이다.

나는 결국 대우로 옮기면서 김우중 회장의 도움으로 안정된 결혼생활을 시작할 수 있었고, 그래서 더욱 열정적으로 대우를 키우는 일에 전념할 수 있었다. 그때 이후 나는 대우에 내 인생을 걸기로 한 것을 한 번도 후회해본 적이 없다.

한성실업이라는 작은 무역회사에서 보낸 나의 첫 직장 생활은, 비록 큰 성과나 특별한 성취가 있었던 시기는 아니었지만 일의 본질과 책임감을 배운 시절이었다. 한성 입사 때 나는 이 작은 출발이 훗날 '대우'라는 이름과 연결될 줄은 짐작조차 하지 못했다.

그러나 그 후 나는 알 수 있었다. 이 땅에 새롭게 싹트기 시작한 '경제의 봄'이 나에게도 찾아왔다는 것을. 그리고 나는 그것을 놓치지 않기 위해 대우로 옮기는 선택을 했다. 내 인생의 가장 중요한 첫 번째 선택이었다.

제3장

대우의 태동과 세계로의 첫걸음

젊음이 세운 회사

1967년 3월 김우중 회장은 트리코 원단 생산업체인 대도섬유의 도재환都在煥과 공동 출자해 자본금 500만 원으로 '대우실업'을 설립했다. 당시 32세였다. '대우大宇'라는 사명도 대도섬유의 대大와 김우중 회장의 우宇에서 따온 것이었다. 김우중 회장은 작명 자체에 큰 의미를 부여하지 않았다. 그는 현실에 열중하고 내일을 위해 노력할 뿐이었다. 서울 중구 명동 동남도서빌딩 한 모퉁이 20평도 안 되는 사무실이 본사였다.

김우중 회장은 대우를 창업할 때 스스로를 상무로 보임하고 한성실업에서 모시고 있던 조동재 전무를 사장으로 영입했다.

김우중 회장의 연세대 동문인 이우복과 나의 경기고 동기인 김상중 등이 창업에 합류했고, 고교 동기 유태유는 나보다 6개월 전에 입사했다. 앞에서 언급한 대로 나는 1968년 4월 1일 정식으로 대우에 합류했다. 그때 김우중 회장은 나와 유태유에게 회사 지분을 나눠줘 우리는 주요 주주가 되었다.

도재환은 공장 설비를 현물 출자한 만큼의 지분이 있었고 이석희는 화성의 비봉 스웨터 공장을 현물 출자했다. 그리고 이탈리아 원사 대리점을 하던 황혜정도 주주로 참여했다. 하지만 이들 모두 큰 비중은 아니었다. 유태유는 그 후 주식을 김우중 회장에게 모두 매각하고 대우를 떠나 그 대금으로 캐나다로 이민을 갔다.

창업 1년 후 대우실업은 서울 중구 무교동 동영빌딩으로 사무실을 확대해 이사했는데 그때 직원이 거의 50명 수준으로 늘었다. 1968년 9월에 20명이던 대우는 그만큼 일거리가 늘고 사세가 팽창하기 시작했던 것이다.

대우의 초기 매출은 상당 부분 한성실업에서 취급하던 트리코 섬유에서 발생했다. 1963년 이후 트리코 직물은 국내를 중심으로 시장 기반이 형성되고 있었다. 1963년 7만 달러에 불과했던 한국산 트리코 직물 수출액은 1966년 280만 달러, 대우실업이 설립된 1967년엔 518만 달러에 이르렀고, 1968년엔 1,279만 달러를 기록했다. 1,000만 달러 돌파에 대우실업이 주도적인 역할을 했다.

기술 축적이 안 된 상태라 당시 주문을 받으면 수출 물량을 채우기 위해 전 직원이 공장에 달려가 뜬눈으로 밤을 밝혀야 했다. 그러니 정상 퇴근은 상상할 수도 없었다. 하청공장 기술자들과 대우 직원들이 함께 시간을 잊으며 짜낸 트리코는 동남아에서 주로 사리, 슬립, 팬티, 파자마 등 내의류 원단으로 사용되었다.

일본에서 수입한 원사를 염색공장에서 염색한 후 대도섬유에서 편직하여 트리코를 만들어 수출했다. 주 수출시장은 홍콩, 태국, 인도네시아, 말레이시아, 싱가포르 등 동남아 국가들이었다. 특히 싱가포르는 한국에서 수입한 트리코의 70%를 받아 인도네시아와 중동에 재수출할 만큼 간접 수출의 비중이 큰 중요 지역이었다. 그런데 1968년 여름 동남아 시장이 바뀌기 시작했다. 싱가포르와 인도네시아의 관계가 악화하면서 싱가포르를 통한 인도네시아 수출길이 막힌 여파로 우리나라의 트리코 수출 실적은 급격하게 감소하고 있었다.

김우중 회장과 나는 돌파구를 모색했다. 앉아서 바이어 주문에만 의존할 수 없다는 판단 아래, 현지에서 대처하기 위해 수출 거점인 싱가포르에 해외 지사를 내기로 했다. 이어서 신규 시장 개척의 여지가 큰 뉴욕과 시드니에도 지사를 내기로 했다. 그리고 1969년 9월 당시 차장이었던 나는 직접 싱가포르에 가서 지사를 설립하고 '1인 지사'의 지사장이 되었다. 싱가포르 지사의

개설은 훗날 회사가 세계 속의 대우로 성장하게 되는 데 큰 도움
이 되었다.

초기 싱가포르 지사는 나일론, 폴리에스터 등 화학섬유제품을
주로 취급했는데 당시 대우실업 섬유 수출의 95% 가까이가 싱
가포르 지사를 통해 발생했다. 이후 싱가포르 지사는 한국의 경
제성장과 더불어 기계·비료·금속·선박수리 등 중화학공업 제
품으로, 다시 전자·식품·화학·자동차·중장비 등으로 취급 품목
을 다각화하며 급성장했다.

결혼 초기 싱가포르에서의 장기 체류는 정열적으로 일하면서
도 아내와 9개월 된 아들 등 셋이 오랜 시간을 같이 보낼 수 있었
던 기회였다. 가족과 같이 온전히 하루를 함께 보낸 시절은 그 이
후 다시 경험할 수 없었다. 어쩌면 내 인생에서 상당히 예외적인
시간이라고 할 수 있었다.

폭발적인 성장

내가 싱가포르에서 원단 수출 일을 하고 있을 때 서울에서는
봉제 수출이 시작되었다. 대우실업에서 원단을 수입한 나라들이
봉제품을 만들어 선진국에 수출하는 것을 보고 봉제품 수출에
뛰어든 것이다. 수출 품목이 원단에서 봉제로 확장된 것인데 부
산 공장에서 메리야스도 만들고 와이셔츠도 만들었다. 내가 싱

가포르로 떠날 때쯤 이미 미국에 와이셔츠를 수출하기 시작했다. 가격과 품질 경쟁력이 있고 납기 신뢰도도 잘 지킨 결과, 해마다 급속히 수출 물량이 증가했다.

1970년대 초반 들어 인건비가 싼 동아시아, 특히 한국, 대만, 홍콩 등에서 한 번에 너무 많은 봉제품이 미국으로 유입되면서 자국 내 봉제산업의 붕괴 조짐이 보이자 미 행정부는 대책을 세우기 시작했다. 값싼 수입품들이 쏟아져 들어와 시장을 교란하는 것을 막고, 다소 비싸더라도 품질이 보증된 제품을 수입하기 위해 '섬유수출쿼터제'를 실시하기로 한 것이다. 쿼터 할당을 받아야 섬유제품을 미국으로 수출할 수 있게 되는 것을 의미했다.

그런데 사실 이런 제도가 시행될 것이라는 정보는 다른 회사들보다 대우가 훨씬 먼저 알고 있었다. 김우중 회장은 미국 바이어들과 특유의 친화력으로 우호적인 관계를 넓혀간 덕에 그들로부터 누구보다 먼저 쿼터제에 관한 정보를 얻을 수 있었다. 한 유태인 바이어로부터 "2년 전 실적을 기준으로 쿼터가 배분될 것"이라는 귀띔을 들은 순간, 김우중 회장은 곧바로 수출 물량을 밀어내야 한다는 결단을 내렸다.

1971년 8월 내가 싱가포르에서 귀국했을 때 회사의 가장 큰 현안은 쿼터 확보를 위한 밀어내기 수출이었다. 쿼터에 회사 운명이 걸렸다는 생각으로 그야말로 미국에 수출 물량을 밀어낼 수 있는 모든 방법을 강구하고 실천하느라 밤낮으로 온 힘을 다했다. 이미 그해 6월부터 부산 동래·동남 공장에 봉제 라인을 증설하고 있었다. LA와 뉴욕에 현지법인을 세워 금융을 조달하고, 그 자금으로 엄청난 물량을 수입해 쌓아놓는 방식으로 수출 물량을 확대했다.

친분 깊은 유태인 바이어와 손을 잡고 심지어 덜 완성된 제품까지 끌어모아 내보내 수출 실적을 쌓았다. 그야말로 총력전이었다. CBS와 같은 미국 내 거대 수입상을 통해서도 쿼터 확보를 위한 '실어내기'에 나섰다. 대우가 설립 초기에 폭발적으로 성장할 수 있었던 것은 바로 이런 경영진의 정보와 혜안, 그리고 임직원들의 단합된 실천력 덕이었다.

예상대로 1972년 1월 4일 한국과 미국 정부는 '인조섬유 및 모직물의 교역에 관한 협정'을 체결했다. 규제는 1971년 10월 1일자로 소급 적용됐는데, 5년까지 기본 쿼터 증가율은 3차 연도에 정하기로 하고 모직물은 매년 1%씩 늘리기로 했다. 대우에 매우 유리한 조건이었다.

미국은 과거 실적을 기준으로 국가별, 아이템별 수량을 배분했고 우리나라에 배정된 수량은 우리 정부가 역시 과거 실적 기준으로 기업들에 나눠주었다. 대우는 원단 생산능력과 미국에서 유행하는 트리코 제조 능력이 출중한 데다 필사적으로 물량을 미리 실어낸 덕에 거의 전 품목에 걸쳐 가장 많은 쿼터를 배정받았다.

우븐 쿼터는 동남섬유 인수 덕을 크게 보았다. 동남섬유는 트리코 편직을 하면서도 우븐 셔츠류를 많이 수출하고 있었기 때문이다. 대우실업은 한국 전체 쿼터량의 1/4 정도를 확보했는데, 단일회사로 동아시아 국가(홍콩·대만 등) 중 가장 많았다. 오픈 쿼터가 많아 누가 먼저 신용장(L/C)을 받아 신청하느냐가 관건이었는데, 현지에 지사를 설치해 스톡 세일즈를 하던 대우실업과 경쟁할 회사는 없었다. 대우실업 쿼터는 눈덩이처럼 불어 1/3을 점유한 품목도 있었다. 와이셔츠 쿼터의 60% 이상이 한국에, 그중에서도 대부분이 대우라는 단일회사에 집중적으로 배정되었다. 세계에서 가장 많은 쿼터를 손에 쥔 셈이니, 그야말로 앉아서 떼돈을 버는 길이 열린 것이다.

대우는 그렇게 확보한 쿼터의 막대한 물량을 소화하기 위해 당시 단일 봉제공장으로는 세계 최대 규모인 부산 반여동 공장을 가동했다. 공장에는 무려 1만 대의 미싱(재봉틀)이 설치되어 있었고, 1만 명이 넘는 여성 근로자들이 쉴 새 없이 바느질을 이어 갔다. 출퇴근을 위해 운행된 통근 버스만도 100대가 넘었으니, 그 규모가 얼마나 거대했는지 짐작할 수 있을 것이다.

그 당시 우리 여성 근로자들은 마치 아마존 전사처럼, 독일 병정처럼 억척스럽게 일하며 한국 봉제산업의 신화를 써 내려갔다. 그때 공장 가득 울려 퍼지던 1만 대 재봉틀의 경쾌한 기계음은 세상의 어떤 음악보다도 아름다운 젊음의 교향곡이었다. 세상의 어느 오케스트라 음향보다도 아름다운 화음으로 내 머릿속에 각인된 그 미싱 소리를 상상하면 지금도 가슴이 두근거리고 몸이 다시 활력을 느낄 정도다. 당시 그 장면은 말로 다 표현할수 없을 만큼 감동적이었다.

미국 성인 셔츠는 모두 대우 제품

쿼터제가 시행되기 전까지만 해도 미국의 섬유 바이어들은 대부분 일본을 통해 제품을 수입했다. 그래서 우리나라 봉제업체들은 일본 종합상사의 눈치를 살피며 그들의 은전을 바라보는처지에 놓여 있었다. 흡사 회사의 운명을 일본 종합상사의 자비심에 기대고 있는 형국이었다.

그러나 대우가 막대한 쿼터를 확보하고 직접 수출을 확대하면서 이 국제적 역학 관계는 근본적으로 뒤바뀌었다. 그즈음부터대우는 시어스 한 군데에만 연간 600만 장의 셔츠를 공급했고, 전체적으로는 1억 장이 넘는 와이셔츠를 미국에 수출했다.

계산하면 미국 성인 한 사람당 한 장꼴로 우리 셔츠를 입게 된셈이었다. 돌이켜 보면, 쿼터제 시행은 한국 봉제산업의 운명을뒤흔든 사건이자, 대우라는 이름을 세계시장에 각인시킨 기념비적 출발점이었다.

대우가 니트셔츠 수출 쿼터의 거의 절반 정도를 확보하고 있어서 미국의 바이어들이 경쟁적으로 대우로 몰리기 시작했다. 한 다스에 4.99달러에 수출하던 제품이 쿼터제 도입 후 하루아침에 8.99달러로, 그다음 날은 12.99달러로 점프했고 나중에는 18달러에까지 팔았다. 4.99달러에 팔아도 남는 장사였는데 18달러에 팔게 되니 돈이 쏟아져 들어왔다.

이때쯤 미국 섬유 시장에도 큰 변화가 생겼다. 전후세대가 사회활동의 주류가 되면서 정장보다 캐주얼웨어를 선호하게 됐고, 빨아 입기 불편한 면제품보다 저렴하고 세탁이 편리한 합성섬유가 인기를 끌었다. 미국 내 임금이 높아지면서 섬유제품 수입 비중도 크게 늘고 있었다.

수입 규제로 물량이 부족해져 가격이 뛰자 쿼터는 그대로 돈이었다. 대우실업이 국내 쿼터의 1/4을 확보했으니 급성장은 당연했다. 대우의 1972년 수출은 200만 타를 웃돌았다. 섬유 수입 규제 속에서도 크게 성장할 수 있었던 건, 회사가 생산시설을 과감하게 확충하고 품질을 높이며 해외 지사를 설치한 덕이었다.

쿼터제는 1980년대 후반 급격한 인건비 상승과 환율 문제로 한국산 봉제품이 가격경쟁력을 잃기 시작해, 1990년대 말부터 생산시설을 해외의 방글라데시, 인도네시아, 버마(미얀마의 이전 명칭) 등으로 이전하게 되면서 유명무실해졌다. 이 제도는 2004년에 폐지되었다.

"잠시 집에 다녀오겠습니다!"

나는 그때가 대우에게 '우리가 만들면 그것이 길이고 법이 되는 시대'였다고 생각한다. 우리는 길을 내며 앞으로 나아갔고, 사기충천한 젊은이들은 무모하리만큼 도전하고 성취하는 습관에 길들여 있었다. 회사는 일로 넘쳐났고 사람들은 하루 전체를 뛰어다니다시피 하며 바쁘게 시간을 보내면서도 지칠 줄 몰랐다. 손바닥만 한 풍선에 바람이 퍼져 들어가면 금세 몸통만 하게 팽창해지듯 회사는 하루가 다르게 커지고 일감도 다양해졌다.

사명감에 충만한 일꾼들은 넘치는 에너지를 새로운 시장을 개척하는 데 쏟아부으면서 세계로 뻗어 나갔다. 나도 그 속에 있었지만, 이들은 기존의 한국인들과 전혀 다른 별종의 인간들 같았다. 어쩌다 보니 나는 그들 앞에서 미리 먼 곳을 바라보며 갈 길을 밝히고 선도하는 지도자 역할을 하고 있었다. 긴장되기도 하지만 신명이 나는 일이었다.

김우중 회장은 'marginal step'을 요구하며 직원들을 채근했다. "마라톤을 할 때 30킬로미터 지점이 되면 누구나 다 지치게 마련이다. 거기서 한발 더 나아가는 사람이 이기는 법이다. 절벽이 앞에 있으면 그 절벽 끝으로 한발 더 나아가는 사람이 절벽 아래 세상을 더 넓게 볼 수 있는 법이다." 그는 대우인들에게 그렇게 한발 더 나아가야 하는 이유와 그 방법을 가슴에 심어주었다.

그와 함께 신들린 듯 일하던 시절 대우는 내 삶 그 자체였다.

이때쯤 대우는 대졸 젊은이들이 너나없이 입사하고 싶어 줄을 서기 시작하는 회사가 되어 있었다. 그들이 대우를 선망한 가장 큰 이유는 역동성이었다. 회사는 젊은이들에게 기회를 많이 주면서 그들의 에너지를 끌어냈다.

당시 대우 직원들의 급여는 다른 대기업 사원들의 급여를 압도적 차이로 앞서는 수준이었다. 하지만 그만큼 일을 시켰는데, 출근 시간은 7시였지만 퇴근 시간은 따로 없었다. 그 당시 대우 직원들의 퇴근 인사가 "집에 다녀오겠습니다"였을 정도로 가정보다는 일터에서 일상을 보내는 데 익숙해 있었다. 그렇지만 불만보다는 도전적인 회사 분위기에 더 즐거워했다.

누가 강요한 것도 아니고 보상을 기대해서도 아니었다. 그때 나를 비롯한 대우 가족들은 하루하루 커가는 회사를 체감하는 것만으로도, 가파르게 올라가는 수출 실적 그래프를 보는 것만으로도 성취감을 만끽하면서 정열적으로 일했다. 당연히 권력기관의 인사 청탁을 수도 없이 많이 받았다. 하지만 공정하게 뽑을 사람은 시스템으로 다 뽑고도 추가로 그 부탁들을 모두 들어줄 만큼 회사의 일손은 늘 부족했고 일감은 넘쳐났다. 대우는 그렇게 팽창해 갔다.

시어스 로벅의 교훈

내가 1971년 싱가포르에서 귀국해 봉제를 맡기 시작하면서 도전한 것이, 당시 중상급 가격대의 제품을 파는 시어스 로벅 백화점의 여성 의류였다. 취급 물량 기준으로 당시 세계 최대 규모를 다루는 담당 바이어를 만나려고 나는 4년 동안이나 샘플을 싸들고 미국 출장길에 올랐다. 계속 면담을 요청했지만, 번번이 퇴짜를 맞으며 만나지 못했다. 그러던 어느 날, 그 바이어가 도쿄에 와서 느닷없이 서울의 나에게 만나자고 연락을 해왔다. 처음에는 이게 무슨 상황인지 몰랐다. 꿈인지 생시인지 분간을 못 할 정도로 어리둥절했지만, 곧 정신을 차리고 샘플을 챙겨 황급하게 도쿄로 날아가 브리핑을 했다.

그 사건은 상사 맨으로서 나의 운명을 바꾸는 결정적인 계기가 되었다. 그 바이어는 대우 제품의 디자인과 품질, 그리고 가격에 대해 만족하면서 바로 구매를 시작했다. 그리고 얼마 안 가 연간 1억 달러를 구매하는 대박을 (대우와) 나에게 터뜨려주었다. 나중에 들은 이야기지만 그는 4년 동안 굴복하지 않고 계속 도전하는 나의 모습을 눈여겨보았고 도쿄까지 온 김에 한번 기회를 줘 보자는 생각이 들었다고 했다. 인생에는 이처럼 아주 우연히 큰 선물을 주는 행운도 있지만, 그것은 4년이란 긴 시간 포기하지 않고 도전을 계속한 내 집념에 대한 보상이기도 했다.

거래를 하는 동안 품질, 납기 등에서 시어스 로벅의 신뢰를 받고 좋은 관계를 유지하다 보니, 시어스 로벅은 나중에 나를 한국 내 인스펙터(검사관)로 지명하기까지 했다. 흔치 않은 일인데 이 직책으로 한국에서 시어스로 수출되는 모든 섬유제품은 내가 품질을 확인한 후 서명을 해야만 수출길에 오를 수 있게 되었다.

시어스에서 인스펙터 교육을 받으면서 들은 이야기로는, 그들은 그동안 거래하면서 나의 성실성을 눈여겨보았다고 한다. 사람 간의 신뢰가 세상을 살아가면서 얼마나 중요한 자산이 되는지 새삼 깨닫게 되었다.

시어스의 행운은 '승리만 탐내면 이기지 못한다'는 뜻의 부득탐승不得貪勝이라는 고사성어를 생각나게 한다. 경쟁에서는 이겨야 하지만 협상을 할 때는 이기는 데만 집착해 욕심이 커지면 거꾸로 지는 길로 가게 되더라는 것을 경험으로 익힌 터였다. 늘 조심하고 욕심을 절제하면 확신이 서고, 그러면 용기가 생기게 된다. 그 길이 일류 승부사가 가는 길이라고 나는 생각한다.

입찰 경쟁이나 기술 개발 경쟁에서는 회사의 미래를 위해서라도 꼭 이기려고 노력했다. 그러나 거래에서는 상대에게 충분한 배려와 양보를 하려고 노력했다. 상대가 단 1%라도 나보다 더 이익을 취하게 하는 것이 함께 오래 가는 길이고 신뢰를 쌓는 길이라고 생각한다. 이것은 내가 수없는 상담에서 늘 견지해온, 49%만 갖는다는 나의 인생철학이기도 하다. 나는 시어스 로벅과 거래하면서 늘 49%만 차지하고 상대에게 51%를 넘기자는 마음으로 임했다. 이악스럽게 이기고자 하지 않았더니 놀랍게도 그 결과는 대부분 내게 51% 이상의 승리를 선사했다.

가방에는 꿈이 들어 있었다

돌이켜 보면, 그 시절 섬유를 수출한다는 것은 단순히 제품을 파는 일이 아니었다. 우리는 젊음을, 그리고 우리 세대의 열정을 팔고 있었다. 해외 출장을 나설 때면 '이민 가방'이라 불리던 커다란 가방에 샘플을 가득 채워 넣었다. 성인 한 사람이 간신히 끌 수 있을 만큼 무겁던 그 가방을 서너 개씩 밀고, 끌고, 때로는 등에 지고 공항을 오갔다. 땀에 젖은 셔츠가 몸에 달라붙고 손바닥에 두껍게 못이 박여도 마음은 넉넉했다.

언제나 머릿속에는 단 하나의 꿈, '이번 상담이 성사되어 수출로 이어지기를' 바라는 기대가 있었다. 그 희망 하나로 낯선 공항에서 새벽을 맞고, 타국의 공장을 오가며 버텼다. 지금 생각하면 인간의 체력으로 어떻게 그런 생활을 1년의 절반 이상이나 이어 갔는지 스스로도 믿기 어렵다. 그러나 그때의 나는 젊음의 낭만과 사명감으로 모든 것을 견뎌 냈다.

시간이 흘러 대우가 자체적으로 색상과 디자인을 내기 시작하자, 바이어들이 오히려 한국으로 몰려오면서 샘플 가방을 끌고 공항을 전전하던 1세대 상사 맨의 혹독한 경험은 추억 속으로 사라졌다.

그 무렵 우리는 단순한 제품 공급을 넘어 유통의 새로운 길을 개척했다. 미국 백화점들이 전국의 수백 개 지점에 물건을 보내는 '픽 앤 팩Pick and Pack' 시스템에 착안해, 우리가 거대한 창고를 지어 제품을 보관하고 각 백화점으로 직접 배송을 대신해준 것이다. 백화점들은 물류의 번거로움을 덜었고, 우리는 새로운 수익의 원천을 찾았다. 이 시스템의 편리함에 반한 여러 백화점들이 잇따라 참여하면서, '픽 앤 팩'은 대우의 효자 사업으로 자리 잡았다. 나중에는 한 걸음 더 나아가 물건을 만들어 현지 창고에 쌓아두고 판매하는 공급자 중심의 시장을 열었다.

세계물산, 신성통상 등 계열사들이 잇따라 생겨나면서 우리의 수출 무대는 지구촌으로 넓어졌다. 그 무렵 부산 공장 한 층에서만 1만 명이 동시에 재봉틀을 돌리던 모습은 그야말로 장관이었다. 시어스에 납품하던 어느 날, 사흘 밤낮을 꼬박 새워 작업한 어린 여직원들이 마지막 상품을 내보내고 나서 공장 바닥에 쓰러져 잠든 모습을 본 적이 있다. 그 얼굴들 위로 흰 형광등 불빛이 쏟아질 때, 나는 가슴이 먹먹해졌다. 딱하기도 하고, 대견하기도 했다. 그 소녀들의 손끝에서 대한민국의 수출이 태어나고 있었던 것이다.

지금도 나는 그 시절 여공이라고 비하되어 불리던 여성 직원

들을 마음 깊이 존경한다. 그들이 없었다면 오늘의 산업 한국도,
나의 청춘도 존재하지 않았을 것이다.

섬유의 성취에서 종합상사의 전선으로

1970년대에 들어서자 정부는 국내 낙후된 산업을 끌어올리
기 위해 수출 품목을 개발하고, 그 물량을 기업의 해외 유통 조직
을 통해 수출하는 일본식 종합상사를 구상하기 시작했다. 중소
기업은 국제시장의 정보에도 어둡고 시장 개척에도 한계가 있는
등 국제 경쟁에 있어서 대응력이 약해 대기업이 나서야 했던 것
이다. 정부의 움직임이 구체화함에 따라 대우실업도 내부적으로
종합상사를 준비하기 시작했다. 그래서 사내 조직으로 개발부를
신설하여 수출 품목을 다변화하는 일을 하며 해외 지사를 꾸준
히 늘려갔다. 그러나 나는 이런 회사의 움직임이 훗날 나와 직접
관련될 줄은 상상도 하지 못했다. 나는 오직 팽창하는 섬유 수출
에 몰입해 이 일이 나의 천직인 것으로만 생각하고 있었다.

1975년 4월 30일 정부는 '종합무역상사 설립에 관한 요령'을
상공부 고시(제10607호)로 공포했다. 그 전해 수출 실적이 연간
5,000만 달러 이상, 자본금 10억 원 이상, 수출 품목 수 7개 이
상, 100만 달러 이상 수출국 수 10개 이상, 해외 지사 수 10개 이
상인 수출 기업을 대상으로 했다.

종합상사를 할 때 주어지는 정부의 혜택은 엄청났다. 국제 경쟁 입찰 때 우선 지원하고, 원자재 수입 요건을 개방하며, 완제품 비축 구매를 위한 로컬 신용장 개설 허용과 수출금융을 지원했다. 그 외에도 수많은 혜택을 유인책으로 내놓았다. 이 혜택들만 보면 기업이 종합상사를 하지 않을 이유가 없는 것처럼 보였다.

그해 대우실업은 회사 내 부서로 종합상사를 출범시켰다. 쌍룡상사에 이어 대우가 2호 종합상사로 등록되었다. 그런데 김우중 회장이 새로 생긴 종합상사 조직을 갑자기 나에게 맡겼다. 당혹스러웠다. 전무로서 수많은 직원을 이끌며 대우의 섬유 수출을 총괄하던 내가 불과 몇 명의 직원을 데리고 좁은 공간에서 낯선 신생 조직을 꾸려야 한다니, 그것은 명예로운 자리라기보다는 익숙한 전선에서 밀려난 자리처럼 느껴졌다. 섬유 업무를 완전히 장악하고 신명 나게 실적을 뻗치며 나아가던 내가 고생스러운 신규 사업을 책임져야 한다는 것은, 사내 나의 위치에도 전혀 어울리지 않는 일이어서 보통 실망스러운 것이 아니었다.

김우중 회장이 내게 말하지 못할 불만이 있어서 나를 대우실업의 메인스트림에서 빼어냄으로써 꾸짖는 것은 아닌지 의심할 정도였다. 그렇지 않아도 사내에서 대사장, 소사장 하며 내 비중이 커졌을 때라 그런 생각이 드는 것은 자연스러웠다.

그즈음 언론이 나를 자주 다루면서 대우실업의 2인자라는 기사를 낸 적이 있었는데, 그때 김우중 회장한테 "너는 일은 안 하고 기자나 만나 정치나 하고 돌아다니냐"고 강하게 질책을 받은 적이 있었기 때문에 더 그런 생각이 들었다. 아무튼 당시 대우의 수출이 1억5천만 달러 정도 됐는데 그 가운데 대부분을 내가 맡던 섬유 부문에서 이루었다. 그에 비해 이제 막 시작한 종합상사의 실적은 비교할 수 없을 만큼 미미했다. 그 때문에 좌절감이 강하게 드는 것도 어쩌면 당연했다.

그러나 김우중 회장의 어떤 말도 거역한 적이 없는 나는 '보내는 뜻이 있다면 반드시 채워야 한다'는 긍정적 마음으로 일을 시작했다. 당시 종합상사는 수출품을 개발하기 위해 전국 시도지사와 회합을 갖고 현지에서 수출할 품목을 개발하려 노력했지만, 그 실적은 거의 없다고 해도 과언이 아니었다.

나는 그런 소매업 수준의 수출품 개발에서 벗어나, 국가 기간산업 가운데 신규 시장 개척이 필요한 품목이 무엇인지 생각해보았다. 전국을 돌며 지역에서 수출할 만한 제품을 찾았지만 딱히 해답이 없었다. 중화학 제품 중 수출할 만한 것은 당시 우리나라 기간 산업을 대표하는 비료와 철강이 거의 전부였다.

규범을 어겼으나 신념은 곧았다

국내에 비료회사는 충주비료에서 남해화학까지 일곱 개가 있었다. 당시 한국의 무기 산업이 커지는 것을 막으려는 미국에 대응하고자 박정희 대통령이 농업국가임을 강조하면서 비료 생산량을 확대했다. 폭약의 원료인 비료를 자급하려고 했던 것이다. 그러나 과잉생산으로 국제시장에서도 우리나라 기업들끼리 출혈경쟁을 하는 일이 생겼다. 더구나 수출은 전량 일본의 종합상사들에 의존해 우리의 선택은 거의 없던 시절이었다.

그러던 어느 날, 필리핀에 출장 가 있을 때 필리핀의 조달청 PIP의 간부를 소개받았다. 그 자리에서 이 관리는 정부가 비료를 대량으로 구입하기 위해 곧 입찰을 실시한다는 소식을 전해주었다. 지금은 그런 관행이 없어졌지만, 당시에는 관리들이 리베이트를 받고 거래를 성사시켜 주는 것이 관례처럼 되어 있던 시절이다. 갓 출범한 종합상사를 맡고 있던 터라 실적에 갈급하던 나는, 1톤당 일정 수준의 리베이트를 주기로 약속하고 일본 종합상사가 제시하는 응찰 가격보다 톤당 50센트를 낮춰 응찰하기로 약속을 했다.

필리핀 정부는 입찰 구비 서류로 비료 생산자의 공급 확인서를 첨부하도록 했다. 급거 귀국한 나는 한국비료를 찾아가서 서류를 요청했으나 거부되었다. 일본 상사가 이 지역에 대한 한국비료의 수출을 대행하고 있어 물량을 줄 수 없다는 것이었다. 필리핀에 큰소리를 치고 온 데다 종합상사를 맡은 이후 첫 도전이라 미련이 남아 변칙적인 시도를 하기로 했다. 즉, 비료를 일본 상사들과 관련이 없는 중남미 엘살바도르에 수출하겠다고 한국

비료에 신고하고, 확인서를 받아 서류상 비료의 행선지를 엘살바도르에서 필리핀으로 변조해 그 나라 조달청에 제출했던 것이다.

담당자의 도움으로 낙찰에 성공해 필리핀에 납품하기로 결정이 되자 현지에서 난리가 났다. 아니나 다를까 일본 종합상사들이 강하게 항의하고 나서는 바람에 한국비료에서 조사에 들어갔고, 그 결과 나의 서류 변조 행위가 모두 들통나고 말았다. 국제적인 문제로 확대돼 관계 당국에서 조사에 착수했고, 나는 법적 처벌까지 받을 위기에 몰렸다. 지금 생각해도 왜 그런 무모한 짓을 저질렀는지 아찔하기만 하다.

나는 사법당국의 조사 때 "한국에서 수출하는 물건을 한국의 종합상사를 제외하고 일본 상사에 맡기는 것을 정상이라고 할 수 없다. 이런 정책이 부당하고 억울해서 이런 변칙을 시도했던 것"이라고 문제점을 지적하면서 선처를 호소했다. 당시 상공부 관계자들은 내 말을 유심히 듣더니 일리가 있는 주장이라고 인정했다. 그리고 차관보가 중심이 돼 정부의 종합상사 제도를 개선하고 나를 선처해 주자고 관계기관을 찾아다니며 설득했다. 마침내 그 덕택에 모든 일이 만족스럽게 해결되었다. 그때 애써 주신 상공부 관리들에 대한 고마움은 지금까지도 잊을 수가 없다. 인생 살면서 몇 차례 겪은 외줄 타기에서 아슬아슬하게 살아남은 또 한 번의 경험이었다.

이후 군 출신인 영남비료 사장을 소개받아 톤당 32달러에 수출하던 비료를 36달러까지 받아주기로 약속하고 비료 9만 톤의 독점 수출 계약을 하면서 비료 일을 다시 시작했다. 그런데 그해 겨울 우연히도 미국에 한파가 닥쳐 비료 생산이 제대로 되지 않는 바람에 국제시장에서 비료 가격이 톤당 75달러까지 치솟았다. 상당한 이익을 남긴 것은 말할 것도 없다. 이렇게 물꼬가 트이기 시작해 그때부터 대우는 우리나라 비료 수출의 60%를 담당하게 되었다.

무역을 넘어 산업 플랫폼으로

나는 이어서 수출 비중이 큰 제철로 눈을 돌렸다. 포항제철을 찾아가 고교 10년 대선배인 안병화(추후 상공부 장관 역임) 이사를 만나 도움을 요청했다. 간절하면 통한다는 것을 여기서도 다시 확인했다. 안병화 이사는 오랜 시간 생각을 하다가 마침내 "도와줄 테니 한번 해보라"고 격려해주었다. 말레이시아 지역은 이미 다른 상사에 수출권을 주었고 중남미는 포항제철이 직접 수출하고 있으니, 나머지 나라는 어디든 마음대로 하라고 허락해주었다.

미국 기업들은 철강을 수입할 때 납기일을 매우 촉박하게 잡았다. 태평양을 건너는 데 몇 달이 걸리던 시절이라 사실상 수출이 불가능했다. 일본 종합상사와 유태인 상사들은 미국에 물량을 쌓아두었다가 주문하는 곳곳으로 즉시 배송하는 시스템을 갖고 있었다. 그래서 포항제철은 미국 수출에 소극적이었다.

나는 섬유쿼터 때 설립된 대우의 뉴욕과 LA 현지법인을 활용하기로 했다. 야적장을 확보해 포철에서 받아온 물량을 산처럼 쌓아놓고 제때 공급하는 시스템을 만들었다. 서비스센터를 두고 고객사의 요구에 맞게 철판을 절단해 보내주기까지 했다. 나는 철판도 섬유 원단처럼 결이 있어 어느 방향으로 자르느냐에 따라 품질이 달라진다는 것을 그때 알았다.

어느 정도 틀이 잡히자 나는 일본 종합상사의 운영 시스템을 집중적으로 공부하기 시작했다. 제품을 알아야 팔 수 있다고 판단해 엔지니어들을 영입해 상사 맨으로 키웠다. 금속공학과 출신을 철강팀으로 보내는 식이었다.

섬유에서 중화학 제품으로 대상을 넓힌 후 대우의 해외 네트워크를 활용해 국내 중소기업들의 제품을 수출하는 데도 힘썼다. 종합상사의 역할은 국내 기업들이 수출할 시장을 만들어주는 것이라고 생각했기 때문이다. 대부분의 종합상사가 모그룹의 생산품만 취급하는 데 급급했지만 나는 달랐다. 그래서는 세계시장에서 경쟁력을 확보할 수 없다고 생각했다. 중소기업들의 수출 품목과 수출 대상 지역을 동시에 개발하면서 대우 종합상사는 국내 산업을 키우는 데 효자 역할을 톡톡히 했다.

3국 거래, 세계를 잇다

내가 역점을 두고 시행한 제도에 '3국 거래'가 있다. 대우는 다른 종합상사들과 달리 해외 지사 간의 거래가 많았기 때문에 이들 간에 서로를 연결하는 거래를 확대하자는 것이었다. 대우가 종합상사를 시작해 단숨에 수출 2위를 달성한 건 인센티브제의 영향이 컸다. 홍콩 지사가 본사를 거치지 않고 중동이나 아프리카에 직접 판매하는 식의 해외 지사 간 거래 실적을 인사고과에 반영했다. 내가 1980년 대우중공업 사장으로 가기 전까지 심혈을 기울여 3국 거래를 확대했고 실적도 좋았는데, 그 후 이 시스템이 시들해진 것은 아쉬웠다.

낚싯대에서 중장비까지 품목을 늘리고 미국에서 아프리카 수단, 리비아까지 지역을 넓히면서 대우의 세계 경영은 그 모습을 나타내기 시작했다. 훗날 대우를 인수한 포스코인터내셔널이 포스코그룹 중 가장 잘나가는 기업이 된 것도 그 뿌리는 대우 종합상사의 저력에 있었다. 연간 350만 달러를 수출하던 종합상사가 1년 만에 1억 달러를 수출하게 됐고, 그다음 해에는 10억 달러 이상을 수출하는 초대형 상사로 번창하면서 우리나라의 수출 구조에는 많은 변화가 생겼다.

종합상사 대우가 급성장하면서 서울을 장악하고 있던 일본 종합상사들은 상대적으로 규모를 줄이거나 철수를 하는 현상이 생겼다. 종합상사 수출 1위를 차지했을 때 나는 비로소 섬유를 떠나 종합상사를 맡을 때의 서운함을 스스로 씻을 수 있었다. 우리나라에서 종합상사라는 불모지를 개척해 이 나라 수출의 핵심적인 기업으로 만들었다는 성취감과 자부심이 대신 가슴을 채웠다.

그 후 4년 동안 대우가 종합상사 수출 1위를 유지할 정도로 내가 뿌린 씨앗은 건강한 나무로 잘 자랐다. 그것은 돈을 주고 실적을 사 오는 이후 종합상사들의 관행과는 차원이 다른, 건전한 노력의 산물이었기에 더욱 자부심을 느낀다.

성공의 절정에서 찾아온 시련

종합상사를 맡고 있던 시절, 모든 날이 빛나기만 했던 것은 아니었다. 수출 상품 개발에 열을 올리던 어느 때, 고교 동기가 운영하던 냉동 수산물 수출업체 '한남수산'의 수출을 대행하게 되었다. 그 회사를 믿고 회사 자금 220억 원을 지원했으나, 예기치 못한 부도로 인해 부실채권이 되어버렸다. 날벼락 같은 일이었다.

자금 집행에 앞서 여러 차례 감사팀을 현장에 보냈고, 그때마다 문제가 없다는 보고를 받아 집행한 것이었는데 결과는 참혹했다. 이 회사의 오너가 나와 고교 동기라는 사실 때문에 상황은 더욱 난처해지고 곤혹스러워졌다. 뒤늦게 밝혀진 진상은 허탈했다. 대우 감사팀이 창고를 점검할 때마다 상대측은 냉동 창고의 앞쪽만 물건으로 가득 채워 창고가 꽉 찬 것처럼 위장해왔던 것이다. 겉보기에는 가득한 냉동 창고가 사실은 허상에 불과했다. 나는 그 허상의 대가를 혹독하게 치러야 했다.

김우중 회장은 나에게는 책임을 묻지 않고 감사를 잘못한 직원들을 포함해 관련자 전원을 해임하라고 지시했다. 나는 이 모든 것이 내 책임이므로 내가 자리를 내놓고 월급쟁이 직원으로 다시 백의종군할 테니 직원들을 면책해 달라고 간청했다. 그 요청은 받아들여졌다. 결국 내가 1978년 대우를 떠나 한남수산 사장으로 자리를 옮기면서 사태는 일단락되었다. 내 인생에서 가장 쓰라린 실수였고, 가장 깊은 교훈을 남긴 사건이었다.

세월이 흘러 돌이켜 보면, 인생이란 아이러니로 가득하다. 그때 한남수산이 채권으로 확보했던 지방의 냉동 창고들은 훗날 부동산 가격이 폭등하며 회사에 뜻밖의 이익을 안겨주었다. 나에게는 상처였지만, 회사에는 전화위복이 된 셈이었다.

그렇게 한남수산의 경영을 맡아 묵묵히 일하고 있던 어느 날, 김우중 회장이 전화를 걸어왔다. "회사가 바쁜데, 왜 거기 가 있느냐"라고 했다. 그렇게 나는 다시 대우로 돌아왔다. 내가 떠난 자리, 그리고 다시 돌아온 자리, 그 두 공간 사이에는 실패의 쓴맛과 인간에 대한 믿음이 교차하고 있었다.

오지로, 전쟁터로

내가 키운 대우 종합상사는 전 세계를 누비고 다녔다. 대우가 '하이 리스크 하이 리턴'의 오지로 진출한 것은 선택의 문제가 아니었다. 미국과 유럽, 중동마저 후발주자였으므로 아프리카와 남미로 갈 수밖에 없었다. 아프리카에 주목한 것은 대금을 받지 못하면 기름으로 대신 받을 수 있다는 안전판을 고려했기 때문이다. 아프리카가 원조받는 자금 역시 중동의 오일머니였다. 그래서 아프리카만 잘 공략해도 중동에 진출한 효과를 거둘 수 있다고 생각했다. 하지만 아프리카에서 크게 성공을 거두진 못했다. 잦은 쿠데타로 정치가 늘 불안했기 때문이다.

당시 한국이 군수물자를 수출한다는 것은 외교적으로도 상상할 수 없는 일이었다. 주로 헬멧이나 전투화, 군복, 야전 텐트, 낙하산 같은 비살상용 장비를 공식적으로 팔았다. 아프리카에서는 전쟁이 자주 발생했고 각 나라에서 대우에 군수물자를 달라고 했다. 군수물자 수출이 늘면서 그 물량을 전담할 특수사업본부를 신설하기도 했다. 모로코와 모리타니 간 전쟁 때는 전사한 양국 군인이 복장부터 무기까지 모두 대우가 판매한 것을 사용하고 있을 정도로 대우 종합상사는 세계를 장악하고 있었다.

1978년 우리나라 수산업계가 서아프리카 해역에서 원양어업을 할 때였다. 모리타니에서 어업권이 없다고 제재를 가해 종합상사 대표로 원양어업 협상단을 이끌고 이 나라를 방문한 적이 있다. 북한과만 국교를 맺고 있던 이 나라에 입국하기 위해서는 임시 여행 증명서가 필요했다. 이를 발급받기 위해 모로코 주재 한국 대사관에 갔더니 정보 당국에서 나온 분이 부탁을 해왔다. 모리타니에 입국해 어업권 협상을 하면서 한편으로 북한의 현지 봉제공장 운영 실태와 이 나라 정부의 북한에 대한 입장은 어떤지 알아봐 달라는 것이었다. 위험을 무릅쓰고 여러 루트를 통해 모리타니와 북한의 관계가 악화하고 있는 상황을 자세히 알아내 귀국길에 그 내용을 전해주었다. 6개월 후 대한민국 정부는 그 정보를 바탕으로 모리타니와 정식으로 국교를 맺기에 이르렀다. 이처럼 당시 종합상사 맨은 오지와 험지에서 정부를 대신해 국익을 위한 일에도 일조를 했다.

나중에 대우조선 사장을 떠나 미국에서 공부한 후 돌아와 1990년부터 1993년까지 다시 ㈜대우 사장을 맡았다. 10년 만에 돌아온 종합상사는 거의 껍데기만 남은 상태였다. 중소업체들 제품이나 팔아주며 실적 아닌 실적을 올리고 있었다. 임원을 대폭 교체한 후 다시 3국 거래를 활성화해 흑자전환을 했다. 그렇게 큰 대우 종합상사 대우인터내셔널의 당시 상무가 훗날 포스코인터내셔널 사장이자 포스코그룹 부회장이 될 정도로 대우에는 인재가 많았다.

대우를 떠나며

돌이켜 보면, 내가 대우에서 걸어온 길은 사람과 시간이 빚어 낸 여정이었다. 샘플 가방을 끌고 다니던 젊음의 숨결과, 새벽 공장에 울려 퍼지던 재봉틀 소리, 비료와 철강, 낚싯대와 중장비, 그리고 사막과 정글과 전쟁터의 먼지들이 켜켜이 쌓여 만든 한 편의 서사였다.

나는 섬유의 실밥으로 시작해 종합상사의 굵은 동아줄을 엮으며 대륙과 대륙을 잇는 다리를 만들었고, 때로는 한남수산과 같은 뼈아픈 실수를 겪으며 다시 일어나는 법을 배웠다. 나는 이익보다 신뢰를, 승리보다 지속을 위해 51%를 양보하고 49%만으로 버티는 인생의 균형을 몸으로 익혔다.

나는 몇 번이나 고비를 맞았지만, 그때마다 다시 일어나 세계를 잇는 또 하나의 길을 냈다. 우리가 수출했던 것은 단지 비료, 철강, 섬유와 기계 같은 유형의 상품만이 아니라 가난을 이겨 보겠다는 한 시대 젊음의 의지였다. 그리고 그 의지를 앞세우고 나와 동료들은 세계 곳곳에 발자국을 남겼다.

2부

세상의
아침을 열다

대우중공업
-부임-

낯선 공장, 낯선 운명

내 인생에서 가장 정열적으로 일을 한 것은 대우중공업과 대우조선 두 회사 경영을 맡았을 때다. 그 둘 가운데 어느 쪽이 더 애착이 가는 회사냐고 묻는다면, 나는 대우중공업이라고 대답하겠다. 대우중공업에서 한 일은 무에서 유를 창조한 것이어서, 기존에 존재하던 것을 개선(그것이 비록 획기적인 것이라고 하더라도)한 대우조선 때보다 더 창의적이고 열정적이었다.

그러나 1980년 3월 대우중공업 사장을 맡으라는 말을 처음 들었을 때는 몹시 당황스러웠다. 당시 나는 대우실업에서 섬유 수출로 회사를 눈부시게 성장시켰고, 종합상사를 맡아 신화적으로 실적을 쌓으며 손에 익은 일을 즐기고 있었다. 이때 김우중 회장은 내가 전혀 경험하지 못했던 기계공장을 맡긴 것이다.

섬유의 결만 보고도 성질을 읽고 지어질 옷의 디자인까지 어렵지 않게 상상할 수 있던 내가, 어느 날 갑자기 쇠 부딪히는 소리와 기계의 진동으로 가득한 공장으로 들어서야 한다는 사실은 예기치 못한 운명이었다. 한국에서 기계공업이 갓 개화하기 시작한 터라 대우중공업은 나에게 그 이름에서부터 생소하고 정이 안 가는 곳이었다. 김우중 회장은 주변 사람들의 의견을 듣고 전무였던 나에게 부사장 직급을 주어 보내려 했으나, 조동재 사장이 기왕이면 신나게 일하도록 사장으로 보내자고 했다는 소리를 나중에 들었다. 대우실업에서 섬유를 맡아 신나게 일하다가 손바닥만 한 신규 부서 종합상사를 맡을 때에 비하면 그나마 그룹의 주력 계열사 사장으로 간다는 것이 위안이 되기는 했다.

기대와 각오를 동시에 품고 대우중공업 인천 본사의 문을 열었을 때, 내 눈앞에 펼쳐진 풍경은 그렇게 우호적이지 않았다. 엔진생산본부를 제외한 거대한 공장은 숨을 죽이고 있었고, 기계는 먼지를 뒤집어쓴 채 멈춰 있는 곳이 많았다. 어느 생산본부는 일감이 없어 공장 주변의 잡초를 제거하는 것이 하루의 일과가 되기도 했다. 그 모습을 보니 가슴이 먹먹해졌다. 가장 먼저 든 생각은 '이대로는 안 되겠구나'였다.

마흔두 살에 사장으로 갔던 터라 구 한국기계 출신 임원들은 전부 나보다 나이가 많았고, 부장들의 절반도 나보다 나이가 많았다. 어떤 임원은 나보다 10년 이상 위였고, 네 살 위인 나의 둘째 형과 학교 동기인 임원도 있었다. 공기업에서 근무하던 사람들이라 일하는 스타일이 속전속결의 대우와 달랐다. 같은 언어를 쓰는 데도 나이 많은 간부들과는 소통이 힘들었다.

우선 회사의 기강을 잡고 흘러 나가는 낭비를 줄이는 것이 급선무라고 생각해 구매 쪽부터 다잡기 시작했다. 그러나 분위기가 나에게 고분고분하지 않았다. 회사는 어떤 고위 임원 한 사람을 중심으로 폐쇄적으로 운영되고 있는 모습이었다. 이 임원은 사장인 나에게도 실세의 자리를 쉽게 물려주지 않을 태세였다. 우선 이 임원을 다른 회사로 보내달라고 김우중 회장에게 요구했다. 하지만 "그 사람 없으면 회사가 망할 텐데 어쩌려고 그러느냐"며 거절했다. 내가 건의의 근거를 제시하면서 재차 요구했더니, 한 달쯤 후 한 단계 승진시켜 다른 계열사로 빼주었다.

그 순간부터 조직의 공기가 눈에 띄게 달라졌다. 사람들의 시선이 긴장되고 말투가 바뀌면서 비로소 내가 사장으로서 결정을 내릴 수 있는 자리가 만들어졌다. 이때부터 나는 책임이라는 단어가 얼마나 무거운지 실감하기 시작했다.

회사 내부는 형식적 흑자에 불과했고, 속을 들여다보니 적자로 가득했다. 엔진사업본부 하나만이 유일하게 돌아가고 있었고, 나머지는 그저 그쪽만 바라보는 형국이었다. 낭비를 줄이고 기강을 세우는 일은 당장 손을 대야 하는, 마치 불을 끄는 것과도 같은 긴급한 과제였다.

젊은 엔지니어들의 호응

최고경영자로서의 결정이 늘 옳을 수는 없다. 내가 자칫 모든 것을 통제할 수 있다는 환상에 빠져 잘못 선택하지는 않을까 걱정이 되었다. 리더에게 확신과 자신감은 필수 요소지만 과신은 실패의 지름길이라는 것을 알기 때문이다. 그래서 나는 과도한 자기 확신으로 오류를 범하고 실책을 만드는 일이 생기지 않도록 늘 자신을 경계해야 한다고 다짐했다. 방법은 회사 내 전문가들의 의견을 듣는 것이었다.

회사를 파악하려고 임원들한테 물어보면 대답을 잘 못 하는 때가 많았다. 그래서 과장이나 대리들을 불러서 묻고 판단하다 보니, 나이 많은 임원들이 나한테 '윤 대리'라는 별명을 붙였다. 나는 그 별명이 싫지 않았다. 오히려 내 길이 맞다는 확신을 주었다. 젊은 직원들의 얘기를 직접 듣는 기회를 넓히기 위해, 회의에서 회사를 발전시킬 아이디어를 구하는 데 집중했다.

일요일에 회의를 소집해 현안을 점검하는 경우가 많았다. 사회활동이 모두 정지되는 일요일의 회의는 외부 연락이 없어 집중하기 좋았다. 부정적 의견이 회의를 지배하지 않게 하고 긍정적 해법을 찾느라 회의 시간은 당연히 길어질 수밖에 없었다. 하지만 대화 내용은 머릿속에 유용한 자료로 저장되었다.

회의를 하면서 실무자들에게 질문을 계속하다 보면 어느 틈에 깊은 밤이 되곤 했다. 회의실 조명은 어두웠지만 젊은 눈빛들은 살아나고 있었다. 이들에게 기회만 준다면 그 눈빛 속 불씨는 언제든 타오를 수 있을 것이라고 생각했다. 나는 그 가능성을 확인했고, 이곳을 다시 쇳소리와 기계의 박동으로 가득 채우겠다고 다짐했다.

그런 과정에서 별처럼 반짝이는 젊은 인재들을 찾아낼 수 있었던 것은 행운이었다. 정재탁, 최송학, 김학철, 이성철 등을 비롯해 많은 인재들을 발굴했다. 그들은 조직에서 보석처럼 돋보이는 존재들이었기 때문에 업무 파악 과정에서 쉽게 존재가 드러났다. 서울상대 출신 정재탁을 비서실로 데리고 와 내가 가는 모든 일정에 수행하게 하고, 내가 하는 모든 발언과 지시를 기록하여 마감일이 되면 실행 여부를 꼼꼼히 확인한 후 보고하게 했다. 서울공대를 나온 최송학과 이성철, 김학철 등도 발탁했다. 그들은 회사의 중요한 신규 사업 개발 및 생산 현장에서 엔지니어로서 오랫동안 진가를 발휘하고 회사를 견실하게 지켜준 주인공들이 되었다. 김학철은 은퇴 후 모임 자리에서 당시 상황을 이렇게 술회했다.

"내가 1976년 입사한 후 윤 사장님이 오실 때까지 공장이 거의 다 놀고 있었다. 산업기계사업본부에 있었는데 사업이라는 것이 고작 팔당 발전소 수문을 만드는 일 등이라 일감이 없을 때가 더 많았다. 좌절감을 느끼고 있던 젊은 엔지니어들은 새 사장이 오셨으니 회사가 변해서 우리에게 일감을 만들어주지 않을까 막연한 기대감을 갖고 있었다. 윤 사장님은 '철 구조물 같은 일거리만 주문받아 만들려고 하면 발전이 없다. 계획 생산할 대상부터 찾아보자'고 하셨다. 회의를 계속하면서 아이디어들이 쏟아졌고, 구체적인 방향 제시를 받으니 의욕이 살아났다."

나는 기계의 구조나 설계 수치를 엔지니어들처럼 세세히 알지는 못했다. 그러나 회사가 향해야 할 목적지를 제시하고 그 길을 기술자들이 신나게 걸어갈 수 있도록 여건을 만들어주는 것이 나의 역할이라는 것을 알고 있었다. 그때 밤잠을 설치며 고심했던 '미래를 향한 항로 설정'의 경험은 이후 나의 경영 인생에서 중요한 나침반이 되었다.

폭풍 속에서 드러난 정부 정책의 칼날

"폭풍을 만났을 때 키잡이를 알아본다."

고대 로마 스토아 철학자인 루키우스 안나이우스 세네카의 《섭리攝理에 관하여》라는 책에 나오는 구절이다. 이 말은 고난과 위기의 순간에 진정한 리더의 모습이 확인된다는 뜻이다. 평온

한 시기에는 누구나 배를 몰 수 있지만, 폭풍이 닥쳤을 때 진정한 키잡이(조타수)의 실력이 드러난다는 것이다.

나에게 일생일대에 큰 시험이 닥쳤다.

나는 과장을 부장으로, 부장을 이사로 발탁하면서 내부적으로 경영의 동력을 확보해 나아갔으나 외부 경영환경은 예사롭지 않았다. 1979년 두 차례의 오일쇼크로 원유 가격은 급등했고, 원자재 수입 비용은 폭증해 원가 압박이 하루가 다르게 가중되고 있었다. 1980년 세계 경기가 침체하면서 우리나라의 수출이 부진을 면치 못하고 있었고 외화는 바닥이 날 정도에 이르렀다. 이에 따라 국내 경제는 불안 속에 한국전쟁 이후 처음으로 마이너스 성장을 기록 중이었다.

그때 정부가 꺼내든 카드가 바로 중화학 투자 조정이었다. 대우중공업으로는 설상가상이 아닐 수 없었다. 대우가 조선과 발전소와 중형엔진을 선택했고, 김우중 회장이 별도로 현대양행을 맡으면서 대우중공업의 건설중장비, 산업기계 사업들을 가져갔다. 결국 매출액 절반에 해당하는 사업들이 하루아침에 날아간 것이다.

사장으로 부임한 지 불과 4개월밖에 되지 않은 시점에서 이처럼 엔진, 건설기계 등 주력 사업 대부분을 빼앗겼으니 허탈하다는 느낌만으로는 그 기분이 설명되지 않았다. 김우중 회장에게 "회장님이 다 가져가시면 저는 무엇으로 회사를 이끌라는 겁니까"라고 말했더니 그는 짧게 대답했다. "윤 사장이 알아서 해." 어쩌면 그 냉정한 말은 내가 기댈 데 없이 스스로 서야 한다는, 단호한 격려였는지도 모른다.

그때 김우중 회장은 대우중공업을 포기하고 주요 사업들을 모두 현대양행(한국중공업)으로 가져가 본인이 꾸고 있던 기계산업의 큰 꿈을 그쪽에서 이루고 싶었던 것은 아니었을까. 그렇지 않다면 설명이 되지 않는 상황이었다.

그런데 이게 무슨 일인가. 김우중 회장이 100일 만에 그 자리를 털고 나온 것이다. 정부가 발전설비를 준다는 것은 발전소 건설에 필요한 건설 부문까지 주는 것으로 판단했는데, 현대와 삼성그룹의 해석이 달라 갈등이 생기면서 결국은 그 합의가 깨진 것이다. 문제는 김우중 회장이 대우중공업의 주력 사업들을 현대양행에 옮겨 놓은 채 손을 털고 나왔다는 것이다.

나는 정부를 찾아가 중화학 투자 조정으로 사업권은 없어졌지만, 생산시설과 기술자들이 그대로 있으니 생산을 하는 것이 합리적이지 않느냐 호소하고 다녔다. 하지만 정부의 방침은 확고했고 돌아오는 대답은 매번 똑같았다. 국산화해서 사업하는 것을 막을 방법은 없지만, 지금처럼 수입해서 조립하는 것은 안 된다는 것이었다. 국산화할 경우, 제조권까지 막지는 않겠다는 이야기를 들은 것이 그나마 위안이 되었다.

미파MIPA 운동으로 불황 극복에 도전

회사의 경영 상태를 보면 내가 맡기 전인 1978년과 1979년의 매출이 각각 1,326억 원과 1,807억 원이었는데 부임 첫해인 1980년에는 중화학 투자 조정으로 일감을 잃어 오히려 매출이 1,554억 원으로 급감했다. 그나마 그해 전반기, 정부의 투자 조정이 적용되기 전에 이뤄진 매출이 대부분일 뿐 하반기로 갈수록 사세는 급속히 위축되었다. 당시 회사가 얼마나 긴장해야 했는지를 짐작하게 한다.

이 비상 상태를 돌파하려면 우선 잔존하고 있는 국영기업 특유의 느슨한 분위기를 다잡고 조직을 전체적으로 긴장시키기 위한 전사적 운동이 필요하다고 생각했다. 생존하기 위한 특단의 대책을 서둘러 찾아야 했다. 이은경, 정재탁 등 기획 능력이 있는 중견 간부들에게 내 생각을 말하고 전사 경영 혁신 운동을 구상하도록 숙제를 줬다. 직원들의 힘을 하나로 결집시키고 내부 관리 제도에서 비능률·비경제·비합리 등 3비 추방을 가장 우선적인 개혁 과제로 삼았다. 무엇보다 불황을 극복하고 지속 성장을 하자는 것이 이 운동의 기본 과제임을 분명히 했다.

우선 일본에서 막 시작된 도요타의 전사 품질관리 'TQCTotal Quality Control 운동'을 참고하고, 대우중공업 고유의 체질을 감안해 한 차원 높은 전사 운동을 구체화하기 시작했다. 생산부서뿐 아니라 지원·관리부서에서도 '품질이 곧 경영'이란 생각으로 개선 운동을 전개하자는 것이었다. 기획부서에도 인사부서에도 업무의 품질을 향상시키는 임무를 주기로 했다.

나는 이 운동의 이름을 '불황 극복을 위한 경영합리화 운동 Management Improvement Plan for Anti-recession, MIPA'이라고 붙이고, 구체적 실행 프로그램들을 개발해서는 바로 집행하기 시작했다. 우선 최고경영자가 회사의 나아갈 방향을 제시하면 차하위 직급자부터 그 방침에 따라 자신이 할 일을 전개하는 형식으로 일을 추진하도록 했다. 회사원 모두는 자신이 최고경영자의 방침에 따라 업무를 개선할 아이디어들을 내고, 구체적인 실천 계획을 분기별로 기록한 후 기간이 지나면 외부의 평가를 받도록 했다.

상하 직급 간의 간격을 없애고 좌우 부서 간의 벽을 허물어 관련 부서가 모두 참여하도록 했다. 현안을 타결하기 위한 라운드 테이블 회의제도와 제안제도를 시스템적으로 고착시키려 노력했다. 그 결과 생산 현장에서는 업무 개선 아이디어들이 속속 등장하고 그것이 원가 절감으로 이어지는 사례들이 경쟁적으로 나왔다. 나는 성과 발표대회를 통해 성공 사례를 발굴하고 푸짐한 상으로 시상하거나 인사에 반영했다. 이렇게 전사적인 호응을 유도하면서 기반을 넓혀 나갔다.

MIPA 운동은 단순한 경영 개선 활동이 아니라 1980~1990년대 한국 제조업 문화의 초석이 될 만큼 중요한 경영 혁신 사례로 평가받았다. 직원들의 주도적인 참여 문화가 형성되면서 이후 대우그룹의 다른 계열사, 그리고 다른 대기업(현대, 삼성 등)으로 유사 개선 활동이 확산되었다. 국내 품질 경영, 생산 혁신 운동의 시초 중 하나로 평가되는 MIPA 운동은 단순한 캠페인이 아니라 기업 문화 혁신 운동에 가까웠으며, 1990년대 한국 기업들이 6시그마, TPM, Lean 등을 도입하는 데 기반이 되었을 정도였다.

모든 부서가 자율적으로 문제를 정의하고, 개선안을 내며, 그것을 수치화해 경영 성과에 반영하도록 이 운동의 시스템을 설계했다. 하향식 지시 대신 상향식 개선, 성과 중심이 아닌 과정 중심의 재설계를 하는 것이 핵심이었다.

이 운동의 실천과 성과를 체감하기 위해 나는 되도록 현장에 더 오랜 시간 머무르려고 노력했다. 거칠고 두꺼운 작업복을 입고 생산 라인을 돌며, 말보다 눈으로 확인하고, 숫자보다 사람의 표정을 읽었다. 중공업은 단일 제품의 생산이 아니라 복합 공정으로 움직이는 산업이다. 제품 하나를 완성하려면 수십 개의 부서가 하나로 움직여야 하고, 수천 명의 손이 서로를 믿어야 한다. 나는 MIPA 운동을 통해 회사의 변화를 하나씩 다져갔다. 그 결과, 회사가 모처럼 '살아 있다'는 기운을 되찾고 있었다. 조직은 돈보다 신뢰로 움직이고, 매뉴얼보다 문화로 지속된다. 그것은 내가 MIPA 운동을 하면서 얻은 깨달음이다.

'조직은 곧 사람이고, 사람을 키우는 것이 최고의 투자'라는 철학은 이후 대우조선으로 이어지는 내 경영 인생의 뼈대가 되었다. 훗날 대우조선을 떠나 미국에서 공부할 때 MIPA 운동을 통한 설계 품질, 제조 품질, 관리 품질, 영업 품질, AS 품질 등 품질 관리의 혁신을 주제로 석사 논문을 쓸 정도로 이 운동은 내 삶에 남긴 자취가 깊었다.

사람을 키우는 일, 회사를 키우는 일

우수 인력 확보도 시급한 과제 중 하나였다. 인재를 외부에서 영입하는 것도 중요하지만 내부 엔지니어들의 사기를 높이는 것도 신경을 써야 했다. PEprofessional engineering 시스템이라는 제도를 통해서 엔지니어들은 모두 일은 안 시키고 초기 2년을 반드시 현장 경험을 쌓도록 했다. 또 회사 내부에 공학원이라는 교육 기관을 만들어 비기계 전공 엔지니어들을 대상으로 6개월간 회사 특성에 맞는 교육을 시켰다. 엔지니어들에게는 우선 승급제를 채택해, 입사 2년 만에 무조건 대리로 승급시키는 특혜를 주었다. 그 사람들이 나중에 대우중공업의 기술 개발에서 중추 인력들이 되었다.

나는 기술자가 한자리에 오래 머물러 기술의 깊이를 쌓도록 배치했고, 그 축적된 경험을 우대하는 승진 제도를 운영했다. 또 기술자들을 우대해야 회사가 산다고 믿어 엔지니어 우선 진급

정책을 채택했다. 좋은 엔지니어를 뽑기 위해 서울공대 기계과 교수들과 주말이면 테니스 대회 등 여러 모임으로 긴밀한 관계를 유지하려고 애썼다. 그런 노력 끝에 한 해 서울공대에서 기계과 졸업생 20명이 나오면 모두 대우중공업으로 들어올 정도로 회사가 유명해졌다.

그때 대우중공업에 붙은 별명이 '대한민국 기계사관학교'라는 것이었다. 지금도 옛 대우중공업은 엔진사관학교, 공기(공작기계)사관학교, 산기(산업기계)사관학교였다는 이야기를 듣는다. 그 별명은 과장이 아니다. 그 시절 대우중공업의 기술력과 인재는 한국 산업 발전을 떠받친 유무형의 자산이자 주역들이었다.

대우중공업
-솔라 프로젝트-

굴삭기에서 시작된 국산화의 배수진

정부가 중화학 투자 조정으로 사업권을 거둬가면서도, "국산화를 하면 제조권까지 막지는 않겠다"는 말 한마디를 남겨준 것은 우리가 선택할 수 있는 길이 딱 하나뿐임을 확인시켜 주는 선언이었다. 가야 할 길은 독립적인 기술, 기술 자립을 통한 국산화뿐이었다.

우선 굴삭기 부문부터 우리가 갖고 있는 수입 부품 재고로 만들 수 있는 물량이 어느 정도인가 알아봤더니 6개월분밖에 없었다. 엔지니어들을 모아놓고 단호하고도 비장하게 선언했다.

"6개월 안에 국산화하지 못하면 우리 운명은 끝난다. 이제 회사의 운명은 우리한테 넘어왔다."

재고 부품이 떨어지기 전에 국산화에 성공하지 못하면 공장의 불은 꺼지고, 사람들의 발걸음도 끊기게 되어 있었다. 그러나 수십 년 동안 해내지 못했던 일을 6개월 안에 해내자고 다그치는 내 자신이 무모하게 느껴지기도 했다. 그날 나는 불가능한 도전에 나서야 하는 경영자의 심정이 어떤지를 제대로 곱씹으며 밤을 지새웠다.

다음 날에도 아침은 어김없이 찾아왔다. 나는 엔지니어들과 경영기획실 간부들을 다시 비상 소집해 어제 밤새도록 생각했던 회사 조직개편안을 발표했다. 회사 내에 '국산화 추진본부'를 신설하고 김영춘 부장과 이성철 과장 등 핵심 엔지니어들에게 조직을 맡겼다. 국산화한 부품으로 제품을 만들 때 초기부터 전체를 기획하라는 뜻으로 제품기획부라는 조직도 만들었다. 사명감을 갖도록 하자는 생각에 이름까지 짓고, 새로운 사업에 대한 방향을 잡으라는 임무를 주었다.

적당히 10년쯤 일을 배우고 나가 내 회사를 차리자는 생각이 지배적이었던 사내 엔지니어들의 분위기가 하루아침에 180도 바뀌기 시작했다. 수입에 의존하던 1차원적 한국의 기계산업을 오늘날 세계적인 기계제품 수출국 수준으로 도약하게 만든 엔지니어들의 눈물 나는 국산화 도전이 드디어 대우중공업에서부터 시작된 것이다. 굴삭기, 지게차, 디젤엔진 등 주력 제품을 중심으로 분야별 국산화 개발이 출발점을 박차고 나갔다.

오늘의 우리나라는 세계 굴지의 기계제품 수출국이다. 그 기틀은 치열한 국산화 도전의 첫 장면이 열리던 바로 이때, 대우중공업 굴삭기 국산화에서부터 마련되었다.

꺼지지 않는 불빛

수입해 놓은 부품의 재고가 6개월분밖에 없다는 것은 우리의 시간이 6개월 뒤에 끝날 수 있다는 뜻이다. 그래서 조직 전체가 배수진을 치고 국산화에 매달릴 수밖에 없는 형편이었다. 엔지니어들은 일본 제품들의 설계 도면을 고쳐 새로 그리고, 실험한 후 실패하고, 다시 고치기를 수도 없이 반복했다. 기술 연구소의 불은 밤이 되어도 꺼질 줄 몰랐다.

시간은 잔인하리만치 정확하게 흘러 6개월 시한이 눈앞으로 다가왔다. 그때 놀라운 성과가 나타났다. 굴삭기의 국산화율이 93%에 이른 것이다. 처음 이 도전에 나설 때는 나도, 엔지니어들도 반신반의했다. 그러나 수많은 난관과 실패를 버티고 극복하며 우리는 마침내 성공했다. 먼 훗날 이성철은 "처음 시작할 때 우리가 자신이 있었던 것은 아니다. 죽지 않으려면 해야 한다는 절박감 속에서 일을 했는데 어느 날 갑자기 '어, 이게 되네'라는 자신감이 들기 시작했다"라며 웃었다. 그 공으로 김영춘 부장, 이

성철 과장을 특진시켜 조직을 긍정적으로 자극했다.

그러나 마지막 관문이 하나 더 남아 있었다. 굴삭기의 핵심 부품인 유압펌프만은 도저히 국산화가 되지 않는 것이다. 편법이지만 부품 상태로라도 들여와 국내에서 조립해 부착하는 길을 찾아보기로 하고, 일본 업체를 찾아가 부품 상태로 수출해 달라고 요청했지만 단칼에 거절당했다.

결국 내가 직접 일본으로 건너가 도시바 기계 사장을 만났다. 나는 "유압펌프를 분해한 부품 상태로 공급받지 못하면 우리는 더 이상 이 사업을 유지할 수 없다. 협력을 이어 가려면 부품 상태로 공급해 달라"고 솔직하게 말했다. 돌아온 대답은 "해체 비용 30%를 더 내면 부품 상태로 주겠다"는 것이었다. 상대의 절박함을 이용해 한 푼이라도 더 벌어보려는 장삿속이 눈에 보였지만 나는 아무 말 없이 조건을 수락했다. 그리고 속으로 다짐했다. '언젠가 반드시 국산화에 성공해 이 빚을 다 갚겠노라.'

그리고 1983년 굴삭기의 국내시장 점유율을 94%까지 끌어올린 후 상공부를 찾아가 잃었던 굴삭기 사업권을 기어이 되찾아왔다. 유압펌프도 중소기업에 우리가 기술을 지원하면서 국산화를 추진한 끝에 성공했다. 그 뒤로는 도시바 기계에 웃돈을 주고 유압펌프를 해체해 들여오지 않아도 되었다. 이 중소기업은 요즘 유압펌프를 연간 3만 대씩 수출하는 건실한 기업으로 성장했다.

이처럼 대우중공업의 국산화 노력은 중소기업에 그 파급효과가 전달되면서 우리나라 기계산업 전체의 생태계를 건강하게 조성하기 시작했다. 대우중공업의 기계산업 개발 과정이 곧 대한민국 기계산업의 성장 과정이 된 것이다.

고유모델에 도전하다

어느 정도 국산화의 윤곽이 잡히자 이성철이 과감한 제안을 했다. "이제는 일본 히타치와의 제휴에 기대지 말고 대우 고유모델을 개발하자. 도면 받아 카피만 하는 일은 엔지니어의 자존심이 허락하지 않고 회사 제품기술부의 존재 이유도 없다"고 한 것이다. 나는 속으로 그를 기특하게 생각하며 조용히 지켜보기로 했다.

예상대로 회사 안에서는 반대가 빗발쳤다. 영업부서는 "히타치 모델로 시장 점유율 90% 이상을 차지하며 돈을 잘 벌고 있는데 왜 굳이 모험을 하려고 하느냐"며 완강하게 반대했다. 연구소 엔지니어들조차 고개를 저었다. "우리가 히타치보다 더 잘 만들 수 있을까. 긁어 부스럼 만들지 말고, 지금처럼 가는 편이 낫다"는 것이었다.

마지막 기술심의위원회에서도 분위기는 비슷했다. 반대 의견이 압도적이었다. 나는 그들의 말을 묵묵히 들으며 한 사람 한 사람의 표정과 목소리를 살폈다. 모두 회사가 잘되기를 바라는 마음에서 나온 말들이었다. 그때 철도청 고위 관료 출신인 홍면후 부사장이 내 쪽을 바라보며 말했다. "사장님, 해본다는데 한번 하게 해봅시다. 2억 원이면 회사가 감당 못 할 돈도 아니지 않습니까."

마침 그가 맡고 있던 철도차량 부문에서 서울 지하철 3·4·5호선 입찰에 성공해 회사 자금 사정이 여유롭던 때였다. 게다가 독일 건설기계 전시회 '바우마BAUMA'에 영업이사 박국경과 제품기획과장 이성철을 보냈을 때 "독자 모델이라면 수출 가능성이 충분하다"는 보고까지 받아 놓은 상태였다.

나는 "찬성이나 반대나 모두가 회사를 걱정하고 위하는 것이라는 것을 잘 안다. 그러나 나는 지도에 나와 있는 안전하고 편안한 길보다, 한 번도 가본 적이 없는 지도 밖에 길을 내고 도전하는 것이 훗날 더 가치 있고 더 큰 성취감을 가질 수 있을 것이라고 생각한다. 그래서 우리는 도전한다. 회사가 전폭적으로 지원할 테니 오늘부터 이성철을 중심으로 이 사업을 추진하자. 새로 개발할 모델의 이름을 솔라로 명명한다"고 말하며 새 제품의 이름까지 지어주었다. 그렇게 '솔라SOLAR 프로젝트'는 출범했다.

앞에서 언급한 경영 혁신 운동 '미파MIPA'의 이름에 음계 도레미파솔라시도에서 솔라를 차용해 지은 이름이다. 그날부터 대우중공업 굴삭기의 국산화는 새로운 단계로 접어들었다.

욕심은 넘치고, 현실은 험하고

사실 말이 쉽지, 국산화 고유모델 개발은 결코 녹록지 않은 일이었다. 그런데도 이성철을 비롯한 개발팀은 자신만만했다. 우리가 히타치 굴삭기를 오랫동안 만들어 봤는데 같은 메커니즘으로 작동하는 것을 못 할 게 무엇이냐는 식이었다. 개발하는 기간에는 인천 공장에 좀 더 자주 들러 보고를 받고, 현장에서 부품별 시제품도 살펴보며 엔지니어들을 독려했다.

가장 큰 난관은 시험설비였다. 시제품을 만드는 것까지는 어떻게든 해냈지만 이 제품의 성능과 내구성을 객관적으로 검증할 장비와 노하우가 없었다. 좋은 물건을 만들어도 '얼마나 견디는지'를 알 수 없다면 시장에 내놓을 수 없는 법이다. 그때 영국의 건설중장비 회사 하이맥HYMAC이 경영 악화로 매물로 나왔다는 소식이 들려왔다. 14톤급 굴삭기로 한때 이 분야 유럽 최대 매출을 올리던 회사였다.

하이맥을 인수하면 실험 장비와 인력을 확보할 수 있다는 생각이 들었다. 나는 연구소장 강영국 박사에게 팀을 꾸려 영국으로 가 이 회사의 인수 가치와 가능성을 검토하게 했다. 강 박사는 미항공우주국NASA 출신으로 내가 영입한 인재였다. 그는 우리가 확보할 수 있는 기술과 설비 인력들이 상당히 많다는 긍정적인 분석을 내놓았다. 꼭 인수해야겠다는 결심이 선 후 이번에는 내가 직접 영국으로 건너가 지역 유지들과 교분을 맺으며 인수를 위한 여론을 조성했다.

그러나 인수전은 치열했고 입찰에서 우리보다 값을 두 배나 높게 써낸 세계 2위 일본의 고마츠가 이 회사를 가져갔다. 아쉽고 억울한 마음이 컸지만 거기서 포기하고 물러나고 싶지는 않았다. 회사를 통째로 살 수는 없더라도 차선으로 그곳에서 일하던 핵심 엔지니어 10명을 인천으로 데려오는 길을 택했다. 놀랍게도 그들은 대우에서 받게 될 월급보다 적은 급여로 하이맥에서 일하고 있었기 때문에 우리의 제안을 쉽게 받아들였다.

하이맥 출신 엔지니어들의 합류로 새로 구성된 15명의 '솔라 드림팀'은 기술 자립 모델 '솔라 DH07(20톤)', 'DH04(13톤)' 개발에 본격적으로 뛰어들었다. 하이맥 출신 엔지니어들은 설계, 성능 시험, 내구성 검증의 전 과정을 함께하며 우리가 갖추지 못했던 시험 기술까지 전수해주었다. 그 덕분에 인천 공장에 제대로 된 테스트 설비가 구축될 수 있었다.

그러나 문제는 또 있었다. 포스코에서 받은 철판이 그동안 일본에서 들여왔던 굴삭기용 철판과 두께와 넓이의 규격에서 달랐던 것이다. 새 철판으로 만든 부품들의 성능과 내구성 시험을 거듭한 끝에 포스코 철판으로도 충분히 대체할 수 있다는 결론을 얻었다. 내가 대우실업에서 섬유를 하며 배운 경험도 뜻밖에 도움이 되었다. 섬유 원단을 자를 때 컴퓨터 도움으로 손실을 최소화했던 경험을 살려 철판을 자를 때도 이 시스템을 도입해 철판의 손실을 최소화했다.

내가 대우중공업을 떠나던 해인 1985년 기술자들이 개발한 솔라는 신뢰성Reliability, 유용성Availability, 정비 횟수 감소Maintainability, 내구성Durability을 검증하는 'RAM-D' 테스트를 통과했다. 히타치 제품보다 단위시간 작업량이 우수하고 연비마저 더 뛰어나다는 결과가 나왔다. 마침내 히타치로부터 독립해 우수한 성능과 품질을 갖춘 대한민국 최초의 국산 고유모델 굴삭기 '솔라'가 탄생한 것이다. 엔지니어들은 "기술 독립 만세"를 부르며 감동의 눈물을 흘렸다.

내가 대우중공업을 떠난 이듬해인 1986년 양산에 들어가려하자 국내 대리점들의 저항이 컸다. 그들은 솔라의 품질에 회의를 갖고 여전히 히타치를 선호했다. 영업부서는 '기름이 한 방울이라도 새면 무조건 신제품으로 교환해드립니다'라는 자신만만한 광고로 소비자들을 설득하는 한편, 김두희 이사를 중심으로 건설기계 수출추진팀을 만들어 수출에 도전하기로 했다. 해외에서 먼저 인정받아 오면 국내 소비자들도 긍정적으로 반응할 것이라는 계산 때문이었다.

미국과 유럽에서 시장조사를 해봤는데 반응이 나쁘지 않았다. 솔라가 가격경쟁력이 있기도 했지만, 당시 현대자동차 '엑셀'이 이 지역에서 인기를 모으고 있어 한국 자동차가 괜찮다면 굴삭기도 나쁘지 않을 것이라는 우호적인 분위기가 형성되었다. 내가 떠난 이후지만 1987년 '대우' 마크를 단 굴삭기 솔라 20대가 네덜란드로 수출되었다. 이후 전 세계로 수출을 확대해 기술력을 과시했다.

분위기가 점차 바뀌면서 '솔라'는 국내 마케팅에서도 성공해 회사의 굴삭기 매출은 히타치 판매 때보다 훨씬 증가했고 수익률은 비교가 안 될 정도로 높았다. 1988년까지 10여 모델의 솔라 시리즈로 '크롤러 타입'과 '휠 타입' 등의 전 기종을 개발하면서 한국의 건설중장비 산업은 한 차원 높이 도약했다. '솔라'는 1990년 2,000억 원 넘는 매출을 올려 대우중공업 전체 매출의 22%를 차지하기에 이르렀다. 비록 내가 떠난 후에 거둔 수확이지만, 씨를 뿌리고 엔지니어들을 격려하며 사업을 가꾸어 온 나로서는 감회가 남다를 수밖에 없었다.

굴삭기 강국의 지도를 다시 그리다

연 100대 생산하던 한국이 불과 5년 만에 월 25,000대를 생산하는 굴삭기 생산 강국이 된 것은 대우 고유모델 솔라의 덕이다. 히타치에서 준 도면 몇 장을 보면서 조립이나 하던 기술 수준과, 하이맥 엔지어니들과 함께 개발하며 확보한 원천기술의 수준은 말 그대로 차원이 달랐다. 히타치 부품을 들여와 조립 생산할 때 대당 7,000만 원 넘게 들어가던 제조 비용이 국산화한 솔라를 생산할 때는 대당 4,000만 원도 채 들지 않았다. 국내시장에서는 이익 폭이 커졌고 세계시장에서는 그만큼 가격경쟁력이 높아졌다.

그 후 솔라는 5세대까지 진화하면서 세계적인 유명 굴삭기 브랜드로 등극했다. 일본에서 기술을 들여와 복제품이나 만들던 회사가 1998년에는 말레이시아에 제작 기술 라이선스를 수출하기도 했다. 대우중공업과 협력사들이 키워준 중국 옌타이烟台 공장의 굴삭기는 중국 시장 점유율이 27%까지 올라갔다.

정부의 중화학 투자 조정으로 건설중장비 사업권을 빼앗겼던 회사가 살아남기 위해 벌인 사투의 결과가 굴삭기 세계시장 석권이라는 역설적인 결말로 이어졌다. 이 성공은 단순히 대우중공업 한 회사의 성공에 그치지 않았다.

처음 굴삭기를 국산화할 때 제대로 된 유압펌프 회사와 실린더 공장이란 게 대한민국에 있을 리 만무했다. 대우가 지게차와 굴삭기를 국산화하면서 유압펌프와 실린더 시장에서 거대한 수요가 생긴 결과, 이들 부품의 제조사들은 세계적인 규모로 성장했다. 동명중공업이 일본 가와사키와 기술을 제휴해 만들던 유압펌프와 스윙모터, 그리고 동양기전의 실린더 등 국산화한 부품들이 세계시장의 최강자로 등장하게 된 것이다. 대우중공업 출신이 창업한 동양기전(동양유압)은 부품 국산화 과정에서 온갖 시행착오를 거치며 1조 원대 매출을 올리는 기업으로 성장했다. 이 회사 조병호 사장은 그 후 자동차 마이크로모터와 세차기 등을 잇달아 개발하면서 입지를 더욱 튼튼히 다졌다.

40년 전 대우는 영국의 굴삭기 업체 하이맥을 인수하겠다고 뛰어들었다가 낭패를 보았다. 하지만 그때 국산화한 굴삭기는 괄목상대하게도 지금 영국 시장의 10%를 장악할 만큼 성장했고, 세계적으로 제품별 1~3위의 매출을 자랑하는 수출 공신이 되었다. 정부의 중화학 투자 조정 때 사업권을 박탈당한 대우중공업이 어떤 과정을 거쳐 세계의 강자가 되었는지를, 이 국산화 프로젝트는 한 편의 교과서 같은 이야기로 전해주고 있다.

대우중공업
-LX 프로젝트-

대우중공업을 세계에 세운 프로젝트

경영을 하다 보면 크고 작은 결심의 갈림길을 수없이 만나게 된다. 특히 기회비용을 완벽하게 계산할 수 없을 때, 선택은 언제나 어느 정도의 위험을 감수해야 하는 모험이 된다. 계산만으로는 미래를 다 예측할 수 없고, 그 선택의 결과에 따라 회사의 운명이 좌우될 만큼 부담이 클 때는 머릿속에서 수많은 변수들이 부딪히며 밤잠을 앗아가곤 한다. 주변에 아무리 빼어난 참모들이 많아도 최종 결정은 결국 최고경영자의 몫이다. LX 프로젝트 역시 앞을 볼 수 없는 미래를 향해 용기와 결단으로 선택을 하게 만든 거대한 사업이었다.

대우중공업이 굴삭기 고유모델 '솔라'를 개발해 우리나라 기계산업의 생태계를 폭발적으로 키우는 데 기여했다면, 대우중공업의 이름을 세계 무대에 확실히 알린 계기는 지게차forklift를 대량생산해 미국 캐터필러Caterpillar에 공급한, 일명 LX 프로젝트였다. 이 사업은 1980년대 초 한국의 산업 수준과 시대적 배경을 감안하면, 매우 낯설고 선진적인 모델이었기에 당시 세간의 큰 관심을 모았다.

LX라는 이름은 지게차를 상징하는 Lift의 첫 글자 L과, 아직 세상에 알려지지 않은 미지의 가능성을 뜻하는 X를 결합해 만든 것이었다. 당시 전두환 대통령이 경제 관련 회의를 주재할 때마다 LX 사업을 언급할 정도로 이 프로젝트는 화제가 되었다.

이제 막 날개를 펴기 시작한 대우중공업이 세계 제1의 건설중장비 회사와 파트너가 되었다는 사실 자체가 1980년대 초 한국의 경제 규모와 산업 수준을 생각하면 그야말로 파격적인 사건이었다. 게다가 대우중공업이 캐터필러에 공급하기로 한 물량은 연간 1만 대, 그것도 10년간 안정적으로 이어지는 계약이었으니 국내 기계산업에 미칠 파급효과는 상상을 초월하는 수준이었다. 언론이 이 소식을 연일 대서특필했던 이유가 그것이다.

캐터필러는 단순한 건설중장비 회사가 아니다. 미국을 상징하는 초우량 기업 가운데 하나로 1980년대 초 이미 연간 매출 90억 달러를 올리고 있었다. 참고로 이 액수는 당시 우리나라 전체 GDP의 약 15%에 해당한다. 건설중장비는 막강한 힘과 높은 내구성이 요구되는 제품이라 자동차 제조 때보다 한 단계 높은 기술력이 필요하다. 그런 만큼 세계적으로도 몇 개 기업만이 시장을 사실상 지배하고 있었는데 미국의 캐터필러와 인터내셔널 하베스터, 그리고 일본의 고마츠가 그 주역이었다.

사실 캐터필러와의 인연은 조금 더 앞에서 시작되었다. 1970년대 후반, 캐터필러는 오랫동안 협력관계를 유지해온 일본 미쓰비시와 사이가 틀어지기 시작했다. 캐터필러는 굴삭기까지 제휴 범위를 넓히고 싶었지만, 미쓰비시는 이 분야 사업을 자체적으로 추진하고 있어 적극적인 반응을 보이지 않았다. 그러던 차에 캐터필러는 불도저, 로더, 굴삭기 등을 한국에서 일괄 생산할 가능성을 타진하기 위해 우리를 찾았고, 김우중 회장을 만나 대우중공업이 캐터필러의 불도저와 로더를 생산하기로 계약을 맺었다. 그리고 정부 승인까지 받아 놓았다. 그러나 1980년 중화학 투자 조정으로 그 허가가 취소되면서 대우중공업은 눈앞에 다가왔던 큰 기회를 허무하게 잃고 말았다.

세계 1위의 문을 두드리다

그해 하반기, 캐터필러 존 리 회장이 한국의 딜러인 혜인의 초청으로 방한했다가 대우중공업이 굴삭기를 생산하고 있다는 이야기를 듣고 현장을 보고 싶다며 인천 공장을 찾아왔다. 나는 그에게 우리 회사의 능력과 잠재력을 최대한 진심을 다해 보여주려 애썼다. 아마도 세계 굴지의 기업을 이끌어 온 노련한 경영자는 이제 마흔을 갓 넘긴 젊은 사장의 눈빛과 간절함을 읽었을 것이다. 그는 대우중공업이 이것저것 새로운 것에 도전해온 회사라는 점에 주목했고, 물량만 주면 해낼 수 있을 것으로 판단한 것 같았다.

존 리 회장은 미국으로 돌아가자마자 나를 초청했고, 그룹 계열사 사장들을 모두 모은 만찬 석상에서 나를 매우 우호적인 어조로 소개했다. 대우중공업과 잘 협력하라는 지시까지 곁들이는 모습을 보며, 나는 이 기회를 단순한 예우 이상의 신호로 받아들였다. 그 자리에서 나는 지게차 부문 책임자 텀블 사장을 처음 만났다.

텀블은 오하이오주 멘터Mentor시에 있는 연산 1만 대 규모 지게차 공장을 맡고 있었는데, 이 공장은 심각한 적자로 문을 닫을 위기에 처해 있었다. 나는 품질 수준이 매우 높은 캐터필러 같은 회사가 왜 건설중장비의 변방에 속하던 지게차 사업에 뛰어들었는지 궁금했다. 알고 보니 캐터필러는 자사 장비를 판매하는 딜러들에게 비수기인 겨울 시즌에 판매할 제품을 하나 더 갖춰주기 위한 서비스 차원에서 지게차를 선택했던 것이다. 그리고 토우모터 코퍼레이션이라는 회사를 인수해 사업을 시작했지만, 수

익성이 너무 나빠 자체 생산을 포기하고 아시아에 생산을 맡길 방안을 모색하고 있었다.

그 이야기를 듣는 순간, 내 머릿속에는 하나의 그림이 또렷하게 그려졌다. 이 사업을 한국으로 가져올 수만 있다면, 한국을 중심으로 전 세계에 대우의 지게차를 공급하는 시대가 올 수 있겠다는 생각을 했다. 당시 대우중공업의 지게차 생산량은 연간 100대 안팎, 거의 가내수공업 수준에 가까웠다.

그럼에도 불구하고 나는 이 작은 공장이 세계 지게차 생산의 중심지로 변모하는 그림을 가슴속에 품고 한국으로 돌아왔다. LX 프로젝트는 그렇게, 한 젊은 경영자의 상상과 간절한 기대 속에서 씨앗을 틔우기 시작했다.

하늘길에서 쓴 한 장의 합의서

귀국 후 나는 실무진과 함께 분주하게 사업의 타당성을 검토했고, 캐터필러와도 끈질기게 협의를 이어 갔다. 그렇게 준비를 마친 뒤 이듬해인 1981년 초, 나는 본격적인 계약 체결을 위해 미국 일리노이주 피오리아로 날아갔다. 그러나 본 협상 테이블에서 마주한 것은 차갑고 단단한 벽과도 같은 미국 측 변호사들이었다. 그들이 제시한 계약서에는 우리가 도저히 수용할 수 없는 일방적인 손해배상 조항들이 가득했다. 그들은 그것을 '당연한 전제'라 여기며 서명만 하면 된다는 식으로 종용했다. 나는 오랜 실랑이 끝에 결국 그 계약서를 받아들이지 못하겠다고 말하고 협상장을 나와 피오리아를 떠났다.

마음 한구석에는 쉽사리 지워지지 않는 미련이 남아 있었다. 피오리아에서 시카고로 향하는 이 회사 전용기를 타고 가던 중, 내 맞은편에 앉아 있던 텀블 사장에게 조심스럽게 제안했다. "그냥 서울로 돌아가기에는 너무 아쉽다. 당신과 내가 사업을 함께 한다는 원칙에라도 합의를 해보면 어떻겠는가." 텀블은 흔쾌히 동의했다. 우리는 비행기 항로를 틀어 인근 클리블랜드공항에 내렸고, 근처 호텔로 들어가 머리를 맞댔다.

그 자리에서 합의한 내용은 단출했지만, 이후 LX 프로젝트를 떠받칠 커다란 기둥이 되었다. 기록을 위해 당시 합의 내용을 적어 놓는다.

1. 캐터필러와 대우중공업은 다음과 같은 비즈니스를 한다. 대우중공업은 1년에 1만 대의 지게차를 공급하고 캐터필러는 이를 구입하기로 하며 그 기간은 10년으로 한다.
2. 캐터필러는 마케팅을 책임지고 제조에 필요한 모든 기술을 대우중공업에 제공한다.
3. 대우중공업은 캐터필러가 요구하는 품질의 제품을 책임지고 만들어 공급한다.

계약이라기보다 큰 틀의 사업 방향을 함께 그려놓은 수준의 합의였다. 법적 구속력도 없는 한 장짜리 합의서였지만 그 내용에서 캐터필러가 우리에게 건넨 신뢰의 무게를 느꼈다.

한국으로 돌아온 나는 곧바로 인천 공장 내에 캐터필러 전용 지게차 공장을 짓도록 지시했다. 측근들조차 "어떻게 이런 추상적인 합의서 한 장을 믿고 공장을 짓겠다고 하시냐"며 만류했다. 나는 그들에게 이렇게 말했다. "안 되면 이 공장은 다른 용도로도 쓸 수 있다. 하지만 나는 이 사업을 꼭 해내고 싶다. 이번에는 배수진을 치고 가겠으니 따라 달라"고 설득했다. 그리고 공사에 착수했다.

계약서도 없이 공장을 짓다

어느 경제학자는 자본가를 '입구에 들어가기 전에 출구부터 확인하는 사람'이라고 정의한 적이 있다. 등 뒤로 문이 잠기는 곳에는 좀처럼 발을 들이지 않는 사람들, 가진 것을 지키는 데 익숙한 사람들이라는 뜻일 것이다. 그러나 나는 젊은 시절부터 두려움보다는 모험심과 호기심이 더 앞서는 편이었다. 새로운 사업을 시작할 때도 "만약 안 되면 어떻게 빠져나올까"보다 "성공했을 때 어떤 미래가 열릴까"를 먼저 떠올리곤 했다. LX 프로젝트도 그랬다. 출구를 계산하기보다 우리가 향할 수 있는 미래의 지도부터 머릿속에 그려 보았다.

얼마 후 캐터필러 임원단이 인천 공장을 방문해 건설 중인 전용 공장을 보고는 어이가 없다는 표정을 지었다. "구속력 있는 계약도 없이 어떻게 이런 공장을 짓느냐"고 묻는 그들에게 나는 "캐터필러를 믿기 때문에 이 정도 모험은 할 수 있었다"고 답했다. 나의 배수진을 본 캐터필러 쪽은 그때부터 이 프로젝트를 기정사실로 받아들이기 시작했고, 자신들의 기술자들을 파견해 공장 건설과 설비 구축을 적극적으로 도왔다. 이 프로젝트를 실무에서 총괄하던 이윤호는 "계약서도 없이 대우는 공장을 짓고, 캐터필러는 기술자를 보내 작업을 돕는, 거대한 사업에서 보기 힘든 기묘한 상황이 벌어졌다"고 당시를 회상했다.

이듬해인 1982년 2월부터는 비로소 정식 계약서를 작성하는 작업에 들어갔다. 서로 시간을 아끼기 위해 중간 지점인 하와이에서 만나기로 했고, 아침에 도착해 회의를 하고 그날 밤 비행기로 돌아오는 '당일치기 협상'을 반복했다. 피로가 쌓일 법도 했지만, 이상하게도 그 시기 나는 잘 지치지 않았다. 거대한 국제 협업 프로젝트가 회사와 나라의 산업에 가져올 변화를 떠올리면 가슴이 뛰었고, 그 상상이 곧 에너지가 되었다.

세계시장을 겨냥해 캐터필러가 새로 설계한 최신 모델을 대우가 제조해 공급하고, 캐터필러는 이 제품을 전 세계에 판매하는 구조는 단순한 주문자상표부착OEM과는 달랐다. 캐터필러가 설계와 기술을 공유하고 대우중공업이 자사 브랜드로 제품을 생산한 뒤, 캐터필러의 글로벌 네트워크를 통해 판매하는 방식이었다. 나는 이 형태를 '코퍼레이트 협업Corporate Venture'이라고 불렀다.

양측 모두에게 리스크가 큰 사업이었지만, 나는 묘한 확신이 있었다. 근거를 엄밀히 따지자면 허술한 믿음이었을지 모르나, 중요한 결정의 밑바탕에는 결국 '사람에 대한 신뢰'가 있어야 한다는 것이 내 소신이었다. 그리고 그 앞에는, 이 사업을 꼭 해내고 싶다는 강렬한 갈망이 있었다.

8,500달러, 값비싼 수업료이자 도약의 발판

250억 원을 들여 인천에 지은 전용 공장은 점차 공장다운 형태를 갖춰 갔다. 우리는 캐터필러에 공급할 지게차 10만 대를 10년간 납품하고, 필요시 10년을 연장해 총 20년까지 이어 갈 수 있도록 조건을 정했다. 생산을 중단한 이후에는 축적된 기술을 우리가 자유롭게 사용할 수 있다는 조항도 포함했다.

가격 협상 과정에서 나는 캐터필러 측에 지게차 한 대당 공급가격으로 8,500달러를 제시했다. 당시 캐터필러의 제조원가가 대당 14,500달러에 달하고 있었으니, 내 제안은 그들의 원가 대비 60% 수준에 불과했다. 당연히 캐터필러 측은 깜짝 놀랐고,

'이 정도면 무조건 해야 할 거래'라고 생각하는 듯했다. 나는 그들을 놀라게 만들어서라도 이 사업을 어떻게든 우리 손으로 가져오고 싶었다.

물론 단순한 모험만은 아니었다. 나는 캐터필러의 제조원가를 세밀히 뜯어보며, 핵심 부품인 트랜스미션과 유압시스템을 국산화하면 이들 부품 가격을 절반 수준으로 낮출 수 있을 것이라고 계산하고 있었다. 그러나 이 가격에 가장 놀란 사람들은 정작 캐터필러가 아니라 우리 쪽 엔지니어들이었다. "이렇게 무모한 결정이 어디 있느냐"고 모두가 입을 모아 걱정했다. 나는 그들에게 이렇게 설명했다. "일단 생산을 시작해보자. 생산이 궤도에 오르면 우리의 입지가 넓어질 것이고, 그때 가서 우리가 받아야 할 가격을 당당히 요구할 수 있을 것이다."

나는 미국과 한국의 인건비 차이, 설계 개선, 국산화를 통한 원가 절감을 합하면 그 격차를 메워 갈 수 있다고 판단했다. 결과적으로는 예상보다 훨씬 험난한 길이 되었지만, 돌아보면 그 과정 하나하나가 우리에게 값비싼 수업료이자 도약의 발판이 되어주었다.

역시 우려했던 것처럼, 8,500달러라는 가격은 처음부터 무리였다. 1년쯤 지난 뒤 나는 제조원가 계산서를 들고 캐터필러를 다시 찾아갔다. "당신 회사의 트랜스미션과 구동장치를 그대로 수입해 쓰고, 귀사가 설계한 공정을 그대로 따르다 보니 예정보다 공정이 복잡해지면서 제조원가가 크게 올라갔다. 우리가 이를 국산화하고 공정을 개선하면 10,600달러에 납품할 수 있다. 가격을 이 수준으로 올리는 것이 서로에게 합리적이다"라고 설득했다.

캐터필러는 우리의 설명을 받아들였다. 그들에게도 10,600달러는 자체 제조원가에 비하면 여전히 충분히 매력적인 가격이었기 때문이다. 새 가격에 합의한 뒤 우리 엔지니어들은 자동 트랜스미션을 국내 최초로 국산화했고, 마침내 엔진을 제외한 모든 부품을 국산화하는 데 성공했다. 차체 구조도 불필요하게 둥근 부분을 각지게 설계해 제작 시간을 줄이는 등 생산 공정을 전반적으로 손질했다. 이렇게 축적된 생산기술은 훗날 거꾸로 캐터필러가 공유를 요청해올 정도로 수준이 높았다.

기계산업 수준을 한 차원 끌어 올리다

국산화 과정에서 대우중공업이 직접 개발한 부품도 많았지만, 더 큰 의미는 외부 중소 협력업체들과 함께 성장했다는 점에 있다. 1년에 200대 수준을 생산하던 시절에는 규모의 경제가 전혀 성립하지 않아 국산화에 도전할 엄두조차 내지 못하던 외주업체들이, '연간 1만 대, 10년 보장'이라는 약속 앞에서 과감히 설비에 투자하고 기술 개발에 나섰다. 마침 굴삭기도 국산화에 박차를 가하던 때라, 캐터필러 지게차와 공통 부품을 생산하는 중소기업들은 24시간 가동을 해도 물량을 다 소화하지 못하는 호황을 누리기도 했다. 대우중공업의 국산화 전략은 회사 안에서 끝나는 것이 아니라 국내 기계산업 전반의 수준을 한 단계 끌어올리는 촉매 역할을 했다.

인천 전용 공장을 보러 온 캐터필러 기술자들은 또 한 번 놀랐다. 그러면서 "이렇게 좁은 면적에서 어떻게 연간 1만 대를 생산하느냐"고 물었다. 우리는 부품 재고를 최소화하는 JITJust In Time 방식과 외부 전문업체에 대한 과감한 아웃소싱을 통해 공장 면적을 효율적으로 활용했다. 이 프로젝트 하나로 유압펌프와 트랜스미션 등 핵심 부품의 국산화가 크게 진전되었고, 이후 중장비 수출 강국으로 가는 기틀이 마련되었다.

마침 서울 영등포 공장에서 생산하던 산업용 재봉기의 판매가 부진해지는 시기였다. 나는 오래 망설이지 않았다. 영등포 공장의 생산설비를 지게차 생산 라인으로 전환하고, 엔진 지게차가 아닌 전동 지게차의 핵심 부품인 DC 모터와 컨트롤러를 직접 생산하기로 했다. 캐터필러는 이 부품들을 영국에서 수입해 사용해왔는데, 우리가 자체 생산을 시작하면서 원가 절감 폭이 훨씬 커졌다. 더불어 국내 관련 중소기업들도 함께 호황을 누렸다.

사업이 진행되는 동안 우리는 캐터필러를 설득해 미국과 남미를 제외한 지역에는 대우가 직접 수출할 수 있는 권한을 얻었고,

해외 수출분에 대해서만 로열티를 지급하되 국내 판매분에 대해선 로열티를 면제받았다. 이는 대우중공업에 상당한 이익을 안겨준 조건이었다.

신뢰와 자율이 빚어낸 성과

캐터필러와의 협력으로 우리가 얻은 것은 셀 수 없이 많지만, 그중에서도 내가 가장 소중하게 생각하는 성과는 '우리의 기술이 세계 최고 수준의 품질 기준을 만족시킬 수 있는 실력을 갖추게 된 것'이다. 그들이 요구하는 내구성과 신뢰성은 우리가 이전에 경험해보지 못한 경지였다. 그 기준을 맞추기 위해 대우의 엔지니어들은 부품 하나하나, 완성품 한 대 한 대를 밤을 새워 테스트해야 했다. 일본 업체들조차 어렵다고 여기던 엔지니어링 스탠더드를 단기간에 달성함으로써, 생산 품질 수준이 최소 10년은 앞당겨졌다고 나는 믿는다.

머플러, 에어필터, 시트, 방진고무 같은 눈에 잘 띄지 않는 부품들까지 캐터필러의 높은 기준에 걸맞게 만들기 위해 수많은 외주업체들이 함께 품질 수준을 끌어올렸다. 이 프로젝트를 계기로 수출이 폭발적으로 늘면서 우리는 마침내 자체적인 글로벌 딜러망을 구축하는 단계까지 나아갔다. 부품을 들여와 1년에 200~300대 정도 조립해 팔던 회사가 세계시장을 누비는 기업으로 성장했으니, 내게는 그야말로 감격스러운 여정이었다.

LX 프로젝트를 시작할 때 나는 김우중 회장에게 미리 보고를 하지 않았다. 물론 일정 시점 이후에는 결과를 보고 충분히 알고 있었을 것이다. 회장께서는 "대우중공업은 윤 사장이 알아서 잘 하고 있으니 내가 굳이 간섭할 필요가 없다"며 인천 공장에 자주 내려오지도 않았다. 덕분에 웬만한 투자는 대부분 내 선에서 빠르게 결정할 수 있었다. 그 자유가 때로는 외롭기도 했지만, 동시에 과감한 도전을 가능하게 만든 토양이 되기도 했다.

나는 가끔 이런 생각을 해본다. '만약 내가 삼성이나 현대 같은 그룹에 있었다면, 지금의 나, 그리고 지금의 대우중공업이 존재할 수 있었을까.' 김우중 회장은 자신을 오너로 여기기보다는 '국가 경제에 기여하기 위해 기업을 키우는 사람'으로 여겼다. 회사를 소유하려 들기보다 회사를 발전시켜 한국 경제의 자산으로 만드는 데 더 큰 가치를 두었던 것이다. 그 자유로운 기업가 정신 덕분에 믿음을 얻은 나는 자율적으로 투자 결정을 내릴 수 있었고, 그것이 대우라는 조직을 역동적이고 도전적인 기업으로 성장시키는 데 결정적 역할을 했다.

LX 프로젝트는 그 자유와 신뢰 위에서 가능했던 모험이었고, 돌이켜 보면 대우중공업을 오늘의 자리까지 이끌어 준 가장 큰 분수령 가운데 하나였다.

제4-4장

대우중공업
-공작기계-

공작기계 강국의 탄생

공작기계는 모든 기계의 어머니mother of machines라고 불린다. 한 나라 기계공업의 수준을 가늠하는 가장 정확한 바로미터가 그 나라의 공작기계 기술이라고 하는 이유가 그것이다. 즉, 나라의 기술력은 총포보다, 조선보다, 자동차보다 먼저 공작기계의 제작 수준에서 드러난다. 선진국들은 이미 100년 전부터 공작기계를 만들어왔지만, 1970년대 우리나라 공작기계 산업은 거의 불모지에 가까웠다. 대우 같은 큰 회사조차 기술과 부품을 들여와 조립하는 수준이었다.

대우중공업의 공작기계 사업은 1976년 서울 영등포에 있던 재봉틀 기계 공장을 인수해 '대우기계'로 이름을 바꾸면서 시작되었다. 그때만 해도 재봉틀을 만드는 정도를 '정밀기계 기술'이라고 생각하던 시절이었다. 우리는 이 회사를 정밀기계를 공부하는 발판으로 삼고, 같은 해 서울공대 기계과 출신 20명을 뽑아 정밀기계 연구를 맡겼다.

이 무렵 박정희 대통령은 창원에 공단을 조성하며 발칸포, 박격포 등 무기 국산화를 통해 자주국방을 이루겠다는 포부를 밝혔다. 그 물자를 만들어 낼 공작기계 설비를 갖추기 위해 대기업들의 공단 입주를 요구했고, 대우도 예외는 아니었다. 우리는 무기 제작 설비에 필요한 공작기계 공장을 창원에 세우기로 하고, 영등포에서 정밀기계를 연구하던 인력을 보내 공장 건설을 주도하게 했다.

김성중 부사장과 조효상 부장이 애써 공장을 완공했고, 1979년에는 공작기계 1,000호기 생산 기록까지 세웠다. 그러나 제품 수준은 말 그대로 '원시적'이었다. 내가 1980년 사장으로 부임했을 때 공작기계 사업은 구조적으로 적자를 피하기 어려운 상태였고, 창원 공장은 수동 공작기계를 만들다가 겨우 수치제어NC 선반 고유모델 'PUMA10'을 처음 생산하는 단계였다.

최신형이라며 미국 수출을 추진했지만, 현지에 도착한 제품을 보니 운송 과정에서 녹이 슬고 손잡이 방향조차 미국 관행과 반대로 만들어 문제가 되었다. 휴스턴 법인에서 재고를 떠안고 값도 깎아가며 고쳐 팔아야 했다. 그 과정에서 우리는 많은 것을 잃었지만, 그만큼 냉혹한 교훈도 얻었다.

기술격차는 크고 미래에 대비한 투자계획은 없었다. 나는 일본 기술을 벤치마킹하려고 여러 방법으로 시도를 했지만, 그들은 공작기계 기술만큼은 결코 외국에 유출되지 않도록 여러 겹의 장벽을 쌓아놓고 접근조차 시켜주지 않았다. 그 대신 도면 몇 장 주고 로열티만 5만~10만 달러씩 챙겨갔다. 이 방법으로는 자체 개발이 불가능했다.

당시 일본은 이미 자동화한 머시닝센터를 만들고 있었다. 그래서 머시닝센터를 자동으로 컨트롤하는 시스템을 만드는 일본 파눅FANUC의 컨트롤러를 엄청나게 비싼 가격으로 사다가 우리 기계에 붙여 팔았는데 돈도 남지 않고 고생만 했다. 기술도 없고 기계를 만들 정밀 가공 설비도 없었다. 그야말로 앞이 안 보이는 느낌이었다.

30년 동안 공작기계 일을 했다는 어떤 일본인은 "공작기계를 만들려면 윤활유가 기계를 돌리고 내 혈관에도 연결돼 돌고 있다는 느낌이 있을 정도로 정성을 들이며 집착해야 한다"고 말했다. 나는 이 말을 듣고, 대우중공업도 그럴 정도의 정성과 집중력으로 공작기계에서 기술 자립을 해야겠다고 결심했다. 이제 공작기계도 해외에서 들여온 설계도에만 의존하던 시절을 끝내야 했다. '기술 자립'이라는 말은 회의실에서의 구호가 아니라, 현장에서 매일 싸워야 하는 생존 과제였다.

독일에서 사 온 씨앗

우리는 '대우 브랜드로 세계시장에 내놓을 수 있는 공작기계'를 만든다는 목표 아래 원천기술 확보에 나섰다. 일본이 기술을 내주지 않으니, 유럽에서 해답을 찾기로 했다. 엔지니어들을 프랑스·독일의 공작기계 쇼에 보내 현장 조사를 시켰고, 그들은 "공작기계는 독일과 프랑스가 일본보다 훨씬 앞서 있다"고 입을 모았다.

특히 독일에서는 이미 수평 머시닝센터보다 한 단계 높은 수직 머시닝센터를 개발해 팔고 있었다. 나는 이 기계를 만드는 회사들을 찾아다니며 기술제휴 가능성을 타진했고, 그 과정에서 한 회사가 공장을 통째로 매물로 내놓았다는 소식을 들었다. 나는 "돈이 얼마 들어도 좋으니 원천기술을 통째로 확보하라"고 지시했다. 일본에서 설계도 몇 장 사 오던 방식으로는 미래가 없다고 판단했기 때문이다.

우리는 거의 100만 달러에 이르는 거금을 들여 상세한 제작 도면과 기술 문서가 포함된 원천기술 전체를 사 왔다. 일부 간부들은 "너무 비싸다. 나중에 성과가 없으면 책임을 어떻게 지겠느냐"며 반대했지만, 나는 "미래를 위한 투자"라며 밀어붙였다. 그 기술을 바탕으로 만든 머시닝센터 1호기는 기대 이상으로 성공적이었다.

마침 미쓰비시에서 설계도와 연동해 작업을 수행할 수 있는 PC 기반 제어 기술을 개발해 내놓았고, 나는 "무조건 들여오라"고 했다. 독일에서 사 온 기계 구조와 미쓰비시 제어 기술을 결합하니, 단숨에 세계 최고 수준에 견줄 만한 제품이 탄생했다.

내가 회사를 떠난 뒤의 일이지만, 대우중공업은 1994년 컴퓨터수치제어CNC 선반 제조 기술을 중국에 수출했고, 1997년에는 CNC 선반 전 기종을 자체 개발했다. 2001년에는 대우 CNC 선반이 '세계일류상품'으로 선정되었고, 2004년에는 공작기계 수출로 '10억 달러 수출탑'을 받았다. 회사 이름이 '두산인프라코어'로 바뀐 뒤에도 창원 공작기계 공장은 연 매출 1조 원이 훌쩍 넘는 세계적인 공장으로 성장했다.

내가 사장으로 부임한 후 처음으로 국제 공작기계 전시회에 가보고 받았던 충격은 수십 년이 지난 지금도 생생하게 기억될 정도다. 그때 대우중공업은 미국 시카고 맥코믹에서 열린 전시회에 처음 참가했지만, 전시하는 제품의 수준이나 규모가 너무 열악해 전시장 본관이 아니라 오헤어공항 근처 공터에 작은 부스를 빌려 들어가 있었다. 그때 선진국 회사들의 부스를 보고 귀국하는 비행기 안에서 나는 만 가지 생각을 다 했었다. '과연 우리가 선진 회사들 근처에라도 갈 수 있을까. 이 까마득한 기술격

차를 과연 따라갈 수 있을까.'

그런데 지금 우리 공작기계 기술은 국제시장에서 일본은 물론 독일과도 어깨를 나란히 하거나, 어떤 분야에서는 앞선다는 평가를 받는다. 1만분의 1인치 오차를 자랑하는 정밀도를 생각하면, 내가 사장으로 처음 부임하던 시절과는 그야말로 금석지감이다.

엔지니어를 믿고 넓은 운동장을 내주다

공작기계 산업의 이런 눈부신 발전이 하루아침에 이뤄진 것은 아니다. 일본에서 배우고 독일에서 기술을 도입했지만, 그보다 더 큰 힘은 그 기술을 우리 것으로 체화하기 위해 도면을 해석하고 개량해 나가던 엔지니어들의 집념이었다. 나는 한국의 엔지니어들이 기술뿐 아니라 정신력에서도 세계 톱이라고 생각하고 이들을 무한 신뢰했다.

그들은 내가 내주는 모든 숙제를 틀림없이 다 해냈다. 세계 어느 무대에 내놓아도 손색이 없을 만큼 높은 수준이었다. 한 눈금도 놓치지 않으려고 달라붙는 의지는 세계 어느 나라 기술자들도 따라올 수 없는 것이었다. 그것을 파악한 후 나는 엔지니어들을 믿고 그들이 마음대로 일할 수 있도록 '넓은 운동장'을 만들어 주려고 노력했다. 돈이 얼마 들던 엔지니어들이 요구하는 것은 최대한 충족시켜 주려고 노력했다.

내가 해외에서 기술을 사 오는 사람의 역할을 했다면, 우리 엔지니어들은 그 기술을 우리 핏속에 녹여 넣는 일을 맡은 사람들이었다. 때로는 실무자들의 건의를 따라갔고, 때로는 내가 직접 해외 공장을 돌아보고 결심했다. 그렇게 기술을 들여와 "이 방향으로 가자"고 제시하면, 엔지니어들은 굶주린 맹수처럼 달려들어 밤을 낮처럼 밝히며 새로운 모델을 만들어 냈다.

물론 처음부터 엔지니어들이 그런 자세를 가진 것은 아니었다. 오쿠마라는 일본 회사에서 오랜 기간 근무한 유명한 기술자가 있어서 돈을 많이 주고 두 달 일정으로 데려온 적이 있었다. 그런데 그가 1주일 만에 서울 내 사무실로 찾아와 일본으로 돌아가겠다고 했다. 이유를 물으니 기술을 가르쳐주면 엔지니어들이 '그거 이미 다 알고 있다'는 식으로 받아들여 더 있을 필요가 없다고 했다. 그런 자세로는 발전이 있을 수 없다는 말도 했다. 바로 엔지니어들을 소집해 회의를 했다. "겸손을 잃으면 배움이 없고, 배움이 없으면 크게 당한다"는 말로 겸손을 당부했다. 나중에 교육을 끝내고 돌아가면서 그는 한국 엔지니어들은 정말 우수하다고 칭찬을 많이 했다. 이 소문은 회사 내 전체 엔지니어들한테 퍼졌고, 그 후 엔지니어들의 자세와 분위기는 삽시간에 달라졌다.

엔지니어들은 규격을 벗어나려 들지 않는 성향이 있다. 그러나 경영자인 나는 더 넓은 가능성을 제시하는 것이 내 역할이라고 생각했다. 놀랍게도 엔지니어들은 내 의도를 정확하게 읽고 세계적인 새로운 기술들을 속속 개발해냈다. 이들에게는 어떤 찬사로 고마움을 말해도 넘치지 않는다. 대우중공업은 지금 비록 남의 손에 넘어갔지만, 당시 기술 개발에 참여했던 엔지니어 출신 중 한 사람이 이 회사 사장을 맡고 있다.

만일 우리가 파눅에 의존해 계속 그들에게 로열티를 주면서 편안한 길을 걸었다면, 우리는 파눅의 컨트롤러에 맞춰 생산했던 퓨마10 수준의 기계밖에 만들 수 없었을 것이다. 원천기술을 독일에서 사 온 것이 씨앗이 되어 우리가 개발한 공작기계들은 지금 독일, 일본을 제치고 세계시장을 석권했다. 그 씨앗을 발아시킨 조효상, 최송학, 이정무, 조경모 등은 내가 잊을 수 없는 사람들이다.

결과론적으로 말하자면, 그 시절 우리가 감수했던 모험과 투자들이 오늘날 우리나라 기계공업의 수준, 더 나아가 한국 경제의 체력을 키우는 데 밑돌이 되었다고 믿는다. 20세기 말과는 비교할 수 없을 만큼 풍요로워진 오늘의 세상을 보면서, 나는 기술 자립을 통해 대한민국의 경제 부흥에 조금이나마 기여했다는 사실에 소박한 자부심을 느낀다.

대우중공업
-스톰 엔진이 일으킨 스톰-

디젤엔진의 씨앗, MAN과의 첫 만남

나는 기계의 복잡한 구조를 엔지니어처럼 세세히 이해하지는 못했다. 그러나 대우중공업 최고경영자로서 나의 역할은 잘 알고 있었다. 나침반을 보고 배의 항로를 정하듯, 회사가 가야 할 방향을 정하고 그 길을 여는 것이 내가 할 일이라는 것, 그리고 기술자들이 그 길 위에서 마음껏 도전하고 창의적으로 역량을 발휘하도록 토대를 마련하는 것이 나의 책무임을 늘 염두에 두고 있었다.

정부의 중화학 투자 조정으로 회사의 핵심 수익원인 디젤엔진 중 450마력 이상의 산업용 엔진을 포기해야 했던 것은 아쉬운 일이었다. 그러나 그런 고통을 잊고 사상 처음으로 고유모델 국산 엔진을 개발할 때 엔지니어들과 지낸 낮과 밤들은 그야말로 도전의 설렘과 성취의 기쁨으로 충만한 시간들이었다. 지금부터 대우중공업 디젤엔진의 개발 역정을 살펴보기로 하자.

우리나라의 디젤엔진 역사는 1975년 박정희 대통령이 독일의 재정 차관 KFW를 얻어 오면서 시작되었다. 박 대통령은 운송 수단과 산업 설비에 두루 사용할 수 있는 핵심 장비인 엔진을 국내에서 생산하기로 결심하고, 독일 정부에 그 차관으로 한국에 엔진 공장을 지어달라고 요구했다. 그의 이 결정은 산업 불모지 한국에 기계공업을 발아시키는 역사적 사건이었다.

독일 기술자들의 도움으로 인천의 한국기계에 독일 MAN사의 엔진 생산설비가 들어섰다. 우리나라에서 선진국의 기술을 받아와 디젤엔진을 양산하는 제대로 된 최초의 공장이 탄생한 것이다. 당시 몸통이 되는 가공 설비는 갖고 있었지만 그것만으로 제품이 만들어지는 것은 아니었다.

독일에서 받아 온 독일 기술로, 독일 도면을 보며, 독일 모델을 만드는 수준이지만 그 기술을 내재화하는 것도 당시 수준으로는 쉽지 않은 도전이었다. 우리 엔지니어들의 노력으로 독일 MAN사 디젤엔진의 시제품이 만들어지고 각종 시험에도 탈 없이 통과했다. 그즈음 대우가 한국기계를 인수해 대우중공업이 탄생했다.

MAN 엔진의 전성기와 국산화의 필요성

문제는 수요였다. 생산 규모는 연산 24,000대 수준인데 불행하게도 국내 수요는 겨우 몇백 대밖에 안 되니 채산을 맞추는 것이 급선무였다. 김우중 회장은 수요를 창출하려면 엔진의 값을 획기적으로 내려 대중적으로 사용할 수 있도록 해야 한다는 평범한 사실에 착안했다. 그는 MAN사에 15,000대 분량의 부품을 한 번에 주문하는 모험을 통해 부품을 무척 싸게 구입했다.

부품값이 내려가니 당연히 완제품 엔진의 값도 대폭 내려가면서 그동안 수입 엔진에 의존하던 수요들이 대우중공업 엔진 쪽으로 돌기 시작했다. 더구나 정부는 대우가 엔진을 생산하게 되면 수입을 금지해주겠다는 약속대로 디젤엔진의 수입을 전면 금지했다. 이에 따라 현대자동차, 아시아자동차, 신진자동차 등의 버스와 트럭에 대우 엔진이 독점으로 공급되고 노후한 군용 트럭의 교체용으로도 사용되면서 MAN 엔진은 화려한 성장기에 들어섰다.

1980년 내가 부임했을 때 다른 생산본부들은 일감이 없어 한가한 상황이었지만 엔진본부에는 쉴 틈 없이 기계들이 돌아가고 있었다. 이 본부 하나가 회사 전체를 먹여 살리고 있다는 말이 나올 정도로 엔진 사업은 번창했다. 나는 MAN사와 기술제휴를 확대해 다양한 기종(D0846, D2156)을 개발했고 처음엔 4기통, 6기통밖에 못 만들던 것을 나중엔 8기통, 10기통으로 확대해 제작하는 기술을 개발하기도 했다.

이때쯤 공해물질, 배기가스 문제가 사회화하면서 우리도 엔진 성능의 개선이 필요해졌다. 또 우리가 자체 개발한 굴삭기 솔라에 MAN 엔진을 장착하면 수출을 못 하는 일이 생겼다. MAN사가 해외 수출용에는 이 엔진을 장착할 수 없도록 규제를 하고 있었기 때문이다. 여기에 덧붙여 우리가 만들고 있는 엔진은 MAN사에서는 더 이상 생산하지 않는 구형이라, 우리도 신형으로 교체해야 한다는 요구가 솟아나기 시작했다.

문제를 푸는 방법은 한 가지밖에 없었다. 국산 고유모델의 개발이 그것이었다. "내 마음대로 팔 수 있는 물건 내놔." 이것이 그때 내가 엔지니어들한테 입버릇처럼 요구했던 주문이었다. 나는 대우중공업이 생산하는 모든 제품은 아무런 제약 없이 세계 어느 곳에든 팔 수 있는 국산 모델이어야 한다고 생각했다. 그리고 그것을 나의 사명이라고까지 여겼다.

당연히 엔진도 그 대상이라고 생각하고 있던 터였다. 마침 철도차량 쪽에서 서울시 지하철 3·4호선을 수주하면서 큰돈을 남긴 터라 투자 여력은 충분했다. 이처럼 회사 재정이 넉넉한 시점에 우리가 엔진을 개발하지 않으면 우리는 영원히 못 할 것이라는 초조감에 실무자들을 매일 독촉하고 격려했다.

AVL과 함께한 고유모델의 꿈

수소문 끝에 세계 굴지의 엔진 개발회사인 오스트리아 AVL을 찾았다. 이 회사에 120만 달러를 주고 대우 고유모델 개발을 의뢰했다. 당시 이런 거금을 주고 엔진 개발을 의뢰한다는 것은 모험에 가까운 일이었다. 개발 초기부터 회사 엔지니어들을 참여시켜 배우도록 하고, 수십 명의 엔지니어들을 무더기로 4~12개월씩 오스트리아에 상주시켰다. 이들은 엔진의 설계에서 제조, 개발 후 품질 인증을 받을 때까지의 전 과정을 오스트리아에서 배웠다.

그때 파견된 엔지니어들이나 국내에 남아 있던 엔지니어들 구분 없이 정말 열정적으로 일하는 모습들이었다. 엔지니어들이 갈망했던 일이었기에 그들은 밤을 새워 가면서 신나게 일했다. 나는 엔지니어들을 만날 때마다 "돈은 얼마든지 대줄 테니 맘대로 해봐. 그 대신 제대로 해야 해"라고 격려했다.

그때는 나도 현장에 가기를 좋아해, 문제가 생기면 같이 도면을 들여다보면서 의논했다. 그러다 보니 나중에는 도면을 보는 데 초보 수준은 된 것 같았다. 엔진본부 개발 현장에 의자를 갖다 놓고 앉아서 일하는 모습을 지켜보는 것이 그렇게 재미있을 수가 없었다. 그래서 현장 엔지니어들은 나한테 서울상대 기계과를 나왔다는 농담을 하기도 했다. 물론 40대의 젊은 나이였기에 가능했겠지만 거의 잠을 안 자면서 근무한 날도 많았다. 출입 통제구역인 엔진 시험용 다이나모에 들어가 수십 시간을 돌려 뻘겋게 달궈진 엔진을 들여다보면서 기술자들과 대화하던 추억이 지금도 생생하다.

AVL연구소와 공동으로 개발하는 것은 엔진 전체가 아니었다. 그동안 생산하던 MAN 엔진을 기본으로 피스톤의 직경 사이즈를 108mm짜리는 111mm로 키우고 120mm짜리는 123mm로 키우는 작업이었다. 이처럼 엔진의 배기량을 키우는 것은 엔진의 굉장히 중요한 변화를 의미한다. 엔진의 출력을 높이는 것은 물론이지만, 엔진에 부속된 연료분사장치도 새로 개발해야 하고 각종 종합 기술로 배기가스도 줄여야 했기 때문에 개발해야 할 작업이 한두 가지가 아니었다.

이듬해 마침내 상세설계가 나왔다. 그리고 강영국 기술연구소장 주도로 연소실 설계기술도 개발하고, 난이도 높은 디젤엔진의 피스톤링도 국산화했다. 피스톤의 직경을 약간 넓히는 것인데도 엔진 몸체를 만드는 주물 작업이 되지 않아 애를 먹었다. 독일의 엔지니어한테 물었더니 대답은 엉뚱했다. "쇳물의 온도를 유지하면서 거푸집까지 옮기는 것이 관건이다. 고로와 거푸집 간의 거리를 150센티미터 이내로 유지하고 신속하게 작업을 하라"는 사소한 내용이었다. 하지만 신기하게도 그의 말대로 하니 문제가 해결되었다.

회사가 국산화를 개발할 때 외주업체에 부품 제조 기술을 지원하고 수요를 보장했다. 이렇게 함께 성장하는 것은 한국 기계공업 발전을 위한 중요한 공식이었다. 엔진을 개발할 때도 동양피스톤이라는 작은 회사에 기술을 전수하고 대량 구매를 약속했다. 훗날 DYP로 개명한 이 회사는 순풍에 돛을 단 듯 급속도로 성장해 지금은 상장 대기업이 되었다.

나는 대우중공업이 이런 식의 파급효과로 국내 기계산업을 깨우고 성장시켜, 오늘날 우리나라가 세계 기계산업을 선도하게 된 것을 무척 자랑스럽게 생각한다.

스톰 엔진의 탄생과 값비싼 시행착오

내 재임 중에 개발을 시작한 대한민국 최초의 국산 디젤엔진 'D1146'과 'D2366'은 마침내 1986년 12월 내가 대우조선으로 자리를 옮긴 후 세상에 그 모습을 드러냈다. 이 모델의 터보Turbo, 인터쿨러Intercooler 버전도 동시에 개발되었다. 엔진의 신뢰성을 향상시키기 위한 신뢰성 시험 기술도 확보했다. 디젤엔진을 양산할 때 '스톰STORM'이라고 명명했는데, 그것은 내가 추진한 '제2 경영 혁신Second Take Off Reform Movement'의 앞 글자에서 따온 것이다.

엔진 시제품을 만들어 시험을 해야 하는데 당시 우리 실험실에는 저온 실험 설비가 없었다. 엔지니어들은 궁여지책으로 한 겨울 가장 추운 날을 골라, 우리나라에서 가장 추운 대관령에 엔진을 싣고 가서 가장 추운 시간대에 엔진의 시동을 걸어 문제점을 살펴야 했다. 2박 3일 대관령 꼭대기에서 시험할 때 개발 요원들은 아무리 입어도 견디기 어려운 겨울의 혹독한 추위에도 자리를 뜨지 못했다. 지금 생각하면 말이 안 되는 이야기지만 그때는 그것이 당연하게 여겨졌다.

엔지니어들은 남들이 휴가를 즐기던 산과 바다를 여행 가방 대신 엔진을 싣고 다니며 시험을 계속했다. 나는 그 모습이 비정상이라고 생각해, 거금을 들여 엔진 시험실인 다이나모를 최신식으로 지어주었다.

그러나 1986년 양산에 돌입한 스톰 엔진은 장착한 지 얼마 지나지 않아 엄청난 시행착오의 고통을 겪어야만 했다. 내가 대우중공업을 떠난 후의 일이지만, 자동차 제조회사에 공급돼 버스에 올린 200마력짜리 엔진의 실린더가 주행 중 깨지는 소동이 일어나기 시작한 것이다. 서울 시내버스들에서 한 달에 거의 200대씩 엔진이 깨져 나가니 언론에서 연일 보도하면서 큰 사회 문제가 되었다.

회사는 즉각 원인 규명에 나섰고, 깨진 엔진을 새로 바꿔주느라 몹시 분주해졌다. 한 대에 500만~600만 원에 팔았는데 새것으로 바꿔주려면 그 네 배씩의 돈이 들어갔다. 대우조선에 가 있을 때인데 이 소식을 듣고 나도 조마조마했다. 깨졌다니 어떻게 된 거냐 물으니, 엔진 오일이 새는 정도가 아니라 피스톤 블록이 분리되어 튀어 나갈 정도로 심각하다는 것이었다. 내가 큰 실수를 한 것은 아닌지 그 추이를 지켜보았다.

개발에 애썼던 엔지니어들은 회사 내외에서 이따위를 만들었냐는 핀잔을 받으며 그 원인을 찾느라 몇 달 동안 집에도 못 가고 철야를 했다. 그리고 마침내 원인이 설계상의 잘못이라는 것을 발견했다. 문제는 바로 구멍을 키우는 과정에서 개스킷 핀이라는 부품의 장착 위치를 잘못 선택한 것이었다.

사소한 실수였는데 다이나모에서 그렇게 열심히 돌려도 발견되지 않던 결함이 현장에서 폭발로 나타난 것이다. 그나마 다행인 점은 교육을 잘 받고 실력 있는 엔지니어들이 있어서 신속하게 문제를 찾아내고 해결해낸 것이다. 스톰 엔진은 개발 자체가 잘못된 것이 아니라 시행착오를 겪었을 뿐이다. 엔지니어들은 그 과정에서 새롭게 배운 것도 많았다고 술회했다.

대우중공업
-철도차량-

석탄 기관차에서 서울 지하철까지

서울 지하철은 세계인이 인정하는 세계 최강의 하드웨어다. 지하철 노선의 분포, 차량과 역 건물의 청결도, 그리고 정확한 운행 시각이나 스크린 도어를 비롯한 안전 시스템에 이르기까지 세계 어느 도시의 지하철들과 비교해도 서울 지하철은 압도적으로 우수하다. 해외여행을 하면서 경험한 뉴욕, 파리, 런던 같은 선진국 유명 도시들의 노후한 지하철과 비교할 때 우리 지하철은 현대적이고 편리하다. 그래서 해외 언론들이나 서울을 찾는 많은 관광객들은 서울 지하철이 세계적으로 가장 안전하고 깨끗하며 편리하다는 찬사를 아끼지 않는다.

그러나 우리의 철도가 이렇게 눈부시게 발전한 것은 불과 반세기밖에 되지 않는다. 해방이 되었을 때 우리나라 철도차량 수준은 거의 원시적이었다. 석탄을 때서 달리는 증기기관차로 서울에서 부산까지 16시간이 걸렸다. 국내에서 객차를 제조하기 시작한 것이 1970년대 들어와서인데, 그나마 1등 객차는 엄두도 내지 못했고 겨우 2등 객차나 만드는 수준이었다.

1960년 한국기계는 철도차량 부품을 생산했지만 철도청에 완성품을 납품할 수준이 아니었다. 1960년대 말에 와서야 객차와 화차를 조금씩 납품하기 시작했다. 그러나 아직도 우리나라 철도차량 수요는 규모 경제를 이루기에는 미흡한 수준이었다.

당시 철도차량은 기관차, 객차, 화물차 등 세 종류로 구분했는데 석탄을 때는 증기기관차에서 디젤기관차로 넘어온 것은 1970년대 이후였다. 불과 50년 전만 해도 우리나라에서는 검은 연기가 나오는 저속 증기기관차를 사용했던 것이다. 객차도 1등 객차는 수입해서 써야 했고 겨우 비둘기호라는 저속 열차의 객차나 만들 수 있는 수준이었다.

정부는 1970년대 들어 IBRD 차관을 들여와 본격적으로 철도차량을 육성하기 시작했다. 특정 업체가 독점할 경우 차량 납품가가 올라갈 것을 우려한 정부는 철도차량 제작이 가능한 남영금속, 한국기계공업, 대한조선공사 3사에 제작을 맡겼다. 이 가운데 1966년에 설립된 남영금속은 1969년 부곡차량으로 회사명이 바뀌었고 1973년 한국기계에 흡수되었다. 제작 기술도 엉성했고 안정적인 사업 물량도 확보하지 못해 천덕꾸러기 신세였다.

1974년 8월 15일 서울에 처음으로 지하철, 전철이 생기면서 우리나라 철도차량 사업은 새로운 분기점을 맞기 시작했다. 일본에서 거의 완성차 형태로 들여온 전동차에 국내업체가 한 것은 단순한 조립이나 페인트를 칠하는 수준이었지만 대우중공업(당시 한국기계) 등 관련 업체들은 본격적으로 전동차 국산화에 나서기 시작했다.

1976년 대우중공업은 처음으로 일본 히타치 등과 기술제휴로 전동차 가운데 동력차를 개발하기 시작했다. 개발을 시작한 지 3년 만인 1979년 대우중공업은 마침내 지하철 전동차 생산에 성공했고, 1호선에 전동차를 납품하기 시작했다.

애물단지에서 보물단지로

내가 대우중공업을 맡았을 때는 겨우 서울 지하철 1호선에 추가로 소요되는 전동차를 만들어 납품하는 상황이었다. 그나마도 일본에서 들여온 1세대 전동차의 차체와 대차를 이용해 만들 수 있는 수준이어서 당장은 이 사업으로 큰돈을 벌기가 쉽지 않아 보였다. 그래서 김우중 회장은 섬유 사업에 대한 투자를 늘리기 위해 철도차량 부문을 2년 정도 키워 매각하려 했다.

그러나 내 생각은 달랐다. 나는 조선, 자동차, 철도차량 등 운송에 관련된 사업이 미래산업이라고 봤다. 더구나 철도차량은 특이하게도 기술집약형이면서 동시에 노동집약형 산업이기 때문에 미국이나 유럽 같은 인건비 비싼 곳에서는 노동집약형인 철도차량 사업을 더 이상 할 수 없을 것으로 생각했다. 그리고 그런 날이 올 때 가장 적합한 조건을 갖고 있는 대우중공업이 철도차량 분야에서 세계 최강 기업이 될 것이라고 예견했다. 더구나 1978년 지하철 2호선이 착공될 때 이미 이 순환선을 보조해 서울을 X자 형태로 연결해줄 3·4호선의 건설도 예고되었기 때문에, 나는 이 사업에서 쏟아져 나올 수주 물량에 주목했다.

마침내 1981년 서울 지하철 3·4호선에 대한 국제입찰이 실시되었다. 총 402량의 최신형 전동차를 납품하는 이 사업은 그해 전 세계적으로 가장 큰 4억2천만 달러 규모였다. 이 가운데 약 1억9천만 달러가 국내업체의 몫이었다. 국내업체 몫만 따져도 그 당시로는 엄청난 금액이었다.

이 입찰에는 미국 웨스팅하우스일렉트릭, 영국 GEC, 일본 히타치, 프랑스 알스톰, 스웨덴 아세아 등 5개국이 경쟁했다. 정부가 입찰 때 내세운 조건은 이들 업체가 국내업체와 공동 참여하라는 것이었다. 대우는 영국, 미국, 프랑스와 손을 잡기로 했고 경쟁사인 현대는 스웨덴과 제휴를 하기로 했다. 일본은 대우와 현대 양쪽과 제휴를 했다. 1차 기술 검토 결과 알스톰과 아세아는 탈락했다. 당연히 스웨덴 아세아와 손잡았던 현대는 탈락했다.

우리가 손을 잡은 영국, 미국, 일본이 살아남았기 때문에 결국 대우중공업은 어떤 상황에서도 이 사업을 딸 수 있게 되었다. 그래서 나는 입찰 금액을 써낼 때도 회사 이익 부분을 확실하고도 충분하게 반영하도록 했다.

국산화의 달콤한 결실

그때 친하게 지내는 정부 요인으로부터 이 사업을 정책적으로 영국에 주기로 했다는 귀띔을 받았다. 그의 말대로 이 사업은 영국의 GEC가 맡기로 결정됐고, 그에 따라 GEC와 손잡은 대우중공업이 사상 처음으로 초대형 규모의 전동차 제작에 돌입하게 되었다.

이때 정부에서 총 제작비용이 과다 책정되었다며 일정 금액 감액을 결정했다. GEC는 우리에게 감액된 부분을 반영해 제작비를 줄이라고 종용했다. 나는 거절했다. 나는 우리나라가 영국에 주기로 한 이상 GEC가 포기할 수 없을 것으로 판단하고, 감액된 부분을 전액 영국 측이 부담하도록 끝까지 고집해 결국 그렇게 하기로 합의했다.

더 나아가 나는 이 사업에서 가장 금액 비중이 큰 부품인 트랙션 모터와 컨트롤 시스템을 우리가 국산화하겠다고 고집했다. 트랙션 모터는 '구동 모터'라고 불리며 내연기관차의 엔진 역할을 하는 것이다. 배터리에 저장된 전기 에너지를 기계 에너지로 변환해 전기차의 구동력을 발생시키고, 요즘의 전기자동차처럼 브레이크를 밟을 때는 기계 에너지를 전기 에너지로 변환하는 발전기 역할도 한다.

사실 트랙션 모터를 만들려면 코일 감는 기계부터 왁스 속에 넣고 진공으로 포장하는 작업까지 엄청난 설비가 요구되는데 그 일에 달려든 것이다. 기술진까지 무모하다고 말리기도 했다. 그러나 나는 여기서 새로운 기술을 개발해 국산화하면 원가가 엄청나게 내려가고, 앞으로 지하철이 늘어날 때 수주를 독점할 수 있을 것으로 계산했다. 그래서 국산화를 포기하지 않았다. 처음에는 GEC가 말도 안 되는 소리라고 일축했으나, 이 부품을 국산화하지 못하면 이 사업을 포기하겠다고 으름장을 놓았다. 마침내 GEC가 기술료를 받고 기술을 제공하는 조건으로 제작을 우리에게 넘겨주었다.

이 설비를 만들려면 새로운 공장을 하나 지어야 했다. 당시 대우중공업은 중전기 생산권이 없는 상태였는데, 이 공장을 지어놓고 청와대와 상공부를 설득해서 국산화를 했다. 이 사건은 지하철 기술 자립을 위한 엄청난 변화의 시작이었다. 정부의 정책을 바꿔가면서까지 달려들어 원가를 절감한 대표적인 사업이었다. 내가 만일 칭찬을 받을 일이 있다면 바로 이런 것들이다. 세상 사람들이 불가능한 것으로 여기는 일에 도전하고 성취하면서 국산화를 하는 방식은, 그 이후 내가 현역으로 일하던 내내 견지해온 자세였다.

한 번도 만들어 본 적 없는 트랙션 모터와 초퍼 컨트롤 시스템을 만드느라 엔지니어들은 새로운 도전에 나섰고 결국 해냈다. 그리고 그 결과는 막대한 수익 창출이었다. 그렇게 어려운 작업을 무슨 용기로 우리가 하겠다고 고집했는지, 지금 돌이켜 봐도 무모하다는 생각을 금할 수 없다.

지하철 1호선에 사용되는 GEC의 1세대 모터는 제동장치가 온-오프 반복 작동으로 저항이 커 열이 많이 발생한다. 지하철 1호선 플랫폼이 더운 것도 그런 이유였다. 그러나 우리가 만든 3·4호선에 장착된 2세대 GEC 모터는 조용하고 안정적이었다. 헛바퀴가 도는 것을 감지해 자동으로 추진력을 줄여 제동하는 식이어서 발열이 거의 없고 가속성도 좋았다. 결국 이런 좋은 전동차의 핵심 부품을 국산화해서 시민들이 싼값에 세계 정상급의 전동차를 타고 출퇴근을 할 수 있게 된 것이다.

그런 도전을 극복하고 성취하면서 우리나라 철도차량 기술은 한 차원 더 높아졌다. 지금 한국 기업들이 전동차 생산에서 세계 시장을 석권하고 있는 것은 그때 우리가 모터와 컨트롤 시스템을 국산화한 것이 밑거름이 되었다. 그래서 나는 지금도 해외에 나가 수출된 국산 지하철 전동차를 보면 마음이 흐뭇해진다.

서울시에 지하철이 없었으면 서울시 교통은 지금 어떤 상태가 되었을까. 예를 들어 9호선을 건설할 때 처음에는 승객이 그렇게 많을 줄 모르고 열차를 4량 기준(2호선은 10량)으로 제작하기로 했었다. 물론 지하철역의 탑승 구역 길이도 4~6량을 기준으로 만들기로 했다. 그러나 건설 후 의외로 승객이 늘어나 난리가 났다. 설상가상으로 제작사인 현대로템과 당국의 원가계산에서 시각 차이가 생겨 실랑이를 벌이느라 차량의 추가 공급도 늦어졌다. 지옥철을 개선하라는 시민들의 비판이 빗발치고 크게 사회 문제가 된 적이 있다.

그 후 다소 문제가 개선되기는 했지만, 그 정도로 지하철은 이제 시민의 핵심 교통수단으로 자리 잡았다. 서울 지하철 가운데 2호선과 5호선을 제외하고 나머지 전체 노선에는 대우중공업 혹은 그 후신이 주도하여 만든 전동차가 달리고 있다.

환경 변화가 안겨준 천운

지하철 3·4호선은 여러 면에서 대우중공업에 행운을 안겨주었다. 당시 계약은 정부가 달러로 제작비를 주는 조건이었는데 계약 때 단일고정환율제였던 환율제가 나중에 관리변동환율제로 바뀌면서 미 달러화에 대한 원화의 환율이 폭등했다. 달러 당

484원 하던 시절에 계약했는데 직후인 1981년에는 681원이 되었고, 우리가 제작을 다 끝내고 대금 전액을 받았을 때 환율은 800원대를 넘었다. 거의 두 배의 이익이 환율에서 남은 셈이다.

거기에 덧붙여 입찰 때 물가상승률을 17%로 적용키로 하고 그것을 기준으로 원가를 계산해 보장을 받았는데, 전두환 대통령이 들어서면서 물가를 6%대로 강제로 잡아 이 반영분도 고스란히 이익으로 돌아오게 되었다.

보통 제조업에서 원가 비율이 85% 정도만 되어도 장사 잘했다는 소리를 듣는다. 당시 3·4호선 전동차 사업의 원가율은 불과 39% 수준이었으니, 얼마나 큰돈을 벌었을지는 짐작할 수 있을 것이다. 여기서 나온 이익으로 대우중공업은 부실 자산을 다 털어내고 부실 재고까지 정리해, 회사의 몸을 가볍게 만들어 체질을 건강하게 고쳐놓았다. 당시 회계를 담당한 유도준 전무는 "이런 회계는 30년 직장 생활에서 처음 보는 일"이라며 "손실을 감추는 분식들은 하지만 이익을 안 나타내려는 회계는 처음 해본다"고 할 정도였다.

이 일로 철도차량 사업뿐 아니라 대우중공업 전체가 벌떡 일어나는 모습을 보고 김우중 회장은 나를 더욱 인정했다. 그 후 공장을 짓는 문제 등은 내가 마음대로 결정할 수 있게 되었다. 나는 이렇게 번 돈을 굴삭기, 엔진, 지게차, 공작기계 등 주력 사업 분야에서 국산화 개발을 하는 데 실탄으로 사용했고, 그 에너지 덕

으로 대우중공업은 하루하루 대한민국의 기계 역사를 새로 써
나갈 수 있었다.

오늘날 로템이 세계적인 철도차량 회사로 성장한 데는 그 전
신인 대우중공업이 탄탄하게 쌓은 기술력 덕이 컸다. 현대는 설
비도 별로 없었고 용접 위주의 공정만 하던 회사다. 그러나 대우
는 미얀마 생산기지도 운영해 보았고, 대만에 철도차량을 수출
한 저력 있는 회사였다. 대차 용접 로봇을 처음 개발한 곳도 대우
였다.

세계시장에서의 대우 철도차량

1993년 대우중공업에 부회장으로 돌아온 나는 고속철KTX 수
주에 나섰다. 독일 이체ICE를 벤치마킹해 대우중공업이 맡는 것
으로 노태우 대통령 결재까지 받았다. 독일 콜 수상의 특명을 받
은 BMD(CIA) 요원이 이체의 에이전트였던 것도 도움이 되었다.

그러나 김영삼 대통령이 집권하면서 정부는 갑자기 고속철도
사업본부장을 교체하고 재입찰을 실시한다고 했다. 국제적인 상
관례상 있을 수 없는 일이 벌어진 것이다. 그리고 이체를 배제하
고 프랑스 테제베TGV를 선택하는 것으로 정부의 분위기가 바뀌
었다. 이 문제 때문에 콜 수상이 방한해 김영삼 대통령을 만나 원
안대로 집행해줄 것을 요구했지만 실패했다.

결국 이 사업은 테제베로 넘어갔다. 이체가 테제베보다 철도 건설비용도 훨씬 저렴했고, 터널에 들어갈 때 생기는 압력 해소 기술에서도 이체가 테제베에 비해 유리했다. 그럼에도 불구하고 정권이 왜 기술적으로 가장 후진적인 테제베를 선택했는지 많은 사람들이 궁금해했다.

KTX 차량 입찰 때 기관차는 현대로 넘어갔지만 8년 동안 1,900억 원대 전동차 사업은 대우가 주축이 돼 개발했다. 최대 시속 350킬로미터를 내려면 차체를 알루미늄으로 해야 했다. 대우 엔지니어들이 파리에 상주하면서 주도적인 역할을 했다. 그 결실이 KTX 산천이다. KTX 이음까지 국산화율이 90% 이상이 되었다.

이제는 실적이 쌓여 수출도 가능해졌다. 미국의 발전기를 장착한 디젤전기기관차를 현대에 뺏기고 대우는 다른 길을 모색하다 엔진의 동력을 바퀴에 직접 전달하는 디젤전기차(디젤하이브로 열차)를 개발했는데 새마을호와 무궁화호가 바로 그것이다. 이후 독일 지멘스와 제휴해 전기기관차도 개발했다.

3사 합병 당시 대우가 개발한 전장품을 포함시킬 것인가를 두고 논란이 있었다. 현대는 대우 제품을 넣지 말고 수입해 쓰자고 주장했다. 경쟁업체에 주느니 수입을 하자는 비이성적인 주장이었다. 대우는 전장품을 반드시 넣어야 한다고 고집해 관철시켰다. 그 결과 로템은 국산 전장품을 기반으로 완제품 국산화를 이루었고 전장품 수출 시대를 열 수 있었다. 그로 인해 지멘스나 알스톰과 협력할 필요가 없어졌고, 그들과 어깨를 나란히 하는 경쟁사로 부상할 수 있었다.

대우중공업
-항공사업-

남들이 물러선 자리에서 기회를 잡다

내가 대우중공업 경영을 맡기 시작한 1980년 무렵, 우리나라 항공산업은 말 그대로 걸음마조차 못 떼는 단계였다. 국내업체들은 일부 비정밀 부품 제조의 하청에 머물러 있었고, 항공기 제작의 근간이 되는 기체 생산은 감히 생각조차 어려운 꿈이었다. 공군이 주도하는 창정비와 키트 도입에 의한 전투기의 단순 조립 경험을 조금씩 쌓아가는 정도였고, 그마저도 초보 수준이었다. 우리보다 기계공업 수준이 비슷하거나 뒤진다고 생각하던 대만, 인도네시아, 브라질에 비해서도 항공 분야만큼은 크게 뒤처져 있었다.

그런 한국에서 항공기 사업이 큰 변곡점을 맞은 것은 1980년대 초, 전두환 대통령 시절 우리 정부가 미국 제너럴 다이내믹스General Dynamics의 F-16 전투기 40대를 도입하기로 하면서부터였다. 당시 외국의 첨단 제품을 도입할 때에는 '오프셋offset'이라하여 구매 대가로 일정 규모의 기술이나 설비를 제공받고, 일정부분은 우리가 직접 생산하도록 돕는 것이 국제적 관행이었다. 정부는 제너럴 다이내믹스로부터 890만 달러 규모의 오프셋을받기로 했지만, 이 금액만 바라보고 새로 항공기 사업에 뛰어들겠다는 기업은 없어 보였다. 어느 날 상공부에 들렀더니 기계산업 담당자가 오프셋 사업을 삼성과 현대에 모두 제의했지만 거절당했다고 말했다.

그 말을 듣는 순간, 내 머릿속에 어떤 번개 같은 생각이 스쳤다. 남들이 치밀한 분석 끝에 '하지 않겠다'고 결론 내린 사업을덥석 떠안는 일이 얼마나 큰 모험인지는 나도 잘 알고 있었다. 그러나 내 계산 방식은 조금 달랐다. 우리는 휴전 상태에 있고, 한국 공군이 F-16을 한 번 도입하기 시작했다는 것은 곧 추가 도입가능성이 있다는 의미였다.

그리고 그렇게 도입 물량이 늘어나면 언젠가 우리에게 국산화도전의 기회가 올 것이고, 그때까지 우리가 쌓아 둔 기술이 큰 힘을 발휘할 것이라는 확신이 있었다. 무엇보다도 이 사업은 우리가 그토록 목말라 하던 첨단 항공 기술을 직접 만지고 배우는 통로였다. 남들 눈에는 890만 달러짜리 '애매한 사업'으로 보일지 몰라도, 내 눈에는 그 배후에 숨어 있는 훨씬 더 큰 미래가 보였다. 또 인건비를 4~6배 더 받을 수 있는 항공산업의 고부가가치 특성에도 주목했다.

나는 평소 아무 일이나 '일단 저지르고 보자'는 식으로 움직이는 스타일은 아니다. 다만, 내 안에서 확신이 분명히 설 때는 예외다. 그럴 때는 실무자들과 길게 상의하기보다 먼저 저질러 놓고 후에 수습하는 방식으로 일을 시작하곤 했다. 그날도 그랬다. 나는 누구와 상의도 없이 그 사업을 대우중공업이 맡겠다고 상공부 관리에게 말했다.

삼성과 현대가 하지 않겠다는 이유는 내가 짐작한 것과 다르지 않았다. 지금 당장 보이는 숫자, 890만 달러만을 놓고 보면 그들의 선택은 합리적이었다. 그러나 나는 '시작은 미미하나 그 끝은 창대하리라'는 성경의 구절처럼, 비록 지금은 작은 규모로 시작하지만 이 사업은 언젠가 8,900만 달러, 8억9,000만 달러 규모로 커질 수 있다는 상상을 했다.

당시로서는 다소 허황되게 들렸을지도 모르지만, 나는 전투기를 국산화해 수출하는 꿈까지 어렴풋이 그리고 있었다. 걸음마를 막 떼는 마당에 올림픽 육상경기에 출전하겠다는 이야기나 다름없었지만, 내 인생에서 큰 성취들은 대개 그런 '과한 꿈'에서 출발했고 생각보다 빠르게 현실이 되곤 했다.

마침 창원 공장은 새 기술을 받아들여 최신형 공작기계를 생산해내는 단계에까지 이르러 있었다. 그리고 경험 많고 유능한 기술 인력이 어느 정도 확보된 상태였다. 나는 이 엔지니어들이라면, 항공산업의 문을 두드리더라도 결코 허황된 도전만은 아닐 것이라는 확신을 가졌다.

사라진 제도부터 되살려야 했던 출발선

그러나 결심을 굳히고 막상 사업을 시작하려다 보니 전혀 엉뚱한 난관이 나를 기다리고 있었다. 과거 박정희 대통령이 "한국에서 항공산업은 실현 가능성이 낮다"는 판단 아래 항공 관련 사업을 포기하면서, 각종 지원제도와 법규를 모두 없애버렸던 것이다. 그 탓에 기계설비 하나를 들여오려 해도 정책적 세금 감면을 전혀 받지 못해 막대한 관세를 고스란히 물어야 했고, 공장을 지을 때도 금융지원을 기대할 수 없었다. 국가가 나서서 "그 길은 가지 말라"고 미리 차단한 셈이었다.

나는 관계 부처를 일일이 찾아다니며 항공산업의 필요성과 장기적인 파급효과를 설명했다. 그러나 돌아오는 반응은 대체로 난처한 표정과 말을 아끼는 기색뿐이었다. 그것이 한두 번으로 끝나지 않았다. 끈질기게 설득을 이어 간 끝에, 마침내 정부는 현실을 인정하고 항공산업에 대한 각종 지원을 대통령령으로 다시

선포했다. 그 순간은 단순히 대우중공업이라는 한 기업에 일감을 주는 차원을 넘어, 대한민국 항공산업이 비로소 막을 올리는 역사적인 출발선이었다고 나는 생각한다.

돌이켜 보면, 나는 또 한 번 길이 없는 곳에 새로운 길을 내며 앞으로 나아가고 있었다. 거듭 말하지만, 역사는 지도 위에 그려진 안락한 도로만을 따라 걷는 사람들에 의해 만들어지는 것이 아니다. 지도 밖으로 한 발을 내딛고, 표시되지 않은 길을 더듬어 간 사람들에 의해 미래의 방향이 바뀐다. 항공사업을 둘러싼 그 시간들은, 내게 그런 진리를 다시 확인시켜 준 시기였다.

정부 설득이 마무리된 뒤 나는 엔지니어들과 함께 제너럴 다이내믹스를 찾아가 공장을 어떻게 짓고, 어떻게 운영해야 하는지에 대한 매뉴얼과 전체 플랜을 받아왔다. 창원 공장과 제너럴 다이내믹스 공장을 온라인으로 연결하는 전용 통신선을 확보해, 댈러스에서 도면을 보내면 창원의 머시닝센터가 바로 깎아내는 첨단 설비도 갖추었다. 설비 하나에만 2,000만 달러가 들어갔다. 그런데 정작 우리가 되돌려 받는 오프셋 금액은 890만 달러였으니, 겉으로 보기에 이 사업은 전혀 수지가 맞지 않는 '장사'였다.

그러나 내 눈에는, 우리 공군이 보유한 노후 전투기들이 차츰 F-16과 같은 신형 전투기로 대체되는 미래가 분명히 보였다. 나는 그 미래에 서서 현재를 바라보고 있었다.

F-16 기체 생산의 기적

1984년 1월, 1차 공동사업에 대한 협상이 마무리되었고, 그해 4월에는 대우중공업과 제너럴 다이내믹스가 F-16 전투기 기체 부품 공급계약을 정식으로 체결했다. 나는 지체 없이 그해 5월 항공사업본부를 신설했다. 첫 계약 물량은 F-16 전투기의 중간 동체 100대분, 전방 동체 150대분, 비행 안정판 300대분이었고, 납품 기간은 1985년부터 1990년까지였다.

대우중공업이 F-16 전투기의 기체 생산에 참여하게 되면서 회사의 생산기술 수준은 단숨에 국제적인 검증대 위에 올랐다. 일반 기계를 만들던 회사가 고도의 정밀과 신뢰성을 요구하는 항공기 기체를 생산한다는 것은, 회사의 체질 자체를 바꾸는 사건이었다. 항공기 기체 생산사업은 종류에 따라 다소 차이가 있지만, 보통 사업을 시작한 뒤 최종 제품이 나오기까지 48개월 이상이 걸리는 것이 국제적 통례였다. 그러나 대우중공업은 준비 기간을 대폭 줄이고 서둘러 기반을 갖춘 덕분에 24개월도 채 되지 않는 기간에 초도품을 생산해내는 저력을 보여주었다.

내가 대우중공업을 떠난 뒤의 일이지만, F-16 기체 초도부품 납품 이후 제너럴 다이내믹스에 지속적으로 수출된 부품들은 기술의 우수성을 인정받았다. 미국 현지에서 제너럴 다이내믹스가 전 세계 10여 개 해외 공동생산업체로부터 공급받는 부품들을 비교해본 결과, 대우중공업 제품이 가장 뛰어나다는 평가를 받았다. 이어 1986년 8월, 내가 대우조선으로 옮겨간 다음 해에 대우중공업은 제너럴 다이내믹스로부터 품질 최우수회사 기념패를 수상했다. 미국까지 함께 출장 다니며 새로운 기술을 배우고 익히느라 밤잠을 줄였던 창원 엔지니어들의 얼굴이 떠오르며 감회가 새로웠다. 그 대견하고 고마운 마음은 지금도 변함이 없다.

항공산업은 수출산업으로서 전망이 밝고 외화가득률도 매우 높다. 동시에 기계·전자·재료·제어 등 여러 분야의 기술이 총체적으로 결합된 고도의 복합 산업이다. 주변 산업에 미치는 기술 파급효과 또한 엄청나, 국가 차원에서 기술 개발이 절대적으로 필요했던 분야였다. 나는 F-16 사업이 단지 하나의 프로젝트에 그치지 않고, 우리나라가 항공 기술의 세계 안으로 들어가는 일종의 '입장권'이라고 생각했다.

잠수함이라는 또 다른 항로

내가 대우조선으로 자리를 옮긴 뒤, 예상대로 F-16 120대 추가 도입이 결정됐다는 소식을 들었다. 그 사업 역시 대우중공업이 맡기로 하고 총리 결재까지 받아, 그날 밤 회사에서는 샴페인을 터뜨리며 자축을 했다. 그러나 바로 다음 날, 믿기 어려운 소식이 전해졌다. 그 사업권이 삼성으로 넘어갔다는 것이었다. 당시 삼성의 이병철 회장이 전두환 대통령을 만나 "죽기 전에 항공 사업을 꼭 한번 해보고 싶다"고 간청해 사업권을 가져갔다는 후 문이 돌았다.

얼마 뒤 김우중 회장을 만난 전 대통령은 "미안하게 됐다. 대신 다른 원하는 사업이 있으면 도와주겠다"고 말했다고 한다. 그 말 을 들은 김우중 회장이 나에게 전화를 걸어 "어떤 사업을 요청하 는 것이 좋겠느냐"고 묻기에, 나는 조금도 망설이지 않고 잠수함 생산권을 요청해달라고 답했다.

당시 대우조선은 해군에서 잠수함 도입을 검토하고 있다는 소 식에 촉각을 곤두세우고 있었다. 내 판단으로는 이 사업이 항공 기 사업 못지않게, 어쩌면 그보다 더 큰 전략적 가치가 있을 수 있 었다. 대통령은 이 제안을 듣고 그 자리에서 곧바로 받아들였고, 비서실을 통해 국방부로 지시가 내려갔다. 그렇게 해서 대우조 선은 무려 12척에 달하는 잠수함을 수주하는 쾌거를 이룩했다. F-16 사업권이 떠난 자리에, 또 다른 바다의 길이 열렸던 셈이다.

중소형 여객기와 헬기 사업의 꿈

제너럴 다이내믹스와의 사업을 진행할 때 나는 또 다른 꿈을 키우고 있었다. F-16 기체 생산을 위해 갖춰 놓은 설비와 기술 을 활용해 항공기 제작 사업을 더 넓게 확장하는 일이었다. 영국으로 건너가, 소형 항공기 제작으로 유명한 쇼트브라더스Short Brothers를 찾아갔다. 처음에는 30인승 소형 항공기를 국내에 들여와 도시 간 노선에 투입하고, 이후에는 같은 등급의 항공기를 자체 제작하자는 구상이었다. 미국 출장 때 소형 항공기를 타고 소도시를 다니며 국토가 좁고 산악이 많은 한국의 지형 특성상 우리나라에도 소형 항공기의 수요가 많아질 것 같다는 생각이 씨앗이 된 것이다.

한국 시장만으로는 사업 규모가 작다고 판단해, 중국과 말레이시아 등 아시아 여러 나라를 찾아다니며 유럽의 에어버스처럼 아시아 국가들이 협력해 항공기를 제작하는 구상을 설명했다. 각국 대표들이 서울과 중국에서 모여 왕성하게 논의를 이어 가던 차에, 내가 대우조선으로 자리를 옮기게 되면서 이 아시아형 에어버스 사업은 결국 꿈으로 남고 말았다. 지금 돌이켜 보면, 그 사업이 실제로 실행되었다면 우리나라 항공산업은 한 단계 더 높은 궤도에 올라설 수 있었을지도 모르겠다는 아쉬움이 남는다.

나는 헬리콥터 사업에도 큰 관심을 두고 있었다. 과거 대우조선 시절 시콜스키Sikorsky 헬기를 여러 대 도입하는 과정에서 제휴 생산 이야기가 오가긴 했지만, 실제로 성사되지는 못한 상태였다. 당시 우리 군이 보유한 헬기는 200여 대에 불과했지만, 언젠가는 대량 도입과 교체 수요가 몰려오리라는 전망이 분명했다. 그래서 여러 차례 국방부를 찾아가 필요성과 타당성을 설명했고, 마침내 헬기 사업권을 얻어냈다. 유로콥터Eurocopter와 제휴해 2~3대의 시제품까지 만들어 냈지만, 이 사업 역시 내가 자리를 옮기면서 끝내 꽃을 피우지 못했다.

그러나 대우중공업이 F-16 기체를 생산하면서 쌓은 국제적 명성은, 내가 회사를 떠난 뒤 오히려 더 또렷하게 빛을 발하기 시작했다. 내 재임 중 추진했던 미국 노스럽Northrop사와의 수출 계약은 1985년 12월에 정식 체결되었는데, 이는 세계 민항기 시장에서 이름조차 알려져 있지 않던 대우중공업이 세계 유수 항공회사로부터 직접 수주를 따낸 사건이었다. 그 계약을 계기로 대우중공업의 이름이 민간 항공기 부품 시장에 본격적으로 알려지기 시작했고, 이후 미국의 보잉Boeing, 영국의 웨스트랜드Westland, 프랑스의 이스파노 수이자Hispano-Suiza 등과 연달아 계약을 맺으며 수출을 확대해 나갔다.

내가 기반을 닦아놓은 항공사업 물량 확대와 경쟁력 강화를 위해 기술·인력·시설투자를 다각도로 검토했고, 1986년 2월에는 항공기 기체 생산 공장을 확장했다. 정부의 8대 군용 항공기 사업을 따내기 위해 항공업계 전체가 총력전을 벌이는 가운데, 대우중공업은 중형 헬기 분야에서 미국 UTC 그룹의 시콜스키 항공사와 합작투자계약을 체결해 1986년 10월 대우-시콜스키 항공(주)을 설립했고, 12월에는 기술도입계약도 맺었다. 창원 공장에는 사무실, 격납고, 헬기 주기장, 관제시설 등 중형 헬기 생산을 위한 모든 준비를 갖추었지만, 결국 사업 자체가 무산되어 큰 아쉬움을 남겼다.

대우중공업 항공사업의 행보는 〈대우 30년사〉에 다음과 같이 요약 정리되어 있다. 기록을 위해 인용한다.

대우중공업은 항공사업의 물량 증대를 통한 경쟁력 확보와 신규 사업 유치를 위하여 기술과 인력, 시설투자 등을 다각도로 검토했으며, 이에 따라 1986년 2월에는 항공기 기체 생산 공장을 확장했다. 이 당시 정부의 8대 군항공기사업을 위하여 전 항공업계가 모두 총력전을 펼치고 있었는데, 대우중공업은 중형 헬기 분야에서 미국 UTC 그룹의 시콜스키Sikorsky 항공사와 합작투자계약을 체결했다. 이는 대우중공업이 중형 헬기 사업의 주계약자로 지정받기 위한 전략으로, 1986년 10월 15일에는 합작회사인 대우-시콜스키항공㈜을 설립했고, 12월 9일에는 시콜스키와의 기술도입계약도 체결했다. 그리하여 창원 공장에 사무실과 격납고, 헬기 주기장, 관제시설 등 중형 헬기 생산을 위한 만반의 준비를 갖추었으나, 이후 사업 자체가 무산되어 큰 아쉬움으로 남았다.

이어서 1987년 1월에는 세계 최대 항공사인 보잉과 B747 Inspar Wing Rib 500대분 수출 계약을 체결했다. 원래 미국 항공사가 독점 생산하던 이 부품을, 대우중공업은 가격경쟁력과 품질을 인정받아 수주했다. 이 사업을 통해 대우중공업은 보잉으로부터 사업 운영,

체계, 관리 등 항공사업에 필요한 각종 경영 기법을 배울 수 있었고, 훗날까지 보잉이 인정하는 모범적인 해외 부품공급업체로 평가받게 되었다. 1988년 1월에는 항공사업의 중요한 이정표라 할 수 있는 우주항공연구소가 발족했다.

이 연구소의 설립으로 국내외 석·박사급 고급 인력을 포함한 우수 인재들을 대거 확보할 수 있었고, 기본훈련기 사업(KTX-1)의 태동과 함께 여러 개발 프로그램을 수행하면서 연구 분위기가 무르익었다. 1989년 7월에는 독일 도니어Dornier사와 32인승 경비행기 DO-328의 국제 공동개발 계약을 체결해, 대우중공업이 제작한 12개 동체 셸shell이 이탈리아 에어마키Aermacchi사에서 하나의 동체로 결합되고, 최종적으로 독일 도니어사가 조립 완성하는 방식의 프로젝트도 수행했다. 초기에는 잦은 설계 변경으로 어려움을 겪었지만, 차츰 공정이 안정되면서 비행기 개발 사업의 실체를 몸으로 익히는 소중한 경험이 되었다. 한편 1990년 7월에는 정부의 군용 항공기 사업인 기본훈련기(KTX-1), 경전투헬기(KLH) 사업의 주계약사로 지정되며, 항공사업이 제2의 도약을 준비할 수 있는 발판을 마련하기도 했다.

하늘 위에서 다시 만나는 창원 엔지니어들

나는 지금도 KF-16이 대한민국의 영공을 지키고 있다는 사실에 마음 한구석이 뿌듯하다. 우리가 만든 고등훈련기가 동남아 여러 나라의 하늘을 날며 그 나라 공군 조종사들을 길러낸다는 이야기를 들으면, 가슴이 벅차오른다. 창원 공장의 젊은 엔지니어들이 도면과 씨름하며 밤을 새우던 모습이, 이제는 구름 위를 가르는 비행기의 형체로 바뀌어 눈앞에 펼쳐지는 듯한 감회 때문이다.

그들은 자신들이 만든 부품이, 자신들이 깎고 조립한 동체가 어느 날 하늘을 가를 것이라고 믿고 묵묵히 일했다. 그리고 실제로 그 믿음은 현실이 되었다.

노년이 된 지금, 우리 하늘을 지키는 전투기와 남국의 훈련기 속에 깃들어 있는 창원 엔지니어들의 꿈과 열정을 생각하면 나는 오늘도 깊은 감사와 자부심을 느낀다.

대우중공업
-방산-

불모지에서 움튼 방산의 씨앗

요즘 대한민국 방위산업의 눈부신 발전상을 볼 때마다, 우리 젊은 기술자들의 역량이 얼마나 뛰어난지 새삼 대견한 마음을 금할 수 없다. 그들의 손끝에서 쏟아져 나오는 정밀한 기술과 머리에서 나온 독창적인 아이디어를 보고 있노라면, 오래전 내게 타오르던 그 열정이 다시 깨어나는 듯하다. 아무것도 없던 시절, 거의 불모지나 다름없던 현장에서 방위산업의 씨앗을 심고 물을 주던 기억이 떠올라 가슴 한구석이 뜨겁게 달아오른다.

그 시절 우리는 장비도, 기술도, 참고할 자료도 없었다. 그러나 당시 일본의 무기 수출이 금지되고 있던 터라 나는 방산에서만큼은 일본을 앞설 수 있다고 판단하고 방산 제품 수출에 진력하기로 했다. 아무도 알려주지 않는 길을 오직 그런 사명감과 성취의욕 하나로 헤쳐 나갔다. 방위산업 무기를 국산화하겠다는 의지 하나로 머리를 맞대고 밤을 새우던 시간들, 가능성만 보고 방위산업의 기틀을 닦던 시절을 생각하면 지금도 가슴 깊이 뿌듯한 자부심이 솟아오른다. 그 고됐던 세월이야말로 내 생애의 가장 빛나는 시절이었다.

장갑차 사업도 그런 발자취 가운데 하나였다. 이 사업도 시작은 크지 않았다. 1981년 주한미군이 노후 장갑차를 하와이로 보내 정비와 성능 개량을 하던 관행을 바꾸어, 이 작업을 한국에서 할 수 있는지 타진했다. 바퀴식 장갑차는 이미 기아자동차가 맡았고 새로 시작되는 트랙 방식 장갑차 개조 사업에 내가 손을 들었다.

이 사업에 달려든 이유는 단순하면서도 분명했다. 미군 장갑차를 해체하고 조립하는 과정을 몸으로 익히다 보면, 언젠가는 장갑차를 완전 국산화해 우리 군에 공급하고 나아가 수출까지 할 수 있는 날이 올 것이라는 그림이 머릿속에 그려졌기 때문이다. 엔진과 동력전달장치 등 장갑차의 '심장부'를 뜯어고치는 작업이었기에, 우리는 미군 장갑차의 가솔린엔진을 모두 제거하고 디젤엔진으로 교체하는 성능 개량 방안을 제안했다.

여러 차례 실사 끝에 마침내 그해 미군으로부터 사업을 수주했고, 창원 공장에서 작업이 시작되었다. 엔지니어 15명을 미국에 보내 정비 교육을 받게 했는데, 이들은 2개월 동안 언젠가 우리가 만들게 될 장갑차를 염두에 두고 열심히 배웠다. 그해 실제 정비 작업을 진행하면서 장갑차란 이런 구조로, 이런 방식으로 작동한다는 감을 잡기 시작했다. 이듬해인 1982년부터는 정비 대상이 극동 지역 주둔 미군의 전체 장갑차로 확대되었다.

미군은 보안을 이유로 장갑차 설계 도면을 일절 넘겨주지 않았고, 필요할 때만 창원에 파견된 미국 엔지니어들이 구두로 가르쳐주는 방식으로 기술을 관리했다. 그러던 어느 날, 우리 엔지니어들은 장갑차 전체 설계가 담긴 마이크로필름 12,000여 장을 모두 복사할 기회가 생겼다. 오늘의 잣대로 보면 분명 바람직한 방식은 아니었지만, 그 시절 산업의 현실에서는 어떻게든 기술을 익혀야 한다는 절실함이 앞섰다. 결과적으로 (그렇게 획득한) 도면을 바탕으로 장갑차 기술을 완전히 해독하고 소화해, 마침내 우리 고유의 장갑차를 설계·생산할 수 있는 수준에 이르게 되었다.

기술을 어느 정도 체득했다고 판단했을 때 나는 곧장 국방부를 찾아갔다. "미군 장갑차를 정비하고 성능 개량을 하면서, 우리는 장갑차의 속살을 거의 다 보게 되었다. 이 기술을 활용하면 한국 지형에 맞는 장갑차를 설계하고 생산할 수 있다. 대우가 국산 장갑차 개발에 도전할 수 있도록 허락해달라"고 간청했다. 아울러 새로운 무기를 개발할 때는 국방과학연구소ADD가 주관해 기술을 개발하고, 기업은 생산만 담당하는 종전 관행만큼은 이번에 예외가 되어야 한다고 주장했다.

ADD와의 줄다리기

어렵사리 설득을 거듭한 끝에, 마침내 내 계획대로 장갑차 국산화 사업을 추진하는 데까지는 이르렀다. 예상대로 국방과학연구소, 그러니까 ADD의 강한 반발이 뒤따랐다. 지금까지 방위산업은 특수성이 크므로 ADD가 개발을 주도하고, 기업은 하청 구조를 유지해야 한다는 논리였다. 나는 국방부와 상공부를 찾아다니며 "이번만큼은 이미 기초 기술이 확보된 상태이니, 기업이 주계약자가 되어도 된다"고 끈질기게 설득했다. 정면충돌보다는 원만한 해법을 찾으려 했지만, 원칙에서만큼은 물러서지 않았다.

그 결과, 대우중공업이 주계약자가 되어 방산 신제품 개발을 민간기업이 주도하는 첫 사례가 만들어졌다. 이후 대우중공업은 외국과의 기술제휴 없이 자체 기술만으로 3년에 걸친 연구 끝에 장갑차 완전 국산화에 성공했다. 1983년부터는 장갑차 생산을 위한 대규모 전용 공장 건설에도 착수했다.

사실 군에서 처음 주문한 물량은 200대에 불과했다. 이 물량만 놓고 보면 도저히 사업성이 나오지 않았다. 그럼에도 나는 그 숫자를 무시하고 공장을 짓고 사업을 시작했다. F-16 사업을 할 때 고작 890만 달러의 오프셋을 보고 2,000만 달러짜리 설비 투자를 감행했던 것과 같다.

경영을 하다 보면, 앞을 내다보고 모험하지 않으면 평생 기회를 잡지 못한 채 끝나는 경우가 많다. 어차피 위험부담risk taking은 경영자에게 숙명 같은 것이다. 그런데 되돌아보면 수많은 선택에서 한 번도 실패한 적이 없었던 것은 천운이었다. 결심을 한 후 수요를 창출하려고 극단적으로 노력한 것도 아마 천운을 만든 한 이유일 것이다.

장갑차의 기본 기능은 병력을 안전하게 이동시키는 것이다. 기동력, 화력, 방어력 이 세 요소를 모두 만족시켜야 제대로 된 장갑차라 할 수 있다. 여기에 한국의 산악·하천 지형을 고려해, 강을 스스로 건널 수 있는 수륙양용 기능을 넣었다. 이를 위해 창원에 도강 테스트 설비를 따로 구축하기도 했다.

국군의 날 15분

개발이 한창 진행 중이던 1984년, ADD 측에서 연락이 왔다. 전두환 대통령이 대전 국방과학연구소를 방문하는데, 그 자리에서 우리가 개발 중인 국산 장갑차의 현황을 직접 보고하라는 요청이었다. 이 사업의 확대와 조기 양산을 대통령에게 설득하기 위한 자리였다.

그해 4월 1일, 전두환 대통령이 ADD를 방문했고, 이 자리에서 개발 담당 임원이 북한 장갑차와 미군 장갑차, 그리고 우리가 개발 중인 한국형 장갑차의 성능을 비교해 브리핑했다. 대우중공업이 한국 지형에 맞춘 장갑차를 완성하면, 북한 것은 물론이고 현재 미군이 운용하는 장갑차보다도 성능이 우수해질 것이라고 자신 있게 설명했다. 그것은 과장이 아니라 사실이었다.

브리핑을 듣던 전두환 대통령은 국방장관을 돌아보며 이렇게 물었다. "장관, 이렇게 성능 좋은 장갑차를 기업이 개발한다는데, 왜 대량 생산해서 전방에 배치하지 않나요?" 그 말을 듣는 순간, 속으로 쾌재를 불렀다. 그러나 이어진 다음 한마디에 가슴이 철렁 내려앉았다. "가능하면 이번 국군의 날에 이 장갑차를 선보여 우리 기술력을 과시하는 게 좋지 않을까?"

그때가 4월, 국군의 날은 10월 1일. 불과 반년의 시간밖에 남지 않았다. 사실상 불가능에 가까운 일정이었다. 그러나 권위주의 정권에서 대통령의 지시는 선택지가 없는 절대명령이나 마찬가지였다.

더 중요한 것은, 그 말이 곧 '양산을 전제로 국군의 날 행사 때 공식적으로 국산 장갑차를 선보이겠다'는 뜻으로 들렸다는 점이다. 원래라면 군 내부 검토와 각종 시험평가를 거쳐 양산 결정을 내리는 데만 최소 2~3년은 필요한 절차였다. 그 결정을 대통령이 단 하루 만에 앞당긴 셈이었다. 이 절호의 기회를 붙잡기 위해서라도, 우리는 어떻게 해서든 국군의 날에 국산 장갑차를 완벽에 가깝게 선보여야 했다.

문제는 시간이었다. 일정 기간 이상 안정적인 시험을 거쳐야 하는데, 절대적으로 시간이 부족했다. 나는 ○○사령부를 찾아가 "6월 말까지 시험이 끝나지 않으면 대통령 지시인 국군의 날 행사 참가가 불가능하다"고 사실대로 털어놓고, 밤을 새워서라도 시험을 진행해달라고 간곡히 요청했다. 그 덕분에 철야 시험이 이루어졌지만, 시험 과정에서 전동기어가 반복적으로 오류를 일으키는 약점이 드러났다. 마음이 급해질 수밖에 없었다. 초비상 체제에 들어간 엔지니어들은 밤을 꼬박 새우기를 수차례 반복하며 취약점을 보완했다. 결국 기한 내에 18대의 시제품을 완성해냈다. 1~2년이 걸릴 일을, 불과 6개월 만에 이루어낸 것이다.

그리고 마침내 그해 10월 1일 국군의 날, 대통령 지시대로 대우중공업이 개발한 첫 국산 장갑차가 각종 첨단 무기들과 함께 시가행진 대열에 올랐다. 이날 동원된 장갑차는 18대 시제품 가운데 16대였고, 두 대는 긴급 상황에 대비한 예비 전력이었다.

서울 여의도에서 대통령이 사열을 받는 순간이 다가왔다. 멀리서 모습을 드러낸 우리 장갑차들이 대통령 앞을 통과하기까지 약 15분 동안, 나는 사열대 한구석에 앉아 숨을 죽이고 그 장면을 지켜보았다. 한 대라도 멈추지는 않을까. 연기가 치솟거나 기어가 말썽을 부리지는 않을까. 수많은 우려가 머릿속을 스쳐 지나갔다. 시간은 도무지 앞으로 나아갈 줄 몰랐다. 그러나 다행히도 16대 모두 사열대 앞을 지나 행진의 종점인 동대문까지, 단 한 대의 고장도 없이 행렬을 마쳤다. 그날의 15분은 내 인생에서 가장 긴 시간이었다.

행사가 끝나자마자 예상대로 양산하라는 지시가 내려와 다시 난리를 치면서 공장을 짓고 양산에 들어갔다. 덕분에 엄청나게 많은 비용을 절감했다. 역시 중요한 일들은 억지로 되는 것이 아니라, 중요한 모멘텀의 기회를 잡아가면서 풀어나가야 한다는 것을 다시 확인했다.

한국형 장갑차

대우가 장갑차 개발을 본격적으로 시작하던 당시, 전문가들은 국방부 작전계획 등을 감안할 때 향후 7년간 국내 장갑차 수요를 500~600대 정도로 예상했다. 그 정도 물량은 수익분기점에 턱없이 못 미치는 규모였다. 그러나 나는 전군에 고르게 보급된다면 최소 4,000대, 많게는 7,000대 이상은 필요하리라는 희망 섞인 전망을 갖고 있었다. 장갑차를 정말 잘 만들어 모든 부대가 갖고 싶어 하도록 만들어 낸다면, 수요는 자연히 그만큼 따라올 것이라는 믿음이 있었다. 대통령의 양산 보장은 그 전망을 현실에 더 가까이 끌어다 놓았다. 결과론적이지만, 수출 물량까지 합치면 국산 장갑차 생산 대수는 내 예상보다 훨씬 많아졌다.

미군 장갑차를 개량하는 과정은 분명 값진 기술 축적의 시간이었다. 그러나 우리가 꿈꾼 것은 단순한 개량이 아니었다. 한국형 장갑차는 이 땅의 산악과 하천, 굴곡진 비탈과 좁은 도로까지 꿰뚫어 본 끝에, 우리 지형에 맞도록 처음부터 다시 설계되고 제작된 결과물이었다.

구동 시스템도 미군 장갑차가 반자동 변속기를 통해 단계적으로 힘을 전달했다면, 한국형에는 자동 변속기를 장착해 가속 페달에 실리는 발끝의 의지 그대로 부드럽고도 신속하게 전진하도록 했다. 운전자의 판단과 기계의 응답이 하나로 맞물리는 순간, 장갑차는 단순한 장비가 아니라 살아 움직이는 전력이 되었다. 속도도 최고시속 70km에 달하고 등판능력도 60도에 근접해 미군 장갑차를 능가했다.

이렇게 개발된 대한민국 육군의 주력 장갑차인 K200은 국방과학연구소가 설계하고 대우중공업이 제작한 한국 최초의 독자개발 장갑차다. '두꺼비 사업'으로 불린 이 프로젝트에 성공한 한국은 무기체계를 구성하는 대형 장비를 최초로 국산화함으로써 방위산업 역사에 매우 중요한 새 이정표를 세웠다.

한국형 장갑차 개발의 역사에는 대우중공업의 안인 본부장과 안효기를 비롯한 핵심 엔지니어들의 이름이 마땅히 새겨져야 한다. 밤을 새워 설계도를 그리고, 시험 주행에서 반복된 수많은 수정과 보완, 그리고 실패를 딛고 다시 일어선 집념이 있었기에 비로소 한국형 장갑차는 세상 앞에 당당히 모습을 드러낼 수 있었다. 나라를 향한 책임과 자부심에서 비롯된 그들의 헌신은 오늘도 묵묵히 이 나라의 국방을 지탱하고 있다.

보스니아의 한국 장갑차

한국형 장갑차는 국내 배치에 그치지 않고 수출 실적도 상당히 올리게 되었다. 말레이시아 수상을 만나 경제협력을 논의하던 자리에서 나는 장갑차 도입을 조심스레 제안했고, 말레이시아는 110대를 구입해주었다. 아마도 우리나라 방산 제품 가운데 본격적인 수출 1호가 아닐까 싶다.

말레이시아는 이 장갑차에 유엔 마크를 붙여 유고슬라비아 내전 당시 보스니아에 파견된 유엔 평화유지군PKO이 사용할 수 있도록 제공했다. 각국에서 가져온 장갑차들이 한데 모인 자리에서 자연스러운 성능 비교가 이루어졌고, 그 과정에서 우리 한국형 장갑차는 등판능력과 방호력에서 최고 수준의 평가를 받으며 국제적으로 이름을 알리기 시작했다.

그 이후 다른 방산 무기들도 말레이시아에 많이 수출할 수 있었고, 말레이시아군의 한국 방문과 상호 교류를 통해 수출 품목과 협력 분야도 점차 넓어졌다. 안타깝게도 나는 그 중요한 시기에 대우조선으로 자리를 옮기게 되어, 후속 작업을 충분히 이어 가지 못했다는 점이 지금도 아쉬움으로 남는다.

대우중공업 사장으로 재임하는 동안 나는 방산 제품의 기종을 넓히고, 새로운 방산 장비를 꾸준히 개발해 이 부문의 매출과 수출을 늘렸다. 방위산업을 회사의 중요 축 가운데 하나로 끌어올리기 위한 발판을 만든 것이다.

돌아보면, 전 세계에서 적과 실제로 대치한 상태이면서도 기계산업을 발판으로 무기를 스스로 만들어 내는 나라는 그리 많지 않다. 한국은 그 희귀한 나라들 가운데 하나다. 나의 오랜 염원은 우리나라가 세계 최고의 방산 수출국 가운데 하나로 우뚝 서는 데 이바지하는 것이었다.

내가 대우중공업을 떠난 이후에도 수많은 기술자들의 땀, 엔지니어들의 잠 못 이루는 밤, 한 세대의 꿈과 책임감이 켜켜이 쌓여 오늘의 방위산업을 만들었다. 내가 불모지라 여겼던 땅에 뿌려 두었던 작은 씨앗들이, 수십 년이 지난 지금 거대한 숲으로 자라난 모습을 바라보며 그렇게 만들어 준 많은 분들에게 그저 감사할 따름이다.

대우중공업
-대한민국 기계사관학교를 떠나며-

엔지니어사관학교라 불리던 집

대우중공업은 우리나라 기계산업계에서 오래도록 '엔지니어 사관학교' 혹은 '기계사관학교'라 불렸다. 지금 철도차량, 항공, 굴삭기, 지게차, 엔진, 공작기계 분야에서 1등을 다투는 국내 기업들 가운데, 그 뿌리가 대우중공업으로 이어지지 않는 회사를 찾기가 오히려 어렵다. 오늘의 한국을 대표하는 기계 회사들이 한때는 모두 인천과 창원의 같은 공장 안에서, 같은 작업복을 입고, 같은 쇳내를 맡으며 일했던 동지들이었다.

예전에 대우중공업에서 함께 일하던 사람들이 찾아와 국산화 개발 당시의 에피소드를 얘기하며 내게 고맙다고 인사할 때면,

나는 늘 마음속으로 말을 고쳐 듣는다. "고맙다"가 아니라 "수고 많았다"고. 나는 방향을 정하고 투자를 결심하며 열심히 응원했을 뿐이다. 몸을 던져 철야를 거듭하며 기술을 파고든 사람들, 진짜 일꾼들은 그들이었다. 수십 년이 지난 지금도, 그들의 얼굴이 하나씩 떠오르지 않는 날이 많지 않다. 내가 한 일은, 그들의 노고와 비교하면 그저 한발 물러서서 바라보던 조연에 불과했다.

그때 나는 이렇게 독려했다. "당신들이 무슨 돈으로 투자해서 도전하겠느냐. 돈은 내가 책임질 테니, 하고 싶은 것은 다 해보라. 실패하더라도 책임은 내가 진다." 그 말을 건네면 엔지니어들의 눈빛이 달라졌다. 마치 취미를 숙제로 받은 학생들처럼 신들린 듯 달려들어 밤을 새웠고, 그 결과물들이 하나둘 세상에 나오며 우리나라 기계산업의 역사를 새로 써 내려갔다.

기술 자립이라는 하늘의 명령

대우중공업의 기업 정신은 한마디로 기술 자립이었다. 나는 이 기술 자립을, 하늘이 내게 맡긴 명령이라고까지 여겼다. 그래서 지게차, 굴삭기, 철도차량, 공작기계까지 모든 것을 국산화하려 달려들었다. 우수한 엔지니어들이 있었기에 가능한 일이었다. 그렇게 예전에는 젊은 이공계 인재들이 기업으로 와서 사명감을 품고 도전하며 개발에 뛰어드는 일이 낯설지 않았다.

그러나 지금은 의대를 먼저 채우고, 그 나머지가 공대로 향하는 세태라고 들을 때 내 마음은 무거워진다. 의대를 나와 의술로 사회에 봉사하는 길도 물론 귀하지만, 공대를 졸업해 기업에 들어가 국산화에 몸을 던지고 국내 산업 발전에 이바지하는 삶은 또 다른 차원의 보람을 준다고 나는 믿는다.

그래서 나는, 우리가 어떻게 제품을 개발하고 국산화하여, 결국 세계적인 조선·굴삭기·공작기계 제조 국가가 되었는지 그 산업사를 젊은이들에게 꼭 들려주고 싶었다. 그것은 단지 한 기업의 성공담이 아니라, 한 나라가 기술 주권을 되찾아가는 긴 여정의 기록이기 때문이다. 우리는 눈부신 변혁의 결과에는 환호하면서도, 그 성취를 가능하게 한 수많은 땀방울과 시행착오, 그리고 세월의 축적에는 쉽게 눈길을 주지 않는다.

기업이 새로운 제품을 세상에 내놓기까지, 최고경영자에서부터 현장 엔지니어에 이르는 많은 이들이 얼마나 많은 불면의 밤을 지새워야 하는지, 그 현장을 함께 겪어보지 않은 사람들은 잘 모른다. 수없이 반복된 도전과 실패의 무덤 위에 쌓인 산업현장 전사들의 숭고한 헌신은, 회사와 나라에 바친 살아 있는 헌사였다. 그런 시대가 있었기에 대한민국의 기계 기술과 기계산업이 오늘날 세계 정상의 한 축으로 서게 된 것이다.

세상 대부분의 일들이 그러하듯, 경제도 산업도 세월과 함께 숙성한다. 선진국들은 수 세기에 걸쳐 연구하고 시행착오를 반복하며 기계공업과 산업 설비를 발전시켜 왔다. 그런 역사적 토양이 전혀 없는 불모지에서, 우리는 세월을 압축해 경험을 쌓고 속성 코스로 학습해야 했다.

인생의 가장 중요한 덕목들은 대개 고통의 담금질을 통해 몸에 새겨진다. 고대 그리스어 'Pathei Mathos'는 고통을 겪음으로써 깨닫고, 경험과 시련을 통해 지혜로워진다는 뜻이다. 대우중공업이 걸어온 길도 그러했다. 그 고통을 통해 정제되고 축적된 경험과 도전의 용기가, 결국 대우중공업을 '한국 기계산업의 요람'이라는 이름으로 기록되게 만든 것이다.

도면 앞의 병사들, 기계 앞의 정예부대

나와 함께 일했던 엔지니어들은, 회사가 어렵게 구해온 선진 기술의 도면을 며칠 밤을 새워가며 분해하고 분석했다. 기술에 굶주린 그들의 가슴은 새 지식을 향한 갈망으로 뜨겁게 달아 있었고, 머릿속은 새로운 원리를 터득하려는 집념으로 가득 차 있었다. 도면을 완전히 이해한 엔지니어들은, 잘 훈련된 정예부대처럼 역할을 나누고 조직적으로 움직였다. 각자 맡은 구역을 돌파하며, 그 도면이 담고 있는 원리를 우리 고유의 제품으로 구현해 내기 위해 치열하게 싸웠다. 국산화의 고지를 점령하기 전까지, 그들의 노력은 멈추는 법이 없었다.

최소한 대우중공업의 엔지니어들은 새 기술을 해석하고 습득하는 일에서 능력 부족을 이유로 포기한 적이 없었다. "안 된다"는 말은, 논리적으로 불가능임이 증명되었을 때가 아니라 끝까지 해보지 않았을 때 나오는 말이라는 것을 현장에서 배워갔다.

한 가지 기술을 국산화할 때까지 엔지니어들이 벌이는 도전의 과정은, 경영자인 나에게는 한순간도 눈을 뗄 수 없을 만큼 긴장되고 감동적인 드라마였다. 나는 그들의 헌신에 보답하고자 최대한 아낌없이 지원하고 보상하려 했지만, 여러 여건상 충분하지 못했다면 이 지면을 빌려 다시 한번 미안함과 감사의 마음을 전하고 싶다.

쇳내와 기름 냄새 속에서 자란 자부심

대우중공업이 본격적으로 일감을 확보해 가동이 정상궤도에 올랐을 때, 인천과 창원의 공장들은 거대한 심장처럼 박동하고 있었다. 쇳내와 기름 냄새가 뒤섞인 공기 속에서, 기계의 숨소리와 엔진의 진동이 쉴 새 없이 들려왔다. 생산 라인 끝에는 방금 조립을 마친 대형 건설기계들이 묵직한 몸을 일으키며 시운전에 들어갔다. 그 장면이 내 눈에는 마치 갓 태어난 생명이 첫울음을 터뜨리는 것처럼 경이로웠다.

내가 집착했던 것은 기계 그 자체가 아니라, 그 기계가 열어줄 미래였다. 기계는 수단이었고, 그 수단을 통해 이 나라의 산업이 한 단계 도약하는 과정을 함께 지켜보는 것이 내게는 커다란 기쁨이었다.

국산화에 하나씩 성공하던 어느 날, 나는 문득 깨달았다. 대우실업에서 섬유에 심취해 있던 내가, 어느새 쇳덩이가 가득한 대우중공업에서 더 큰 기쁨을 느끼고 있다는 사실을. 리드미컬하게 돌아가던 재봉기의 합창 대신 거대한 철 구조물이 부딪치는 굉음이 내 귀에 더 친숙해졌고, 섬유 특유의 향긋한 냄새 대신 윤활유가 타는 냄새에 목이 따갑게 매캐해지는데도 이상하게 마음은 편안했다.

1980년 처음 대우중공업에 부임했을 때만 해도 나는 황량하고 낯선 땅에 홀로 내려앉은 느낌이었다. 회사 안팎의 경영환경은 대우실업 시절과는 비교할 수 없을 만큼 비우호적이었다. 그러나 몇 년이 지나 떠날 무렵, 대우중공업에 대한 애착은 내가 맡았던 어느 회사, 어느 직책보다도 훨씬 깊어져 있었다.

나의 역할은 현미경을 들고 나사를 살피는 일이 아니었다. 나침반을 들고 항로를 정하는 일이었다. 항해사가 별자리를 읽어 배가 가야 할 길을 정하듯, 회사가 나아갈 방향을 제시하며 기술자들이 그 길을 안전하게, 그리고 당당하게 걸어갈 수 있도록 밑바닥을 다지는 것이 나의 몫이었다. 그들이 마음껏 뛰놀며 창의와 기술을 펼칠 수 있는 넓은 운동장을 만드는 것, 그것이 내가 사장으로서 가장 중요하게 생각했던 사명이다.

자기 것의 힘

나는 늘 직원들에게 이렇게 말했다. "전 세계적으로 잘 나가는 회사는 자기 것이 있는 회사다." 자기 기술, 자기 디자인, 자기 판매망, 자기 아이디어 이런 것들을 가진 회사가 결국 오래 버티고 끝까지 살아남는다. 애플이라는 회사가 오늘의 위치에 오른 것도, 사람을 끌어당기는 자기만의 아이디어와 설계 철학이 있었기 때문이다. 기술이 내 것이면, 어느 시장을 가도 통한다. 그런 전제를 마음에 새기고 기업을 운영하면, 길은 결국 열리게 마련이다.

그래서 나는 직원들에게 자주 물었다. "지금 당신이 하는 일을, 전 세계에서 당신보다 잘하는 사람이 있겠느냐. 있다면, 언젠가는 당신 자리를 빼앗길 것이다. 지금 당장은 아니더라도, 언젠가는 당신이 그 일의 최고가 되어야 한다." 오너십 있는 기술, 오너십 있는 아이디어. 그것이 있어야 회사도, 개인도 당당해질 수 있다.

내가 대우중공업에 머문 것은 불과 5년 남짓이었다. 그러나 그 기간에 만들어 놓은 설비와 R&D 시설은 지금까지도 큰 틀에서 변하지 않을 정도로 기본이 튼튼하다고 자부한다. 제대로 싹도

트지 않았던 작은 묘목들이, 이제는 세계시장에서 패권을 다투는 거목으로 자라난 모습을 보며 사람들은 이렇게 말하곤 한다. "사장님이 뿌린 씨앗이 거목이 되었지만, 막상 열매를 거둔 것은 떠나신 다음입니다." 나는 그 말을 들을 때마다 씨앗을 뿌리는 즐거움도 결코 적지 않다는 생각을 한다. 뿌리는 손과 가꾸는 손, 그리고 수확하는 손이 다를 뿐이다.

되돌아보면, 대우중공업은 손을 댄 모든 기계 분야에서 1등을 하거나, 최소한 1등을 바짝 뒤쫓는 위치까지 올라섰다. 그 배경에는 협력업체들이 있었다. 대우중공업의 국산화 기술 개발 역사는 곧 협력업체들의 발전사라고 해도 지나치지 않을 것이다. 지금도 모임에 가면 낯선 이가 다가와 인사를 건넨다. "옛날에 사장님이 대우중공업 맡으셨을 때 도와주신 덕분에 제가 이렇게 잘살게 됐습니다." 성공은 그 사람, 그 자신이 노력한 결과다. 그래도 그런 말을 들을 때면 나 또한 뜨거운 보람을 느낀다.

기계사관학교에서 바다로

대우실업에서 섬유에 빠져 살던 내가, 쇳덩이들로 가득한 대우중공업에 와서 임직원들한테 서울상대 기계과 출신이라는 농을 들을 정도로 기계에 심취해 살았다. 그만큼 대우중공업을 떠날 때, 이 회사에 대한 애정은 영원히 잊지 못할 정도로 깊어져 있었다.

기계공업은 내게 단지 하나의 업종이 아니라, 새로운 자부심의 근원이 되었다. 쇳덩이가 사람의 손끝을 거쳐 생명체처럼 움직이기 시작하는 그 순간을 수없이 지켜보며, 나는 경영자로서 또 한 번 성장할 수 있었다.

대우중공업에서 일에 미쳐 도전하고 성취하던 시간들은, 경영을 처음 맡았던 나에게 충분한 자신감을 주었다. 그러나 나는 그곳에서 영원히 머물 수는 없었다. 내가 원했든 원하지 않았든 육지에서의 사명이 어느 정도 마무리되었을 때, 나에게는 이미 또 다른 전장이 기다리고 있었다. 더 거센 파도와 더 큰 도전이 기다리는 바다, 곧 대우조선이었다.

제5장

대우조선

육지를 떠나 바다로

김우중 회장으로부터 대우조선 사장을 맡아 달라는 말을 들었을 때 적잖게 당혹스러웠다. 이제 막 익숙해져 재미를 붙이기 시작한 대우중공업을 뒤로하고, 부실투성이로 소문난 대우조선으로 가야 한다는 사실을 받아들이기 쉽지 않았다. 조선이 싫어서라기보다 어렵게 일궈 놓은 중공업의 성과들이 이제 막 결실을 맺으려는 시점이었기에, 그 과정을 끝까지 지켜보지 못한 채 떠나야 한다는 아쉬움이 더 컸다.

왜 꼭 내가 가야 하느냐고 조심스럽게 물었을 때 김우중 회장은 짧게 대답했다. "중공업도 어려울 때 맡아서 잘했으니 조선에 가서 또 한 번 잘해봐." 인정해주는 말씀은 고마웠지만, 나는 꼭 중공업을 떠나야 한다면 차라리 대우전자로 가고 싶다고 고집을 부려보았다. 일본 도시바처럼 가전만이 아니라 산업 자동화, 생산 라인의 전자화·자동화에 도전해보고 싶은 꿈이 있었기 때문이다. 그러자 김우중 회장은 "그 회사는 내가 직접 챙길 테니, 조선을 맡아달라"며 한 발도 물러서지 않았다.

그날은 끝까지 확답을 하지 않고 방을 나왔다. 그러나 대우그룹 안에서 김우중 회장의 뜻을 정면으로 거스르는 일은 누구에게도 도움이 되지 않는다. 평생 한 번도 그의 말에 거역한 적이 없던 나는, 이번에도 결국 그의 뜻을 따르기로 마음을 정했다.

대우조선을 맡기로 한 후 재무 상태를 자세히 들여다보니, 장부상으로는 600억 원 흑자로 기록돼 있었지만 실제로는 2,500억 원에 이르는 적자를 안고 있는 회사였다. 나는 다시 김우중 회장을 찾아가 조선을 과감히 포기하는 것이 어떻겠는지 물었다. 그러나 김우중 회장의 대답은 단호했다. "나는 박정희 대통령의 말씀에 따라 대우조선을 인수한 것이다. 안 되면 대우그룹을 다 팔아서라도 살려야 한다."

나중에 들은 이야기지만, 박정희 대통령이 생전에 김우중 회장을 만나 옥포조선소를 꼭 살려 달라고 유언처럼 당부했다는 것이다. 실제로 김우중 회장은 대우조선을 살리기 위해 그룹 내 매우 많은 회사를 처분해야 했다.

녹슨 쇳덩이들의 무덤

대우조선 사장으로 발령을 받고 김해공항에서 헬기를 타고 옥포로 향하던 날의 풍경은 지금도 눈에 선하다. 헬기가 바다를 건너 15분쯤 날아갈 즈음, 수평선 위로 서서히 윤곽을 드러낸 옥포 조선소는 마치 거대한 쇳덩이들의 무덤 같았다. 잘 정돈되고 체계적으로 돌아가던 대우중공업의 공장들과는 전혀 다른, 어딘지 중병이 들어 누워 있는 거인 같은 인상이었다.

헬기가 착륙장에 가까워질수록 야드 곳곳에 널려 있는 철 구조물들이 더 뚜렷이 눈에 들어왔다. 가까이서 봐도 무엇에 쓰이는 것인지 짐작조차 하기 어려운 쇳덩이들이, 시뻘겋게 녹이 슨 채 어지럽게 쌓여 있었다. 그 모습은 마치 용도를 잃어버린 괴물들이 무더기로 방치된 집단 서식지를 보는 듯했다.

이런 곳에서 배를 짓다니, 아니 이런 과정을 거쳐 선박이 건조된다니, 익숙하지 않은 모습에 나는 적잖이 당황하며 알 수 없는 공포감까지 느꼈다. 나도 모르게 "중공업에서 내가 온 힘을 다해 가꾼 사업들이 하나하나 결실을 거둘 철이 왔는데, 그 약속된 미래의 땅을 떠나 내가 왜 이런 험지에 와야 하는가"라는 넋두리 같은 혼잣말이 튀어나오며 마음이 다시 복잡해졌다.

하지만 선택지는 없었다. 당시 내 나이 마흔 중반. 기왕 남자로 태어난 이상 여기서도 반드시 성과를 내고 나가야 한다고 마음을 다잡았다. 마침 그날은 선주에게 인도할 선박의 진수식이 예정돼 있어, 나는 도착하자마자 관행대로 진수식 행사를 주관하며 정신없이 하루를 보냈다. 옥포에서의 첫날은 그렇게 저물었다.

당시 옥포조선소는 겉으로 보기에 규모만 컸지, 제대로 된 시스템이나 기반은 아직 자리를 잡지 못하고 있었다. 세계적인 조선소를 표방하며 출발했지만 현실은 녹록지 않았다. 설비는 미완성이었고, 조직은 불안정했으며, 무엇보다 사람들의 사기가 높지 않았다. 공정마다 시행착오가 이어졌고, 수주한 선박을 약속된 시기에 인도할 수 있을지에 대한 불안이 곳곳에 도사리고 있었다.

조선은 중공업 가운데서도 가장 복합적이고 까다로운 분야다. 배 한 척을 건조하기 위해 수많은 공정이 유기적으로 맞물려야 하고, 설계·기자재·용접·도장 어느 한 부분이 어긋나도 전체 일정이 연쇄적으로 지연된다. 이 모든 것은 결국 조직에 대한 신뢰와 직결되는 문제였다. 그러나 "아는 병은 고치기 쉽다"는 말처럼, 이렇게 눈에 보이는 문제라면 사람의 힘으로 충분히 고칠 수 있다고 나는 스스로를 설득했다.

그렇게 생각하고 나니 마음이 조금씩 차분해졌다. 진정한 평온은 현실을 외면하는 도피에서가 아니라 그것을 받아들이면서도 흔들리지 않는 태도로부터 나온다. 그러려면 고통스러운 인내가 필요할 때도 있겠지만, 돌이켜 보면 그런 고통의 시기를 지나면서 나의 내면은 더욱 단단해져 왔다.

물론 희망 자체가 전략이 될 수는 없다. 절박한 상황에서는 누구나 '잘 될 것'이라는 막연한 낙관에 기대고 싶어진다. 그러나 조직의 앞날을 책임지는 자리에 선 사람에게 필요한 것은 희망이 아니라, 실행 가능한 구체적 계획이다. 나는 많은 위기의 순간마다 머릿속에서 같은 문장을 되뇌었다. 희망은 출발점일 수 있으나, 행동 없는 희망은 책임 회피의 다른 이름일 뿐이다. 전략은 냉철한 현실 인식 위에서 가능한 대안들을 설계하고, 그것을 한 걸음씩 실천해 나가는 과정 가운데서 만들어진다. 그때의 나에게, 그리고 대우조선에게 꼭 필요했던 것은 바로 이런 전략과 실행력이었다.

답은 늘 현장에 있다

옥포에서 둘째 날부터 나는 답을 찾기 위한 현장 행군에 들어갔다. 다행히, 그리고 감사하게도 답은 언제나 그랬듯 현장에 있었다. 야드에 나가보니, 선박 건조에 쓰이는 블록과 각종 재고들이 회사 내부는 물론, 바깥 도로까지 가득 메우고 있었다. 블록을 미리 만들어 쌓아두었다가 필요할 때 조립하는 방식이었는데, 한참을 방치해둔 탓에 쇳덩이들은 이미 새빨갛게 녹이 슬어 있었다. 동행한 임원들에게 "이렇게 녹이 슬도록 오래 쌓아둔 뒤

조립하는 것이 과연 정상인가"라고 묻자, 그들은 태연하게 "배는 원래 이렇게 짓는 겁니다"라고 말했다. 그 한마디에, 이 조직이 어떤 관성 속에 놓여 있는지 직감적으로 알 수 있었다.

나는 생산기획실 간부들을 불러 함께 건조 중인 배에 올랐다. 처음 보는 광경들이라 궁금한 점이 쏟아져 나왔다. 이것저것 질문을 던졌고, 다음 날도 또 다른 건조 중인 배에 올라 같은 작업을 반복했다. 그때 나를 안내하던 생산총괄실 서완철 과장이 눈에 들었다. 그는 상황을 간결하면서도 핵심적으로 설명할 줄 아는 사람이었다. 나는 속으로 '이 사람은 나중에 곁에 두고 써야겠다'고 마음에 담아두었다.

건조 중인 선박 내부는 그야말로 혼돈 그 자체였다. 밀폐된 공간 곳곳에서 수많은 인력이 동시에 용접을 하고 있었고, 아크 용접기를 연결한 굵은 전깃줄들이 바닥을 뒤덮다시피 얽혀 있었다. 그 무질서하고 위험한 환경 속에서 배가 지어진다는 사실 자체가 신기할 정도였다. 이렇게 해서 과연 품질이 유지되고, 안전사고를 막을 수 있을까.

사무실로 돌아와 나는 서완철 과장을 불렀다. 내가 잘못 보고 있는 것인지, 아니면 현장 관리 자체에 문제가 있는 것인지를 꼼꼼히 따져 물었다. 역시 내 추측대로였다. 인력이 과잉 투입되면서 그동안 많은 인명 피해를 초래한 안전사고들이 반복되고 있었고, 작업은 작업대로 무질서하게 이루어지고 있었다. 그대로 두면 정말로 배가 산으로 갈 판이었다. 나는 즉시 대우중공업에 전화를 걸어, 앞서 대우중공업 때의 글에서 언급했던 MIPA 운동의 핵심 요원들을 옥포로 보내줄 것을 요청했다.

다음 날, 20여 명의 정예 요원들이 도착해 3개월 일정으로 조선소 내부를 샅샅이 점검하며 문제점을 파악하기 시작했다. 내가 중공업에서 조선으로 데려온 정재탁 부장과 첫날부터 나를 현장 안내했던 서완철 과장도 이 팀에 합류시켜 함께 작업을 하도록 했다. 아울러 대우중공업 팀에게 "진단 과정에서 현장을 잘 이해하고 있는 과장급 초급 간부들 가운데, 앞으로 내가 함께 일할 인재들을 발굴해 추천해달라"고 부탁해두었다. 그들 역시 가장 먼저 이름을 올린 사람은 서완철이었다.

3개월 동안의 진단 결과, 놀라울 정도로 많은 문제점들이 드러났다. 가장 먼저 지적된 것은 체계적인 품질관리 시스템이 없다는 점이었다. 배를 짓는 특정 시점과 공정에서 칼날처럼 품질을 책임지고 판단할 권한을 가진 사람이 실질적으로 존재하지 않았다.

나는 다시 대우중공업에 부탁해, 그곳의 품질관리 전문가였던 은영기 전무를 품질관리본부장으로 끌어왔다. 그리고 배 건조 과정에서 품질을 종합적으로 점검하기 가장 적합한 지점이 도장, 즉 페인팅 공정이라는 판단을 내리고, 은 본부장의 '감시초소'를 도장 공정 입구에 두도록 했다. 도크에 들어가는 모든 선박이 이 관문을 통과하도록 한 것이다. 페인팅이 완벽하려면 블록 간 결합을 비롯한 전반적 건조 품질이 이미 확보되어 있어야 했기 때문에, 이 결정은 결과적으로 옳다는 것이 나중에 판명되었다.

두 번째 도약을 향한 경영 혁신

품질관리 체계를 세우는 것과 동시에, 나는 정재탁 부장에게 중공업에서 추진했던 MIPA 운동의 대우조선 버전을 만들라고 지시했다. 그렇게 탄생한 것이 바로 MAST Management Action Plan for the Second Takeoff(제2도약을 위한 경영 혁신 플랜)였다. MIPA를 기획·집행했던 경험 덕분에 정재탁은 비교적 짧은 시간 안에 대우조선형 MAST 체계를 완성할 수 있었다.

MAST는 전사적인 경영 개선·품질관리·방침관리 운동을 하나의 시스템으로 엮어 현장에 적용하는 프로그램이었다. 방침관리란, CEO가 정복해야 할 목표와 목적지를 제시하면 그 아래 각 직급자가 단계별로 자신의 위치에서 수행해야 할 과제를 설정하고, 이를 분기별로 점검·평가 받으며 수정해 나가는 관리 기법이다. 최상위 방침이 말단 직원의 하루 업무까지 스며들어 가도록 설계하는 것이다.

여기에 다양한 교육 프로그램과 체육훈련을 곁들여 조직의 정신과 체력을 동시에 다지는 내용이 포함되었다. MAST 운동이 본격적으로 전개되자, 대우조선 조직은 서서히 새로운 리듬을 타기 시작했다.

그러나 호사다마라고 했던가. 그 무렵 참으로 가슴 아픈 일이 터졌다. 이 운동을 설계하고 전사적으로 적용하느라 밤을 지새우던 나의 오른팔, 정재탁 부장이 바로 자신이 만든 프로그램에 참여해 밤샘 후 새벽 등산훈련을 하던 중 심장마비로 갑작스럽게 세상을 떠난 것이다. 나에게는 하늘이 무너지는 듯한 충격이었다. 회사장으로 그를 보내고, 1직급 특진으로 마지막 예우를 차렸다. 또한, 자녀 교육을 포함한 유족 지원에 회사가 최대한 힘쓰도록 지시했다. 다만, 훗날 내가 대우조선을 떠난 뒤 그 약속들이 끝까지 잘 지켜졌는지 직접 확인하지 못한 것은 지금도 마음에 남는 아쉬움이다.

슬픔을 가슴에 묻고 나는 다시 현실로 돌아와야 했다. 엔진을 대량 생산하는 중공업과 수주한 뒤 설계·구매·제작을 거쳐 배 한 척을 만들어 내는 조선의 공정은 근본적으로 다를 수밖에 없다. 그러나 나는 양산 시스템의 일부 원리를 선박 건조에 접목할 수 있지 않을까를 고민하기 시작했다.

현장을 다니며 건조 과정을 살펴보니, 여기저기서 재작업이 진행되는 장면을 어렵지 않게 볼 수 있었다. 재작업이란 곧 불량을 바로 잡는 것이다. 특히 용접 후 공정에서 열 변형으로 철판이 설계와 다르게 휘어지면서 문제가 가장 많이 발생하고 있었다.

놀라운 것은, 직원들이 이런 재작업을 너무도 당연한 일로 받아들이며 '원래 그런 것'으로 여기고 있었다는 점이었다.

나는 조선에서 생산성을 높이는 첫 단추는 재작업을 줄이는 데서 시작되어야 한다고 판단했다. 고품질 확보는 현장의 부분적인 개선만으로는 불가능하다. 품질은 설계·구매·조립 전 과정이 동시에, 그리고 총체적으로 움직일 때 비로소 확보되는 것이다. 그래서 전사 조직에 "자신의 위치에서 반드시 해결해야 할 과제를 찾아 우선순위를 두고 개선하라"는 명령을 내렸다.

'평화롭고 무난하게' 하루를 보내던 사람들에게 변화를 요구하자, 곳곳에서 불만과 저항이 터져 나왔다. 그러나 그것이야말로 조직이 살아 움직인다는 증거라 생각했다.

한국 조선사를 바꾼 한 권의 책

어느 날, 미국에서 일하다 대우조선으로 스카우트되어 온 석인영 부사장과 깊은 대화를 나눌 기회가 있었다. 그 자리에서 나는 대우조선의 운명을 바꿀 중요한 열쇠 하나를 얻게 되었다. 석부사장이 미국에서 가져온《National Shipbuilding Research Program》(NSRP)이라는 전문 서적을 내 앞에 내놓으며 설명했다. "이 책의 요지는 미국이 더 이상 조선을 ship building(건조) 개념으로 보지 않고, ship production(생산) 개념으로 바라본다는 것입니다. 배 한 척을 100여 개 단면으로 나누어 각각을 생산하고 연결하는 방식으로 접근하는 것이지요." 조선공학 공부를 하고 미국 해군에서 십 프로덕션을 연구한 석 부사장의 설명은 간결했다.

그 말을 듣는 순간, 나는 아르키메데스가 목욕탕에서 물이 넘치는 것을 보고 부력의 원리를 깨달아 외쳤다는 고대 그리스어 "유레카!"(나는 찾았다!)를 나도 모르게 외쳤다. 내가 대우중공업에서 경험한 생산시스템을 머릿속에 그리며, 선박도 같은 공법으로 접근할 수 있다는 확신을 가진 것이다. 이것은 대한민국 조선사에 혁명적인 공정 개선이 시작됨을 의미하는 것이었다. 석인영 부사장에게 "전임 경영진에게 왜 이런 좋은 자료를 보고하지 않았냐"고 했더니 "말씀을 드렸지만 관심을 주지 않아서 추가 건의를 포기했다"고 답했다.

미국 의회는 자국의 조선공업이 날이 갈수록 몰락하는 문제를 타개하려고 청문회를 개최했다. 그리고 세계 각국의 유명 조선소를 다니며 자료를 수집하고 분석해 미국 조선공업이 나아갈 길을 제시했다. 그 내용이 몽땅 이 책에 담겨 있었다. 일본 IHI(이시가와지마 하리마 중공업)를 벤치마킹해서 모범답안을 만든 것이라고 하는데, 그야말로 보물처럼 생생하고 값진 조선공업의 노하우들이 고스란히 들어 있었다.

숨은 기술들이 고스란히 담겨 있었는데도 맙소사 그동안 이 책이 그야말로 햇빛을 보지 못하고 있었다니, 이런 기이한 일이 어디 또 있을까. 나는 당장 서완철 과장을 불러 책자를 넘겨주었다. 그리고 모든 다른 일에서 손을 떼고 원하는 인원으로 팀을 꾸려 최우선적으로 이 책자의 내용을 분석하도록 했다.

50명으로 팀이 구성돼 그 규모에 맞는 지휘를 할 수 있도록 서완철 과장을 바로 차장으로 진급시켰다. 그리고 곧이어 조직을 키워 더 많은 인원을 힘 있게 통솔할 수 있도록 부장으로 파격 승진시켰다. 특히 ship production의 개념에 주목하고 우리 조선소에 그 개념을 적용해 건조 공정, 생산과정을 총체적으로 다시 설계하는 방안을 만들도록 주문했다.

옥포 생산 시스템의 탄생

그렇게 해서 태어난 것이 OPSOkpo Production System였다. 서완철과 그의 팀은 내가 내어준 큰 방을 작업실 겸 숙소로 삼으며, 벽에 온갖 도표와 공정도를 빽빽하게 붙여 나갔다. 엄청나게 긴 백지를 펴서, 선박을 수주해 인도하기까지의 전 과정을 시간 순서대로 그려 넣었다. 각 단계마다 관련 부서를 표시하고 책임과 역할을 명확히 적어 넣다 보니, 하나의 방대한 조선 공정 지도, 일종의 '두뇌'를 만들어 낸 셈이었다.

아마 전 세계 어느 조선소도, 그때 우리가 만든 것만큼 선박 건조 전 과정을 체계적으로 분석한 자료를 갖고 있지는 않았을 것이다. 이 자료는 선박 건조에 관여하는 모든 조직의 역할을 한눈에 보여주는 경영 교본이자, 현장의 생생한 지혜가 응축된 설계도였다. 이 교본이 있어 경영진은 비로소 공정을 입체적으로 파악하고 필요한 결정을 신속하게 내릴 수 있는 수단을 확보할 수 있었다. (안타깝게도 훗날 내가 미국 캘리포니아에 공부하러 갔을 때 논문 자료로 쓰려고 이 OPS 원본들을 가져갔다가, 오가는 과정에서 그만 행방이 묘연해지고 말았다. 지금도 마음 한구석이 씁쓸한 대목이다.)

OPS는 선박 수주에서부터 인도에 이르기까지 전 과정을 관통하는 세밀한 매뉴얼들의 집합이다. 첫 단계인 제안서 작성부터 선주 앞에서 어떤 자료와 도표로 설명해야 하는지, 표준 양식과 필수 내용을 모두 규정해두었다. 이어서 가격 산정을 위해 자재 목록표, 즉 BOMBill of Material을 만드는 작업이 뒤따랐다.

자재 목록표는 조선사의 영업과 생산에서 가장 핵심적인 서류다. 놀랍게도 내가 부임하기 전까지 대우조선에는 이 BOM이 제대로 존재하지 않았다. 선주는 도면만 주고 떠나버리고, 회사는 그 도면을 토대로 '대략 이렇게 들 것'이라는 추산만을 반복해왔다. 실제로 내가 가기 전 회사는 시추선 한 척을 6천만 달러에 수주했다가, BOM 부재 탓으로 3천만 달러에 달하는 핵심 사양을 도면 속 문장 한 줄에서 놓치는 바람에 엄청난 손실을 본 적도 있었다.

조선에서의 자재는, 부족할 때 시장에 가서 사 오는 물건이 아니다. 선박의 특성상 자재 주문이 들어오면 그때부터 새로 제작해야 하는 것이 대부분이다. 그래서 건조 중간에 급히 자재를 주문하면 납품회사는 처음 견적보다 20~30% 높게 가격을 부르는 것이 관행이었고, 우리는 납기를 맞추기 위해 울며 겨자 먹기로 그 값을 치러야 했다. 수주한 많은 선박들이 적자로 전락하는 큰 이유 가운데 하나가 바로 이 문제였다.

그래서 내가 생각해낸 것이 '예량 구매'였다. 선박 수주와 동시에 자재를 함께 주문하는 방식이다. 선주와 계약 협상을 하는 동시에 회의실 옆방에 주요 부품 공급업체 담당자들을 대기시키고 자재 구매 협상을 병행했다. 그 시스템으로 수주받아 건조하기 시작하면서 한 건도 적자를 낸 배가 없었다. 그 후 조선소뿐 아니라 건설 분야 등 많은 산업에서 예량 구매 개념을 도입해 운용하고 있다.

줄을 다시 세우니, 인원이 남았다

선박이나 해양플랜트를 계약할 때, 선주가 우리에게 건네는 것은 결국 '이러한 성능의 배를 이런 크기로 만들어 달라'는 사양서 한 장이다. 이 사양을 해석하고 설계로 옮기기 위해서는 회사 내 모든 조직이 얼마나 유기적으로 협력하느냐가 관건이다. 그런데 그때까지 대우조선에는 이 전체를 총괄해 조율하는 기능이 사실상 존재하지 않았다.

대우중공업에서는 연구부서가 상품을 개발하면 그 지점에서 업무가 종료되지만, 대우조선에서는 선박이 인도될 때까지 연구·설계·자재·생산이 동시에 흐르며 완결되어야 한다. 설계 단계에서 자재가 함께 준비돼 제때 공급되어야만 공정이 끊김이 없이 이어지는데, OPS는 바로 이 유기적 연동을 가능하게 하는 시스템이다. 말은 단순하지만, 실무자들에게는 숨이 막히도록 힘든 과제였다. 그러나 전장에서 병사들이 피로할까 봐 작전을 생략하는 지휘관은 없을 것이다. 이 고통의 순간을 극복해야만 회사가 살고 조직원들이 더 강해지는 것이다. 사실 그처럼 극한을 요구하는 나의 마음도 그들만큼 힘들었다.

서완철은 나한테 처음 OPS 주문을 받을 때의 소회를 이렇게 술회했다. "처음에 지시를 받았을 때는 날카로운 기구로 쿡 찔리는 듯한 느낌을 가졌습니다. 당시 야드는 외주업체 포함 직원 32,000명이 뒤엉켜 자기 앞만 보고 자기 일만 하던 상태였습니다. 여기서는 계획대로 되는 일이 하나도 없었습니다. 계획하지 않았던 일들이 자꾸 돌출되기 때문에 안 맞을 수밖에 없는 것입니다. 그런 환경에 익숙해온 이 큰 조직을 하나로 엮어 관리해야 한다는 것이 과연 가능한 일일까 하고 간혹 회의도 가졌지만, 나는 아무리 힘이 들어도 해내야 한다고 생각했습니다. 지금까지

하지 못했지만 꼭 그렇게 해야 한다는 것을 알고 있었기 때문입니다. 그래서 사장님의 지시를 받는 순간, '아, 이제 마침내 제대로 굴러가기 시작하겠구나'라는 기대를 가졌습니다. 우리가 해야 할 일을 가장 간단하고 정확하게, 그러나 엄격하게 말씀하신 것이 이것이라고 생각했으니까요. 선배 임원들이 빈정거리면서 비협조적이었지만 나는 속으로 웃었습니다. 언젠가 이대로 될 테니 두고 보시라는 생각으로……"

OPS에는 조직 간에 어떻게 일해야 하고, 내가 무엇을 해야 하고, 그것이 어떻게 전체 조직과 연결되어 흘러가는지에 대한 내용이 모두 담겨 있다. 이 시스템은 뒤엉켜 있는 작업장을 깨끗이 걷어내고, 다시 줄을 세워 정돈하고, 새로 출발하는 것을 의미한다. OPS를 적용해 조직의 기능별, 작업자별 업무 내용을 분석하고 정리를 하니, 인원이 절반 이하로 줄어도 아무 문제가 없는 것으로 나타났다. 몇 차례나 다시 검토해봐도 틀림이 없었다. 그렇다면 그동안 그 많은 인원은 무엇을 했단 말인가. 답을 아는 만큼 허탈감도 컸다.

가짜 출근, 허수 인력의 민낯

나는 이 문제를 해결하기 위해, 임원을 가능한 한 거치지 않고 현장을 직접 다니며 직장급 직원들과 대화했다. "오늘 이 작업에는 실제로 몇 명이 필요한가?" 묻고, 그 숫자와 실제 투입 인원을 비교해보기 시작했다. 조사 결과, 어떤 작업장은 1,200명이 올라가 다닥다닥 몰려 일을 하는데, 현장 책임자인 직장이 파악한 최소 필요 인원은 340명 수준에 불과한 곳도 있었다.

나는 어느 날 직장들이 산정한 필요 인원만 작업장에 투입시키고, 나머지는 공정에 올라가지 못하도록 막아 보았다. 놀랍게도, 그날의 작업 진도는 오히려 더 잘 나갔다. 이것은 모든 작업 준비가 완벽하게 된 상태에서 꼭 필요한 인원만으로 그날 할당된 작업을 하라는 것을 의미했다. 그리고 어슬렁대거나 중단하거나 기다리지 말고 도면과 표준 작업지시서에 의해서만 작업을 하라는 주문이었다. 이 요구는 사실 말이 쉽지, 모든 조직이 유기적으로 생각하고 움직일 때만 가능한 무시무시한 주문이었다. 나는 그것을 잘 알고 있었다.

전사적으로 인원 상황을 검증하기 위해 더 촘촘한 조사를 시작했다. 먼저, 출근 인원과 구내식당의 실제 식사 인원을 대조해보니, 적지 않은 차이가 났다. 외주업체별로 도시락을 먹는 인원이 있다는 점을 감안하더라도 설명되지 않는 격차였다. 심지어 어떤 외주업체 간부는 도장이 수백 개 들어 있는 도장 통을 갖고 다니며, 실제 출근하지 않은 사람 명단에까지 도장을 찍고 있었다. 그는 다른 조선소에서도 같은 방식으로 '가짜 출근'을 조작하다 적발되었다.

급여 명세를 보면 한 달에 300~400시간에 달하는 시간 외 근무를 한 것으로 나타난 사람들이 무수했다. 어떻게 기본 근무시간 외에 하루 평균 10시간 이상을 초과 근무할 수 있단 말인가. 나는 믿을 만한 몇몇 간부들에게 왜 이런 문제가 생기는지, 또 이것이 부조리하게 조작된 일이라면 그러한 비리가 외주 외에 구매 같은 분야에서는 없는지를 조직이 동요하지 않도록 은밀하게 전사를 대상으로 조사해서 보고하게 했다.

6개월 동안의 조사 과정에서, 자신의 비리를 스스로 인정하고 조용히 회사를 떠나는 사람도 적지 않았다. 또 직무 분석 결과 잉여 인력으로 분류된 중간 간부들 역시 회사를 떠날 수밖에 없었다. 과장급 이상 간부 수는 1,200명에서 750명 수준으로 줄었다. 모두 함께 가지 못한 것은, 지금도 마음 아픈 대목이다. 인원 구조조정과 조직 정비가 진행되면서 회사 분위기는 서서히 차분해지고 안정되기 시작했다.

외주업체 사무실들은 조선소 곳곳에 무질서하게 흩어져 있었고, 심지어 돼지우리로 쓰였던 공간을 대충 개조해 사무실과 휴게실로 쓰는 곳도 있었다. 이런 구조 위에서 효율성을 기대하는 것은 무리였고, 무엇보다 근로자의 인권과 안전에도 어긋났다. 우리는 이 모든 환경을 정비해, 최소한의 품위를 갖춘 근로 환경을 마련하는 데에도 힘을 쏟았다.

함께 울며 헤어져야 했던 사람들

배를 선주에게 인도하기로 약속한 날이 다가오면 공사가 지연되는 것에 다급해진 경영진은 현장이 원하는 인원을 그때마다 대량으로 추가 공급해왔다. 이것이 그동안의 회사 관행이었다. 생산 방식을 바꾸거나 새로운 기술을 접목할 생각보다 훨씬 편하고 즉효가 나타나는 고통 없는 방법이 이런 인해전술이었던 것이다. 결코 생산적이지 못한 그런 처방이 누적되면서 대우조선은 계속 비만해지고 방만한 경영 상황이 연출되었다.

직능 분석을 해보니, 32,000명 직원 가운데는 허수가 많았다. 외주 인력들은 모두 시험을 거쳐 능력 위주로 6,000명을 엄선했고 본사 직원은 직무 분석에 따라 8,000명만 남겨 두었다. 대우 직원만 놓고 분석한 후, 과장에서 부장 사이를 대폭 줄이는 것으로 결정했다. 결과적으로 600명 정도의 사표를 받고 퇴직금에 위로금을 주기로 했다. 임원도 10여 명만 남기고 50여 명이 회사를 떠나게 되었다. 1년 만에 대우조선에서 일하는 사람 수는 14,000명으로 줄었다. 훗날 들은 이야기지만, 내가 1987년 대우조선을 떠난 지 2년 후에는 자연 감소 등으로 11,000명까지 줄었다. 하지만 생산성은 오히려 세계 최고 수준으로 높아졌다.

그 과정에서 이 고통스러운 인원 감축에 가장 앞장섰던 고기환 전무는 온갖 협박에 시달려야 했다. 하지만 그는 굴하는 법이 없었다. 나를 도와 대우조선의 르네상스를 여는 데 결정적인 기여를 한 고기환 전무의 용기와 불굴의 정신은 이 회사 역사에 기록되어 마땅하다고 생각한다.

내가 운이 좋았던 것은 그때 회사를 떠나야 했던 많은 외주업체 기능사원들 상당수가 때마침 건설 중이었던 광양제철소 현장으로 공백없이 흡수될 수 있었다는 점이다. 사람 수가 감소한 것은 경영상 외형적 소득이다. 그러나 내가 더 주목한 것은 달라진 직원들의 마음가짐과 정신세계인 내면적 소득이었다. 배를 건조하는 데 대량생산 시스템처럼 공정이 흘러가도록 하는 개념의 OPS는 그 성패가 전적으로 참여하는 사람의 마음에 달렸다. 그런데 그것이 달라진 것이다.

OPS의 바탕이 되고, 실행 과정에서 포장도로 역할을 한 것이 1년 앞서 시작했던 MAST 운동이다. 이 경영 혁신 운동으로 최고경영자의 방침이 모든 조직, 모든 조직원에게 흘러 내려가면서 넓게 전개되는 조직문화의 토양 아래 OPS는 꽃을 피우기 시작했다. 그리고 그 결실이 선박 건조의 공정 결과로 나타난 것이다. (MIPA와 MAST 운동은 그 후 대우건설 등 대우그룹 계열사 전체의 경영 혁신 운동을 거쳐, 국내 산업계에 식스 시그마 운동과 함께 경영 개선 운동으로 정착되었다.)

그러나 그 과정이 순탄했던 것만은 아니다. 변화에 대한 현장의 저항은 예상외로 강했다. 어떤 때는 '나 한 사람 빼고는 모두

가 저항하는 것은 아닌가'라는 생각이 들 때도 있을 정도였다. "모든 사람은 세상이 변하기를 원하지만 정작 자신은 바꾸려 하지 않는다"는 톨스토이의 말이나 "인간은 새 생각보다 오래된 고통을 더 좋아한다"는 도스토옙스키의 말을 굳이 인용하지 않더라도 인간이 현실에 익숙해지면 그곳으로부터 벗어나길 얼마나 두려워하는지는 우리 모두가 다 아는 사실이다.

나는 모든 발전이 변화로부터 나오고, 변화는 본능적인 저항을 불러일으킨다는 사실을 이미 여러 현장에서 경험해왔기에 크게 놀라지는 않았다. 다만 한 가지는 분명했다. 대우조선이 변하지 않으면 살아남을 수 없다는 것, 그리고 그 변화를 위해 김우중 회장이 나를 이곳으로 보냈다는 사실이었다. 그 사실 하나가, 나를 끝까지 버티게 해준 힘이었다.

무제한 회의

내가 상대해야 할 임원 대부분은 다른 조선소 출신의 베테랑들이었다. 그중에는 일제강점기 시절부터 조선 현장에서 일해온 분들도 계셨다. 스스로를 '장인'이라 여기는 그들은, 자신이 몸으로 익힌 지식과 관행을 절대 기준으로 삼았고, 외부의 제언이나 새로운 기술을 쉽게 받아들이지 않았다. 비과학적인 관행과 습관이 지배하는 그들의 영역에는, 최고경영자조차 함부로 발을 들이기 어려울 정도의 굳건한 배타성이 있었다.

공정을 고칠 때마다 나는 임원들의 반발에 부딪혀야 했다. 그때 가장 자주 들었던 말이 "사장님, 해봐야 안 됩니다"였다. 나는 대우중공업에서의 경험을 떠올리며, 간부들과의 '무제한 회의'를 결심했다. 아침 8시부터 밤 10시까지, 회사에서 가장 큰 공간에 과장급 이상 간부들을 모두 모았다. 내가 그들에게 요구하는 것이 왜 불가능한지, 논리적으로 설명하고 나를 설득해보라는 자리였다. 그 시간 동안 점심 저녁은 생략됐고, 화장실도 가지 않은 채 오직 토론에 몰입했다.

오후가 되면서 참석자들의 표정에는 피로와 함께 미묘한 변화가 나타나기 시작했다. 고집스럽던 주장에 힘이 빠지고, 분위기는 서서히 누그러졌다. 밤이 깊어질수록 그들의 얼굴에는 '사장님, 알겠습니다. 말 잘 들을 테니 이제 그만하시지요'라는 표정이 하나둘 떠올랐다. 자정 무렵쯤 나는 "오랜 시간 고생들 많았습니다. 이렇게 유익한 대화를 나누면서 여러분들의 동의를 얻을 수 있었으니 이제부터 우리가 한마음으로 나아갑시다. 내일 일과들이 있을 테니 오늘은 이 정도로 일찍 들어가 쉽시다"라고 말했다.

그렇게 회의를 마치고 나면 간부들은 질린 표정과 안도의 표정이 섞인 모습으로 집으로 향했다. 그리고 다음 날부터 회사 분위기는 눈에 띄게 달라지기 시작했다. 고집스럽게 변하지 않던 오랜 관행들이 하나씩 깨졌다. 회사는 마침내 거대한 몸을 조금씩 앞으로 움직이기 시작했다.

솔직히 말해, 회의 자리에서 때로는 나도 '억지'를 부렸다는 것을 안다. 내가 모든 것을 다 알고 있어서 고집을 부린 것은 아니었다. 현장의 기술자들보다 내가 더 많이 알고 있을 수는 없다. 다만, 끊임없이 과제를 던지고 답을 찾도록 압박함으로써, 회사의 전문가들이 스스로 해답을 찾아내게 만들고 싶었다. 회의를 마치고 집으로 돌아갈 때면 '오늘 너무 몰아붙인 것은 아닐까' 하는 미안함이 밀려올 때도 많았다. 하지만 다음 날 회의에서는 그런 약한 마음을 티 내지 않으려 했다. 내가 한발 물러서면, 우리가 나아가야 할 길은 그만큼 더 멀어지기 때문이었다.

기술 자립과 공정 개선은 우리 생존과 직결된 문제였다. 다행스럽게도 함께 일했던 관리직과 현장 엔지니어들은 시간이 지나면서 내 가혹한 요구에 반발하기는커녕 오히려 신명 나게 따라와주었다. 그 점은 지금도 고맙게 생각한다.

선진 조선소에서 얻은 소중한 배움

한편으로 나는 일본의 조선소를 찾아가 배우는 일을 게을리하지 않았다. 일본 출장을 갈 때면 엔지니어 대여섯 명과 항상 동행했다. 나는 일본 사람들에게 끊임없이 질문을 던져 상대방의 시간을 붙잡아 두었고, 그사이 동행한 엔지니어들은 조선소를 돌아다니며 눈으로, 손으로, 온몸으로 배웠다.

가장 인상적이었던 것은, 일본 조선소의 블록들이 녹슬지 않고 깨끗하게 정리되어 있다는 점이었다. 우리 옥포 야드의 블록들이 시뻘겋게 녹이 슨 채 방치되어 있는 모습과는 전혀 다른 풍경이었다. 비결을 물어보니, 블록 제작 후 바로 1차 프라이머 페인트를 도포해 녹을 방지한다는 것이었다. 녹 제거라는 손이 많이 가는 작업을 사전에 차단하는, 효율적인 시스템인데 왜 우리는 안 하고 있을까.

돌아와 확인해 보니, 더 근본적인 문제가 있었다. 앞서 말한 대로 우리는 용접 후 열 변형이 심해 블록끼리 조립할 때 맞지 않는 경우가 많았고, 그 때문에 재가열·재조립 과정에서 1차 도장이 모두 타버리기 일쑤였다. 이런 기본 공정 안정화 없이 프라이머만 따라 한다고 해결될 문제가 아니었다.

그래서 아예 '용접연구실'을 따로 두고, 열 변형의 방향과 정도를 분석해 그 결과를 설계에 반영하도록 했다. 연구원들은 끝내 그 답을 찾아냈고, 우리는 변형을 예측·보정하는 설계를 바탕으로 블록을 만들 수 있게 되었다. 그제야 일본처럼 초벌 페인팅 작업을 적용할 수 있게 되었고, 이는 공정 단축과 품질 개선에 큰 도움을 주었다. 그 과정에서 보여준 대우조선 연구원들의 실력과 헌신은 늘 자랑스럽다.

CO_2 용접 방식 도입도 마찬가지였다. 기존 아크 용접기는 고

압 전류를 쓰는 장비여서, 작업자마다 굵은 전깃줄을 끌고 다녀야 했다. 작업장 위를 올려다보면 수십, 수백 가닥의 전선이 거미줄처럼 얽혀 있었고 사람들은 그 사이를 비집고 다녔다. 넘어지거나 감전 사고가 나는 것은 어찌 보면 당연한 일이었다. 일본 조선소들은 이미 훨씬 안전하고 효율적인 CO_2 용접기를 사용하고 있었다.

우리는 큰돈을 들여 CO_2 용접기를 도입했지만, 정작 반대에 나선 것은 노조였다. 연탄가스인 일산화탄소CO와 탄산가스 CO_2의 차이를 구분하지 못한 일부 노조 간부들은 "연탄가스에 중독될 수 있다"며 극렬히 반대했다. 과학적 사실과 안전성을 설명하고 설득하는 데 꼬박 1년이 걸렸다. 그 1년 동안 지연된 공정과 기회비용은 숫자로 따질 수 없을 만큼 아까운 시간이었다.

일본에서 배워온 것 가운데 또 하나 중요한 것은, 블록에 거미줄처럼 매달려 있던 발판(아시바)을 없애고 크레인으로 대체한 일이었다. 겉보기에는 사소한 변화처럼 보이지만, 발판 작업을 줄인 것은 공정 단축과 안전사고 예방에서 혁명적인 효과를 가져왔다.

세계 조선사에 새 기록을 새기다

내가 부임했던 1985년, VLCC 한 척을 대우조선에서 건조하려면 통상 24개월 이상이 필요했다. OPS를 도입하고 공정별로 미진한 곳에 인력을 적절히 재배치하면서 전체 공정 속도를 맞추자, 건조 기간이 9~10개월 수준으로 줄어들었다. 세계적으로도 유례를 찾기 어려운 성과였다.

맨아워man-hour, 즉 '한 사람이 한 시간 동안 수행한 노동량' 기준으로 보면 더 분명하다. 1985년 VLCC 한 척을 짓는 데 평균 240만 맨아워가 들었다. OPS와 각종 공정 개혁을 도입한 이후에는 같은 급의 선박을 54만 맨아워 정도면 건조할 수 있게 되었다. 줄어든 맨아워는 그대로 수익으로 쌓였다. 그 이후 삼성, 현대도 비슷한 시스템을 도입해 따라오기 시작했다.

일본은 39만 맨아워라는 수치를 내세우며 우리보다 효율적이라고 주장했지만, 그것은 외주 공정을 제외한 숫자였다. 대우조선의 54만 맨아워에는 외주 노동까지 모두 포함되어 있었다. 같은 기준으로 비교한다면, 대우조선의 생산성이 더 높았다고 자신 있게 말할 수 있다. 현대중공업에서 우리 방식을 배우고 싶다며 협조를 요청해왔고, 우리는 시스템 개선과 장비 활용 노하우를 아낌없이 공유했다. 그들은 VLCC 전용 도크까지 건설하며 도전했지만, 우리 수준을 완전히 재현하는 데는 끝내 실패했다는 이야기를 나중에 들었다.

나는 그 차이가 단순히 시스템과 장비의 문제가 아니라고 생각한다. 같은 기법을 적용해도 종업원들의 자세와 정신세계가 다르면, 효율은 그대로 재현되기 어렵다. 같은 나무라도 어느 땅에 심느냐에 따라 귤이 될 수도 있고, 탱자가 될 수도 있다. 체질과 환경, 그리고 지도자의 간절함은 결코 같은 수준일 수 없다.

내가 부임할 당시, 깊은 수렁에 빠져 빈사 상태의 코끼리 같았던 대우조선은, 내가 떠난 지 불과 3년 만에 흑자 원년을 기록했다. 종업원들이 감격의 눈물을 흘렸다는 이야기를 멀리서 전해 듣고, 나 역시 가슴 깊은 곳에서 묵직한 감정이 올라왔다. 사랑하는 가족과 떨어져 옥포에서 수많은 밤을 지새우며 도전과 극복의 길을 걸었던 시간 끝에 마침내 영광스러운 성과를 확인했을 때, 묘한 안도감이 내 마음 깊은 곳에서 솟아올랐다. 대우조선을 환자에 비유하자면, 나는 그저 맥을 정확히 짚고 알맞은 자리에 침을 놓았을 뿐이라는 마음도 들었다.

한편, 밖으로는 국내 조선소 간 과당 경쟁을 완화하기 위한 이른바 '챔피언 제도'가 마련되었다. 상공부 주재 회의에서 도크 사이즈별로 현대·대우·삼성·조선공사가 5:3:1:1의 비율로 해외 수주 일감을 나누고, 수주 잔고가 낮은 회사부터 일감을 가져가자는 합의가 그것이다. 이로써 무리한 덤핑 수주 경쟁이 점차 줄어들었다. 약속을 어기면 수출금융 등의 제재를 받도록 해 일정한 질서를 세웠다. 오늘의 시각에서 보면 반독점 규제에 저촉될 수 있다는 논란이 있을지 모르지만, 당시로서는 국제입찰 시장에서 우리 스스로 무너지는 일을 막기 위한 최소한의 자구책이었다.

대우조선이 그 후 세계 최우수 조선소로 인증을 받아 최우량 고객만 골라서 수주하고, 세계 각국으로부터 많은 선주들과 유력 조선사 경영진이 방문 러시를 이루고, 미국 조선협회가 성공 사례의 연구 대상으로 삼았다는 소식을 들으면 내가 겪은 고통, 내가 닦은 길이 결코 헛되지 않았다는 가슴 뿌듯한 자부심을 느낀다.

그러나 분명히 밝히지만, 이 모든 영광은 결코 내가 이룬 것이 아니다. 나를 도와 변화를 이끌면서 온갖 위협과 저항의 파도를 견디고 신념 속에 정진해준 모든 분들이 이룩한 국가적 소득이다. 내 재임 중 나를 믿고 따라준 대우조선의 임직원들과 현장 근로자들의 헌신적인 노력과 희생이 이룩한 업적이다.

그리고 후회되는 일들

변화에는 언제나 원치 않는 고통이 뒤따른다. 인원 감축과 체질 개선이 한창 진행되던 시기, 나는 노동 생산성을 한층 더 끌어올리기 위해 내핍 경영을 강화했다. 당시 현장 근로자들은 아침 8시에 출근해 관행적으로 4~5시간의 시간외근무를 하는 것이 당연한 구조였다. 그런데 실제 공정 진도를 살펴보니, 추가 근무 시간대의 생산성이 생각보다 높지 않았다. 어느 날, 나는 과감하

게 모든 시간외근무를 중단하고, 오후 4시가 되면 모두 퇴근하도
록 조치했다.

당연히 불만이 터져 나왔다. 소득이 30% 이상 줄어들고, 갑자
기 저녁 시간이 비어버린 노동자들은 할 일이 없다고 하소연했
다. 옥포 시내 상인들의 불만도 커졌다. 소비가 줄어들어 지역 경
제가 흔들리기 시작한 것이다.

그 무렵, 88서울올림픽을 앞두고 민주화 바람이 거세게 불고
있었다. 울산과 거제 같은 산업벨트를 중심으로 노동운동의 열
기가 높아졌다. 일부 종교계와 민주노총이 근로자들의 아파트
단지 안으로 스며들어 야간마다 교육과 조직화를 진행했다. 마
침내 1987년 여름, 울산과 거제의 노동자들이 일제히 행동에 나
섰다. 대우조선 노조는 조선소 본부와 야드를 점령하고, 옥포의
주요 도로를 막아선 채 거센 시위를 벌였다.

그리고 일어나서는 안 되는 비극이 터졌다. 경찰 진압 과정에
서 노조원 이석규가 최루탄에 맞아 사망한 것이다. 국내 언론은
물론, CNN을 비롯한 세계 유수 언론이 이 사건을 집중 보도했
다. 옥포는 순식간에 '한국 노사분규의 진원지'로 국제 뉴스에 오
르내렸다. 노사 협상은 폭력과 분노의 기운 속에서 쉽사리 진전
을 보지 못했다.

미국에서 급거 귀국한 김우중 회장이 사태를 수습했지만, 회사
가 입은 상처는 단지 천문학적인 경제적 손실에 그치지 않았다.

그동안 어렵게 쌓아온 상하 간 신뢰와 조직의 질서가 단기간에 회복하기 어려울 정도로 무너졌다.

시간이 어느 정도 흐른 뒤, 나는 조용히 그 시기를 복기해보았다. 중견 직원들의 퇴직에 따라 추가로 지급한 위로금은 430억 원이었다. 그런데 임금 절감액을 계산해보니 700억 원에 이르고 있었다. 현장 인원을 줄였음에도 작업량은 예전과 다름없이 유지되었으니, 남은 인력에게 그 일부를 돌려주는 방식을 미리 고민했더라면 어땠을까 하는 생각이 들었다. 임금 절감을 순전히 재무적 성과로만 바라보지 않고, 남은 사람들의 사기 진작과 장기적 신뢰 회복에 더 과감히 투자했더라면, 노사 갈등의 양상도 조금은 달라졌을지 모른다. 그 부분은 지금도 마음 깊이 후회가 남는다.

비록 당시의 시대 상황이 연출한 불행한 사태라, 어찌 보면 태풍이 불 때 우산으로 비를 막을 수 없는 것과 같은 격이었지만 지금 되돌아보면, 그들의 어려움을 깊이 헤아리지 못한 것은 아쉬운 부분이다.

대우조선을 떠나며

대규모 노사분규의 홍역이 휩쓸고 지나간 후 김우중 회장이 직접 대우조선의 방향타를 잡았다. 나는 그에게 바통을 넘기고 옥포를 떠났다. 비록 박수 속에 떠나지는 못했지만 2년 반 동안 선박 건조 공정을 뿌리부터 바꾸고, 시스템으로 돌아가는 조직으로 바꾸기 위해 쏟아부은 노력이 결국 대우조선을 세계 최고 수준의 조선소로 성장시키는 밑거름이 되었다는 사실에는 지금도 조용한 자부심을 느낀다.

이 회고록을 집필하던 어느 봄날, 조선일보에 실린 한 기사를 우연히 읽었다. '10대 용접공이 50대 달인이 되는 사이, K-잠수함도 세계 톱8이 되었다'는 제목의 기사였다. 기사의 주인공은 지금 거제 한화오션 조선소에서 근무하는 기원이었다. 그는 고등학교를 졸업하고 내가 사장을 맡고 있던 당시 19세 나이로 대우조선 직업훈련소에서 일을 배우기 시작해, 지금까지 건조하기 매우 까다로운 잠수함 10여 척과 이지스함 등 다양한 함정의 제작에 헌신해왔다고 한다.

비록 내가 기억하는 이름은 아니지만 내가 만든 사내 직업훈련소에서 기술을 배우고 닦은 후, 이처럼 국가적으로 자랑스러운 일을 해왔다는 것은 내가 왜 대우조선에서 젊음을 불태우며 열정적으로 일했는지를 결과로 보여주는 작은 증거라고 하겠다.

1993년, 나는 대우중공업 부회장을 맡게 되었다. 조선과 중공업의 합병이 임무였다. 조선 경기는 파도가 심해 업황의 기복이 크고, 중공업은 비교적 안정적으로 이익을 내고 있었다. 이런 두 회사를 하나로 묶어 조선 부문의 불안정성을 완화하려는 전략이었다. 두 회사의 가치를 어떻게 평가해 합병 비율을 정할 것인가 하는 문제는 쉽지 않은 과제였다. 합병 후 나는 대표이사 회장을 맡아 다시 합쳐진 대우조선을 바라보는 위치에 서게 되었지만, 그때는 현장의 세부 경영에는 직접 관여하지 않았다.

옥포에서 보낸 2년 반 동안 갈등과 성취, 그리고 기쁨과 후회를 겪으면서 나의 경영 인생은 더 단단해진 느낌이었다. 육지에서의 임무를 마치고 바다로 나아간 나는, 또 한 번 지도에 없는 항로를 따라 대우조선호를 타고 도전의 항해를 이어 갔었던 것이다.

제6장

한국중공업

민간기업에서 공기업으로의 선회

어떤 문제가 생겼을 때 나는 일반 상식에 근거해 사고하지 않고, 문제를 근원에서부터 생각하고 해법을 찾는 길을 좋아한다. 맹목적으로 기존의 방법이나 처리 과정에 얽매이지 않고 '무엇이 최선일까', '다른 방법은 없을까'를 끊임없이 자문한다. 대개의 경우, 그렇게 하면 문제의 본질을 파헤칠 수 있게 되고 차원 높은 해법을 얻을 수 있었다.

미국의 과학저술가 스티븐 존슨은 "현명한 결정을 이끄는 것은 직관이 아니라 합리적 심사숙고"라고 했는데 나는 이 말을 존중하고 공감한다. 바로 이런 나의 문제 해결 방법이 가장 크게 빛을 본 것은 한국중공업 경영을 맡았을 때였다.

한국중공업 사장 공모에 제안을 받은 것은 내가 대우에서 마지막 직책인 대우아메리카를 맡아 미국 뉴저지에 간 지 얼마 안 된 때였다. 1997년 말 김우중 회장은 그룹 내 창업 1세대들은 모두 후진에게 경영을 맡기고 세계 경영에 앞장서라며 회장급 전원을 해외로 내보냈다. 나도 1998년 1월 미국으로 갔는데 4월 상공부 김홍경 차관보가 연락을 해왔다. "국가를 위해 헌신할 생각이 없으시냐, 한국중공업 사장 공모에 참여해보면 어떠냐"는 의사 타진이었다.

그 말을 듣는 순간 이 문제는 내가 혼자 결정할 사안이 아니라는 생각이 들었다. 나는 아직 대우에 몸을 담고 있고, 아직은 나의 임면권자가 김우중 회장이기 때문에 우선 그의 의견을 듣는 것이 필요했다. 형식적으로는 공기업 사장을 공모하는 것이지만 대개는 정부가 적임자를 찾아 검증한 후 거의 내정 상태에서 절차를 진행하는 것이 당시의 관행이었다. 따라서 내가 확답을 하면 크게 결격사유가 없는 한 공모 절차가 그대로 진행될 가능성이 컸다.

김홍경 차관보에게 답변을 미루고 간접적으로 김우중 회장께 여쭤보았다. 김우중 회장은 한참을 침묵하다가 "그곳에서도 한번 큰 성취를 이뤄보라"는 답을 하셨다고 전해 들었다. 급거 귀국해 면접을 치르고 다음 날 한국중공업 사장에 선출되었다는 통보를 받았다. 마침내 민간기업에서 뼈가 굵어진 내가 지금까지 한 번도 걸어보지 않았던 공기업 경영자의 길에 들어서게 된 것이다.

내가 경영을 맡았던 대우중공업, 대우조선, 한국중공업 이 세 회사는 분야도 다르고 사회적 위치나 존재의 성격도 전혀 달랐다. 하지만 각각의 자리에서 내가 추구했던 가치들을 마음껏 이뤘다는 점에서는 공통점이 있다. 그러나 결론부터 말하자면, 한국중공업 사장은 내 인생에서 그때까지와 (긍정적으로) 전혀 다르고 더 가치 있는 경험을 하게 해주었다.

혹독한 통과의례

물론 한국중공업에서 소중한 성취를 이루기까지의 과정은 순탄하지만은 않았다. 1998년 4월 29일 한국중공업 사장으로 부임했을 때 어느 정도는 각오하고 들어간 길이었지만, 그 첫걸음은 예상을 훨씬 뛰어넘는 격랑 속으로 내딛는 일이었다. 이 회사의 노조는 이미 우리나라 '3대 강성 노조' 중 하나로 알려져 있었고, 나에 대한 경계심은 마치 오래된 불신의 그림자처럼 회사 안을 짙게 드리우고 있었다. 과거 대우조선 사장 시절, 경영 정상화를 위해 단행했던 구조조정이 '잔인한 해고'라는 악의적인 루머로 덧칠되며 나를 더욱 고립시켰다.

그러나 나는 그 모든 오해 앞에 피하거나 돌지 않고 정면으로 나서기로 했다. 내가 지나온 발자취를 가감 없이 드러내며, 노조의 의혹과 질문에 하나하나 답했다. 대립은 내 성정이 아니었지만, 앞으로 넘어야 할 더 큰 산을 생각하며 나는 내 자신의 진심을 무기로 삼았다. 투명함이야말로 가장 강한 방패라는 것을, 나는 그때 다시금 깨달았다.

혹독한 통과의례를 거쳐 업무를 시작하며 조직을 들여다본 나는 깜짝 놀랄 수밖에 없었다. 7개의 본부는 각각이 제국처럼 움직이고 있었고, 사장은 그 위에서 '명예롭고 위대한 존재'로 여겨지고 있었다. 인사도, 예산도, 영업도 모두 본부장의 손에 있어서 본부장들은 각자 완결된 작은 왕국을 경영하고 있는 모습이었다. 회사 조직이 본부별로 분파되어 있다 보니, 직원들 간의 정신적인 공통분모가 없고 조직이 방만하게 운용되고 있었다.

나는 그것이 '비효율'이라는 말로는 부족한, 기업의 생명줄을 갉아먹는 구조라는 것을 직감했다. 그래서 조직을 통째로 뒤집기로 결심했다. 기능 위주로 조직을 통합하고 기구를 재구성한 것이다. 6개월 만에 전광석화처럼 시스템을 바꾸고, 중복 기능을 통합했으며, 제도를 새로 세웠다. 속전속결이었고, 냉정할 만큼 단호한 결정이었다. 회사 업무를 서둘러 장악해야 했기 때문이었다.

그러나 그런 변화에는 아픔이 따를 수밖에 없었다. 나는 또 다

른 통과의례를 겪어야 했다. 불행하게도 중복된 기능들이 합쳐
져 조직이 축소되면서 잉여 인력이 쏟아져 나오게 된 것이다. 상
당히 많은 수의 중간 간부들을 정리할 수밖에 없었던 것은 보통
가슴 아픈 일이 아니었다. 그들은 모두 누군가의 아버지, 아들,
형제였고 가정을 책임지는 가장들이었다.

나는 그들에게 1년이라는 유예 기간을 두고 전직의 시간을 주
며 별도의 경제적인 배려도 했지만, 그들 대부분은 집단 소송으
로 맞섰다. 회사를 상대로, 나를 상대로 싸움을 걸어왔다. 대법원
까지 가는 4년간의 법정 다툼은 나나 그들에게 모두 괴로운 길이
었다.

결국 조직개편으로 인한 해고는 불법이 아니라는 판결을 받아
회사가 승소했지만, 그래서 회사는 가벼운 발걸음으로 새출발
을 할 수 있었지만, 회사가 그들과 헤어지고 다퉈야 하는 모습을
지켜보는 내 마음은 결코 편하지 않았다. 나는 서류상의 승소와
는 달리 쓰디쓴 패배감을 느꼈다. 회사는 이겼지만, 나는 마음속
으로 졌다. 회사가 경영 합리화를 위해 그들과 함께 갈 수 없다는
것은, 나에게도 그들의 고통에 버금가는 아픔을 안겨주었다.

새 일꾼들과 새출발

세상을 바꾸는 일은, 언제나 '작은 불씨'를 알아보는 사람에게

서 시작된다. 내가 어느 조직을 맡든지 우선적으로 하는 일은 그 작은 불씨를 알아보는 사람을 찾는 것이다. 업무를 파악하는 과정에서 짧은 시간이지만 눈여겨보았던 임원들을 중용했다. 건설 대외사업을 맡았던 이창식 부사장, 기획 담당 김동환 전무, 나중에 발전설비 일원화에 공이 큰 김기진 이사 등은 내가 부임한 후 퇴임 때까지 나를 헌신적으로 도와준 임원들이다.

발전사업 해외영업실에서 인도 시장을 맡고 있던 김동규 대리도 업무 보고 과정에서 눈에 띄어 나의 호출을 받았다. 거대한 비서실을 김동규 대리 중심의 실무형으로 바꾸고, 주말까지 하루도 쉬지 않고 촘촘하게 진행되는 나의 대내외 일정을 모두 수행토록 했다. 시간이 지나면서 차츰 능력 있고 신뢰성 있는 사람들을 더 많이 발굴하고, 이들과 함께 의기투합해 회사를 새롭게 빚어 나갔다.

그동안 임원들이 사장의 결재를 받아오던 관행을 벗어나, 기안을 한 사람이 직접 보고를 하고 결재를 받도록 하면서 하의상달을 유도했다. 이 방법은 내가 새로운 자리에 갈 때마다 사용하는 방법인데 늘 회사 내 생생한 목소리를 듣는 기회가 되었다. 이 과정을 통해 유능한 하급 직원들을 발굴할 수 있었고 관리상 투명성도 확보할 수 있었다. 경직됐던 회사의 분위기가 아래서부터 꿈틀대는 느낌을 받기 시작하면, 그것은 이런 경영 방법이 효과를 나타내고 있다는 증거이기도 했다.

부임 후 정치권을 비롯한 외부 기관에서 가장 많이 받은 민원은 구매·입찰에 관한 것이었다. 왜 이렇게 난리들인지 궁금해 제도를 살펴보니 문제가 심각했다. 오래전 입찰 참여 자격을 받은 등록업체가 250군데였는데 이들 업체와 한 번 계약을 맺으면 아무리 더 나은 신생 업체가 나와도 입찰에 진입할 수 없는 구조였다. 기존 업체와 매년 물가상승률만큼 가격을 올려주고 자격을 유지해주는 바람에 일부 분야에서는 그들만의 잔치가 벌어지고 있었다.

나는 당장 이 입찰제도의 시행을 정지시켰다. 그리고 일단 자격이 되는 모든 회사에 문호를 개방했다. 일순간에 950개의 업체가 심사를 거쳐 등록을 했다. 가격과 품질만 맞으면 모두 참여할 수 있도록 문을 열어 경쟁을 시키니 1, 2, 3위 모두 새로 들어온 업체가 차지했다. 하물며 기존 업체보다 가격이 비교할 수 없을 정도로 낮은 경우도 있었다. 그 결과 부임 첫해에만 구매 분야에서 2천억 원 이상을 절감하는 효과를 가져왔다.

회사는 당시 11가지 아이템을 생산하며 매출을 올리고 있었지만, 실적은 부서마다 천차만별이었다. 나는 세밀하게 살펴보고 임원들과 의논한 끝에 이 가운데 네 가지에 집중하기로 했다. 원전, 보일러, 터빈, 그리고 담수화 설비가 그것이다. 특히 담수화는 내게 사명처럼 다가왔다. 물 없는 땅에 생명을 전하는 일, 그것은 단순한 설비의 수출이 아니라 한 나라의 내일을 바꾸는 일이었다.

가까운 미래에 수요가 발생하거나 우리가 수요를 창출할 수 있는 것들 위주로 선정했다. 나머지들은 점차 사업을 정리하는 방향으로 정책을 정했다.

새로운 시도, 새로운 희망

네 가지 집중 육성 대상 사업 가운데 하나인 담수화 설비는, 결과론적 이야기지만 대성공해서 내 임기 중에 이미 한국중공업이 세계 담수화 설비의 40%를 만드는 위치에까지 올랐다. 물을 끓여 나온 스팀으로 터빈을 돌려 전기를 만들고, 그 폐열을 이용해 다시 물을 21단계로 증발시키면 담수가 생긴다.

담수화 설비를 지을 때 열역학 기술과 역삼투압 기술 두 가지를 섞는 하이브리드 공법이 있다. 이 공법으로 하면 바닷물 중 미네랄 부분을 일정 부분 남아 있게 만들어 그것을 증류수와 섞어 음료수를 만들 수 있다. 역삼투압으로 만든 물 37.5%와 증류수 62.5%를 섞으면 이상적인 음용수가 된다. 이 기술은 우리나라만 갖고 있는 고유 기술이다.

이 기술이 등장한 후 담수화 설비 시장에서 경쟁력을 잃은 이탈리아, 프랑스, 일본, 스페인 등 모든 경쟁 회사들이 담수화 사업들을 다 접다시피 했다. 주로 사우디, 오만, 아랍에미리트UAE 같은 중동 국가들이 시장이었다. 지금도 한국중공업이 만든 담수화 공장에서 만든 담수가 이들 나라의 식수와 생활용수의 최대 60%까지를 책임지고 있다. 담수화 설비 덕에 이들 나라는 수자원을 더 이상 사막의 오아시스에만 의존하지 않게 된 것이다.

그 사례 하나가 움 알 나르 프로젝트다. 아부다비의 세이크 자에드 전 국왕이 신장암 수술 차 스위스를 거쳐 미국으로 가기 전, 자신이 살아서 돌아올 수 있을까 하는 마음으로 주변을 둘러보다가 대추야자 나무가 말라 죽어 있는 것을 발견했다. 왜 죽었냐고 물으니, 물이 부족해 죽었다는 답을 들었다. 국왕은 물이 없어서 생물이 죽는 일은 없도록 하려고 제이드 프로젝트라는 그린화 사업에 많은 것을 퍼부었고 그 사업이 성공했다는 보고를 받았던 터였다. 그런데 실상은 달랐던 것이다. 그는 진노하여 왕자들을 나무라고 1년 안에 물 부족을 해결하라고 엄명을 내렸다. 왕실에 비상이 걸린 건 당연했다.

이들은 세계 곳곳의 유명 회사들을 찾아다니다가 마침내 한국중공업을 찾아왔다. 그리고 수의계약으로 1년 내 물을 만들 수 있는 담수화 설비를 만들어 달라며 거액을 제시했다. 그러나 회사 내 담당자들은 납기를 지키지 못하면 지체금이 엄청난 데다 이런 공사는 해본 적이 없으니 안 되겠다며 부정적이었다. 나는 책임을 묻지 않을 테니 도전해보라고 했다. 더구나 수의계약이라면 이익도 많이 남을 테니 방법을 찾으면 될 거 아니냐고 독려했다. 이 사업에 도전해서 마침내 1년 안에 물이 나오게 했고, 공사비는 통상보다 30% 이상 많이 받을 수 있었다.

내가 부임하기 전 수출했던 소규모 담수화 설비들은 자재를 중동에 싣고 가 뜨거운 햇볕 아래서 용접하고 조립하여 설비를 완성한 후 수밀검사(물이 새는지 검사), 수압 검사 등 각종 검사까지 현장에서 해야 했다. 현장을 다녀온 후 나는 수익도 중요하지만 현장 근무자들이 열사와 싸우며 고생하던 모습이 눈에 아른거려 마음이 편하지 않았다. 이들의 고충을 덜어주고 회사의 수익도 함께 올릴 방법이 없을까 고심했다.

나는 한 가지 마음속 숙제가 생기면 나도 모르게 몇 날 며칠을 그 생각에 집중하는 습관이 있다. 그리고 이 습관으로 마침내 해결 방법, 새로운 아이디어를 문득문득 얻는 경우가 많았다.

어느 날 해법이 하나 떠올랐다.

과거 대우 조선 사장 시절, 선박의 상층부를 조립하기 위해 하부가 완성되기를 기다려 순차적으로 쌓아 올리는 모습을 보면서 들었던 생각이다. 당시 왜 우리는 900톤 크레인이 있는데 상층부를 지상에서 미리 조립해 통째로 올려놓을 생각을 하지 않는지 궁금했었다. 물론 대부분의 현장 인력들은 과거로부터 해오던 관행을 중시하고 변화를 싫어해, 내 제안에 대해 안 되는 이유들을 늘어놓았다.

그럴 때면 나는 신뢰하는 엔지니어 몇 사람에게 내 아이디어를 설명하고 실천할 방법을 찾아보라고 숙제를 내준다. 그리고 몇 번의 회의를 통해 상황을 점검하면서 내가 지원해줄 것이 무엇인지를 파악하고 힘을 보태준다. 그러면 대개의 경우 그들은 엄청난 결과들을 내 앞에 가져온다. 내가 기대했던 것 이상의 놀라운 개선안을 찾아내는 경우가 허다했다.

대우조선에서 900톤 크레인을 활용하는 방법에 대해서도 현장의 엔지니어들은 결국 내 아이디어대로 지상에서 조립 후 구조물 블록을 만들어 통째로 올려 조립하는 공법을 개발했다. 그리고 그것은 원가를 혁명적으로 낮추는 엄청난 소득을 탄생시켰다.

바로 그 경험을 담수화 설비 수출에도 적용하면 어떨까 하는 생각이 어느 날 문득 머릿속에 떠올랐다. 나는 출근하자마자 회사의 핵심 엔지니어 임원인 구성모 상무(당시)를 불렀다. 그리고 대우조선의 사례를 설명하며 "우리가 담수화 설비를 회사에서 제작하고 각종 시험까지 모든 공정을 마친 후 배에 싣고 가 현장에서 설치만 하면 어떻겠냐"고 물었다. 늘 집요하고 도전적인 구성모 상무는 "그 공법을 채택하려면 리스크가 많은데 어떻게 해결할지 깊이 궁리해보겠습니다"라고 말했다. 내가 책임질 테니 망설이지 말고 한번 해보자고 독려해, 실천으로 옮겨졌다. 창원에서 담수·발전 플랜트를 통째로 조립해 바다로 실어 보내는 '원 모듈 공법'이 국내에서 처음으로 시도되는 것이다.

도전이 주는 난제 풀기

그러나 늘 그렇듯이 이번 도전에도 생각은 이상적이지만 현실은 험난했다. 거대한 설비를 어떻게 운송할 것인가. 크레인도, 부두도, 선박도 걸림돌이었다. 그러나 나는 난관들을 늘어놓고 이런저런 이유로 안 되겠다고 포기하는 것을 체질적으로 싫어한다. 가볍게 생각해서 해결할 수준이 아니었지만, 나는 하나하나 장벽을 넘는 방법을 찾도록 직원들을 독려했다.

거의 축구장 넓이의 거대한 설비를 만들었을 때 처음으로 닥친 큰 난관은 어떻게 실어 갈 것인가 하는 수송 문제였다. 우선 지상에서 배에 옮겨 싣는 것도 문제지만 크기가 가로세로 각각 30~90m에 높이가 35m에 달하는 엄청난 크기의 설비를 싣고 갈 선박을 찾는 것도 문제였다. 그리고 수송 중에 발생할지도 모를 사고에 대비한 보험을 드는 것도 쉬운 과제가 아니었다.

우선 선박은 전 세계를 수소문한 끝에 중국에 그런 배가 하나 있다는 것을 찾아냈다. 제2차 세계대전 때 탱크를 나르기 위해 만든 특수 선박인데 물건을 실을 때 배가 아래로 가라앉았다가 선적 후에 다시 떠오르게 되어 있었다.

다음은 그 선박을 접안할 부두를 만드는 일이었는데 그 일은 순조롭게 진행되었다. 바퀴 100여 개가 컴퓨터로 제어되는 특수 운반 차량을 빌려와서, 제작된 담수화 설비를 싣고 부두에 가서 중동까지 싣고 갈 배에 옮겨 실었다. 흡사 미국의 우주센터에서 우주선을 특수 운반 차량이 아주 느린 속도로 신중하게 운반하는 모습을 보는 느낌이었다.

여기까지 해결했다고 문제가 모두 풀린 것은 아니었다. 이번에는 보험 문제가 기다리고 있었다. 여러 군데를 알아본 끝에 영국 로이드 보험회사와 접촉을 했는데, 조건은 그 구조물을 보험사가 설계한 매뉴얼에 따라 선박에 결박하는 것이었다. 4,000~5,000톤에 달하는 거대한 철 구조물 공장 덩어리를 통째 선박으로 운송하는 것은 상상만 해도 가관이었다.

한 달 반이나 걸리는 먼 거리 이동을 앞두고 이 운송 프로젝트는 세간의 화제가 되어 언론을 통해 세계의 주목을 받기도 했다. 그 거대한 설비가 배에 실려 떠나는 순간, 나는 땅에서 하늘로 기도를 올렸다.

공장에서 이 설비를 완벽하게 만드는 것은 불과 4~5개월에 가능했다. 그리고 운송과 선적 및 하역 등에 소요되는 기간 한 달 반과 현장에 도착해 세팅을 하는 데 들어가는 시간을 다 더해봐야 8개월 남짓이었다. 보통 24개월 이상 걸리던 작업을 이 짧은 기간에 해낸다는 것은 보통 놀라운 성과가 아니었다.

이 공법과 운송 경험으로 한국중공업은 엄청난 원가절감이 가능했다. 이로 인해 훗날 담수화 설비의 국제입찰에서 늘 유리한 위치에 서게 되었다. 축구장만 한 증발기를 완제품 상태로 중동까지 운송해 현지에서 곧바로 설치·가동함으로써, 공기를 몇 달씩 줄이고도 품질은 더 끌어올릴 수 있었다.

그렇게 한국중공업의 위상이 높아지는 중심에는 늘 엔지니어들이 있었다. 그들은 내 아이디어를 현실로 만들었고, 나는 그들에게 전폭적인 신뢰를 보냈으며, 그 신뢰는 기적을 만들었다. 중동의 사막에 식수가 흐르게 되었고, 바닷물을 마실 수 있게 되었으며, 우리 기술은 물에 생명을 섞는 기적의 공정으로 찬사를 받았다. 담수 한 방울 한 방울을 볼 때마다 나는 거기서 땀과 노력, 사람과 꿈의 결정도 함께 보았다.

국제입찰에서 기준이 되다

아부다비의 후자이라 발전소 담수 공사 입찰 때의 에피소드는 가슴 조이는 한 편의 드라마였다. 이 공사 입찰에서 한국중공업은 가격 기준으로 꼴찌를 했다. 프랑스, 이탈리아, 일본 등 강력한 경쟁자들이 오히려 더 싼 값을 제시한 것이다. 그해 그 입찰에 실패하면 회사가 먹고살 것이 거의 없는 상태였다. 미국 출장 중에 그 소식을 듣고는 크게 상심했다.

나는 한국으로 돌아가지 않고 바로 아부다비로 날아갔다. 현지에 있던 임직원들과 저녁을 함께 먹으면서 새벽 한 시까지 회의를 했다. 그리고 우리가 떨어진 이유를 처음부터 다시 점검했다. 설비 가격 기준으로는 우리가 꼴등을 했지만, 생산되는 전력과 담수의 원가 차원에서 보면 최종 생산물이 가장 싸다는 점이 간과된 것이다. 우리가 첨단기술로 그것을 실현할 수 있다고 입찰서에 첨부했는데, 그것이 입찰 심사에서 무시된 것이다. 나는 이 점에 주목했다.

비록 입찰 경쟁에서는 패배했지만, 이 장점을 이 나라 실력자에게 어필하고 그 기술을 인정받아 다시 도전해보고 싶었다. 회의에 참석했던 한국중공업 임원들은 이미 끝난 게임이라 가능성이 없다고 고개를 가로저었다. 그러나 그 기술이 인정받지 못한 것을 너무도 애석해하는 엔지니어들의 표정을 나는 외면할 수 없었다.

나와 친분이 있는 이 나라 정부의 실력자인 '싸이에그'를 만나 마지막 설득을 해보자고 마음을 굳히고 면담을 요청했다. 다른 한편으로는 역삼투압을 이용한 하이브리드 공법이라는 기술로 생산할 때의 전력과 담수의 원가가 다른 경쟁업체들의 그것보다 훨씬 싸다는 것을 입증하는 자료를 밤새 만들었다.

다음 날 다행히 싸이에그 쪽에서 만나자는 연락이 왔다. 나는 실무 총책인 정태헌 상무와 엔지니어들을 동반해 그를 찾아갔다. 그리고 우리가 개발한 신기술로 이 설비를 지을 때 생산물의 원가가 어느 정도 낮아지고, 그것이 입찰 때의 높은 가격을 얼마나 빨리 메꾸어 줄 수 있는지 자료를 갖고 설득했다.

회담을 마치고 나오며 참석했던 직원들은 이미 포기한 눈치였다. 하지만 나는 생각이 달랐다. 동행한 엔지니어들이 간절하게 설명하는 모습과 내가 확신을 갖고 주장하는 것에 싸이에그가 경청하는 표정을 읽고, 그가 뒤집을 것 같다는 가느다란 희망을 가졌다. 내가 "이 프로젝트는 우리 것이다"라고 했을 때 동행한 임원들은 "무슨 뚱딴지같은 소리를 하시느냐"는 모습으로 나를 물끄러미 쳐다보았다.

면담 때 싸이에그는 "이 사실(한국중공업 기술의 우월성)을 아는 사람이 몇이나 되냐"고 물었다. "아무도 모른다, 귀하가 처음"이라고 하니까 절대 아무한테도 말하지 말라며 "내가 한 달을 줄 테니 입찰 서류를 다시 만들어 내라"고 했다. 이 프로젝트는 워낙 큰 금액이 걸려 있어 프랑스, 스페인 등은 국가원수가 관여할 정도였다. 그 때문에 입찰 결과를 뒤집는 것은 쉬운 일이 아니었다. 일행은 재입찰을 하려면 법률까지 고쳐야 한다며 포기하는 눈치였지만, 나는 어쨌건 정권의 실세한테 재고의 언질을 받은 것이니 기대를 갖자고 낙관적으로 이야기했다.

귀국해서는 엔지니어들에게 상세하게 자료들을 준비하라고 당부했고, 책자 8권으로 된 기술서를 포함한 입찰서를 다시 만들어 제출했다. 아부다비 측은 기존 입찰 참가자들에게 1주일 후에 입찰을 다시 실시한다고 공표했다. 그리고 우리가 제출한 기술공법을 제시하고 그 공법을 기준 사양으로 삼는다고 했다. 그 기술은 어떤 선진국도 당장 따라올 수 없는 한국중공업만의 독창적인 기술인데, 그것을 기준으로 입찰을 하겠다니 승부는 이미 결정 난 것이나 다름없었다. 그 기술을 이해하지도 못하는 다른 참여자들은 입찰 서류가 불과 몇 장밖에 되지 않았다. 구체적으로 기술을 설명한 우리의 8권짜리 제안서와는 비교가 되지 못했다.

마침내 우리는 실패했던 입찰에서 다시 살아나 한국중공업의 임직원들을 상당 기간 먹여 살릴 일거리를 따냈다. 더 나아가 국가 경제에도 큰 역할을 할 정도 규모의 8억2천만 달러짜리 초대형 공사를 수주하는 개가를 올렸다. 누가 봐도 끝난 경기였지만, 나는 단 1%의 가능성만 있어도 도전을 포기하고 싶지 않았다. 나의 이런 습관이 또 한 번 결실을 맺은 것이다.

'세상일은 사람이 하는 것인데 사람을 진솔하게 설득하면 안 되는 일이 어디 있겠냐'는 것을 여러 경우에서 경험으로 익히 알고 있었기 때문에 나는 이번에도 포기할 수 없었다.

당시 상황에 대해 정태헌은 "유도 경기에서 꼴찌를 하니, 레슬링 규칙으로 다시 붙자고 달려들어 이긴 것"이라며 "마지막 순간까지 집요하게 물고 늘어지는 모습에서 참경영인의 자세를 배웠다"고 했다.

그런데 우리가 더욱 떳떳해진 것은, 아부다비 정부가 이 설비를 10년이나 운영해서 감가상각을 다 한 후에 입찰 때의 두 배

가격을 받고 싱가포르 회사에 팔아 크게 이익을 남겼기 때문이다. 만일 당시 가장 저가에 응찰한 프랑스 회사가 이 설비를 지었다면 이런 일은 일어날 수 없었을 것이다.

정태헌은 "입찰서를 보면 다른 나라 기술은 50년 전 포니 차에 보석을 박고 금도금을 한 수준이고, 우리 기술은 요즘 차로 말하자면 최신형 제네시스 격"이라고 주장했다. 아닌 게 아니라 이 기술은 전 세계적으로 독보적이라, 이 분야 물량은 그 후에도 한국중공업이 독차지해왔다.

세계 독보적인 기술

바닷물을 증류하면 얻어지는 담수화 비율이 다른 나라 경쟁사들은 7~8%밖에 안 되는데 한국중공업이 짓는 담수화 설비는 그 비율이 9.4%나 되어 기술이 압도적으로 앞선다.

담수는 증류수이기 때문에 순수한 물의 성분만 갖고 있어 식수로 사용하는 것은 문제가 있다. 우리가 먹을 수 있는 물로 만들려면 반드시 정교한 비율로 미네랄을 섞어야 하는데 한국중공업은 이 단계에서 세계적인 노하우를 갖고 있었다. 구성모의 아이디어 덕이었다.

미네랄을 섞는 과정이 매우 복잡한데 구성모는 물맛이 가장 좋은 배합 비율을 계산하고, 역삼투압 방식으로 미네랄 섞인 물을 추출해 담수에 섞어 식수를 만드는 공법을 개발했다. 이 공법을 개발함으로써 세계 누구도 따라올 수 없을 만큼 품질 좋은 식수를 공급할 수 있게 됐을 뿐 아니라 제조원가도 혁신적으로 절감되는 효과를 얻었다.

이 노하우는 전 세계에서 우리나라만 보유하고 있는 독보적인 기술이다. 그러다 보니까 거꾸로 담수화 설비 국제입찰에서는 우리가 제시하는 스펙이 기준이 되었다. 자연스럽게 다른 나라는 따라올 수가 없게 돼 그 후 수십억 달러를 거의 독점적으로 납품하게 되었다.

앞서 언급한 UAE의 8억2천만 달러 공사는 나중에 계산해보니 24%의 놀라운 이익을 남겼다. 그 후에도 이 방법을 적용한 공사들은 대개 납기를 수개월씩 단축해 조기 납품한 덕에 수백만 달러씩 보너스를 받은 경우가 많았다. 구성모 상무는 마침내 최고의 기술 수출품을 개발한 공으로 정부에서 상을 받기도 했다.

인연을 중시한 결과

이 성과는 엉뚱한 부수 효과를 거두기도 했다. 우리가 UAE와 쿠웨이트에 수출한 담수화 설비를 보고받은 사우디 왕실은 나를 비롯해 우리 회사와 가까운 관계를 유지하고 싶어 했다. 그런데 당시 사우디에 진출한 외국 회사들에 대한 공사 대금 지급 방식은 문제가 많았다. 사우디의 관행적인 대금 지급 방식은 매우 원시적이고 일방적이어서 그 조건으로는 한국중공업이 현지 공사를 제대로 수행할 수 없을 정도였다.

나는 '아부나얀'이라는 한국중공업의 현지 에이전트가 왕실 재산을 관리하는 실력자라는 사실에 주목했다. 그를 만나 사우디 정부 인사들에게 산업 발전을 위해 국가가 해야 할 일에 대해 설명할 기회를 만들어 달라고 부탁했다. 일개 외국 회사 사장이 사우디 정부 요인들을 대상으로 국가의 문제점을 지적하고 개선을 요구하는 설명회를 연다는 것 자체가 희귀한 일이었다.

그런데 그는 사우디 정부의 법무, 재무, 상공, 농수산, 해양청 등 5개 부처 장관을 한자리에 모을 만큼 실력이 있었다. 그 모임에서 나는 사우디가 국가 발전을 위해 질적으로 향상된 개발 공사를 하려면 대금 지급이 지금처럼 원시적이어서는 안 된다는 점을 강조했다. 그리고 국제적으로 통용되는 은행 중심의 선진형 시스템을 제안했다.

모든 국가 개발 프로젝트는 기획 단계부터 입찰, 공사, 운용, 사후서비스에 이르기까지 전 과정이 어떤 방식으로 진행되어야 하는지, 그것을 위해서 정부는 법률을 어떻게 고쳐 그 사업을 지원하고 육성해야 하는지도 브리핑했다.

놀랍게도 사우디는 이 제도를 즉시 도입했고, 그 덕에 이후 3대 프로젝트를 포함해 여러 건의 대규모 공사를 한국중공업이 수주하는 쾌거를 올렸다. 그러나 그것으로 끝난 것이 아니다. 중동의 종주국인 사우디가 이 제도를 실시하자, 중동의 여타 형제국들이 모두 같은 시스템을 도입하기로 한 것이다. 이 제도는 한국중공업에만 도움이 된 것이 아니라, 그 후 중동에 진출한 우리나라 모든 기업들이 혜택을 입는 엄청난 파장을 일으켰다.

그 이후 중동에 진출한 우리나라 건설회사들이 공사 대금을 떼이거나 지급이 지연되는 악행은 사라졌다. 지금도 내가 자부심을 느끼는 이 에피소드 역시 사람 간의 관계를 중시하고, 한 번 맺은 인연을 유지하려 애쓴 나의 노력이 크게 보상받은 것이라고 하겠다.

잭 웰치와의 인연

발전설비 공사에도 많은 기술적 진전이 있었다. 과거에는 발전설비 제작 기간이 2년 반 정도 소요됐는데, 발전소를 지을 때 핵심 설비인 보일러 제작에 시간이 많이 소요되기 때문이었다. 그런데 프랑스 알스톰이 대만에 짓기로 한 발전소의 보일러 공사 설계도를 보니, 전혀 다른 공법을 채택하고 있었다.

전통적인 방식은 보일러가 들어가는 공간을 먼저 건설하고 보일러를 상부에서부터 만들어 내려오는 공법을 썼다. 이런 작업에는 공간 활용에서 제약이 많아 긴 시간이 필요했다. 그런데 알스톰은 건물이 들어서기 전에 보일러를 먼저 만들고 나중에 건물을 짓는 순서로 공사를 하는 것이었다. 이 방식으로 하면 보일러를 짓는 데 불과 4개월이면 가능하다는 계산이 나왔다.

나는 이 내용을 보고받고, 즉시 20여 명의 엔지니어들을 대만에 보내 그 기술을 자세히 조사하도록 했다. 그 기술을 습득해 우리 방식으로 개선한 이후 한국중공업은 발전설비 전체를 불과 18개월, 즉 1년 반 만에 완성할 수 있게 되었다. 기존 방식으로 할 때보다 무려 1년이나 단축하게 된 것이다. 공사 기간 단축으로 한국중공업은 발전설비 분야에서 국제적으로 더욱 강한 경쟁력을 확보하게 되었다. 중동 지역은 대개 발전설비를 수주하면 담수화 설비 공사는 붙어서 따라오게 되어 있다. 따라서 이 지역은 한국중공업에게 한동안 발전설비에서도 황금알을 낳아주는 거위 같은 존재가 되었다.

터빈은 제너럴 일렉트릭GE과 제휴해 협조가 잘되고 있었다. 특히 내가 사장이 된 후 GE의 잭 웰치와 친분을 쌓아 사업에서 그 덕을 많이 보았다.

잭 웰치와 처음 만나던 날은 지금도 그 장면이 생생하게 기억될 정도로 뜻깊었다. 그는 식스 시그마Six Sigma에 대해 전도사처럼 나에게 장시간 설명을 했다. 식스 시그마는 기업이나 조직에서 품질을 개선하고 결함을 줄이기 위한 경영 기법이다. 모토로라가 1986년에 처음 개발했고, 이후 GE 같은 대기업들이 적극

도입하면서 세계적으로 널리 알려졌었다.

나는 웃으면서 잭 웰치에게 대우중공업 시절 내가 제창했던 MIPA 운동에 대해 상세하게 설명했다. 당시 회사의 상황이 어떠했고 어떤 목표를 위해 이 운동을 어떻게 펼쳤는지, 그리고 그 결과가 어떠했는지를 구체적으로 설명했다. 그때 잭 웰치가 놀라 눈을 크게 뜨고 설명을 경청하던 모습은 지금도 기억에 새롭다. 훗날 그가 나와 MIPA 운동에 대해 좋은 평을 하고 다녔다는 얘기도 많이 들었다. 그와는 급속도로 친해졌고 잭은 한국에 올 때마다 정몽구, 이건희 두 회장 외에 꼭 나를 만나고 가는 사이가 되었다. 세미나로 한국에 올 때 나를 토론자로 초대해 자리를 함께하기도 했다.

이루지 못한 꿈

오랜 기간 잭 웰치와 사업을 하면서 나는 눈이 번쩍 뜨이는 사실을 발견했다. GE의 주력 품목이 터빈인데 이 메인 비즈니스의 경쟁력이 오래 가지 않을 것이라는 점을 느낀 것이다. 단순한 직감에서 나온 결론이 아니다. 그동안 내가 주목해온 세계 산업의 지리적 재편성 주기를 볼 때 터빈은 GE를 떠나 한국에 기회의 대상이 될 것이라고 예측했다. 그래서 잭 웰치에게 제안을 했다. 터빈 사업에서 상호 이익이 되는 방향에 대해 설명하면서 한국중공업의 대규모 투자계획을 밝혔다. 그런 협조 분위기가 무르익어 마침내 GE가 해외에 수출하는 제품까지 한국중공업에서 OEM으로 생산할 수 있었다.

나는 이런 일들을 하면서 곰곰이 생각했다. 국영기업인데 내가 떠나면 나처럼 의욕적인 경영인이 또 올까. 과거의 예처럼 정부가 정권 획득에 도움을 준 정치권의 누군가에게 포상으로 이 회사 경영을 맡기는 일이 일어나지는 않을까. 심히 궁금했고, 걱정이 되었다. 만일 후자라면 이 좋은 회사는 다시 평범한 국영기업의 수준을 벗어나지 못할 것이라는 암울한 생각이 들었다. 내가 부실 덩어리 국영기업의 경영을 개선하는 데 보탬이 되었다면, 이것을 계속 지키고 발전시키는 방법은 무엇일까. 임기의 끝이 가까워지면서 초조해지기 시작했다.

아이디어가 생각났다. 내가 좋은 관계를 맺고 있는 미국의 GE에 이 회사를 매각하도록 하면 어떨까. 그래서 민간기업이 되면 경쟁력 있는 CEO가 오게 될 것이고, 그때 한국중공업은 다시 한 번 르네상스를 맞지 않을까. 그런 생각을 하고 정부에 건의를 했다. 그러나 정부 책임자는 "기아차를 자기 소유로 만들려던 김선홍 같은 인물이 되고 싶으냐"며 반대를 했다. 내 사욕으로 제안한 것이 아니기 때문에 그 반응에 몹시 서운한 마음이 들었다.

그때 방향을 돌려 생각을 한 것이 국내업체에 매각하는 민영화였다. 정부도 민영화에 생각을 같이하고 있던 터라, 나는 정부를 설득해 발전설비 사업을 한국중공업으로 일원화하여 몸값을 키운 후 민영화를 추진하기로 했다.

메꿀 수 없는 경영 철학의 간극

마침내 2001년 4월 두산그룹이 한국중공업을 인수하는 거대한 민영화가 성사되었다. 힘든 작업이었지만 국내 역사상 가장 규모가 큰 공기업 민영화를 성사시킨 것은 나에게도 보람이었다. 한국중공업이 두산중공업으로 재탄생할 때 나는 두산 측 요청으로 부회장 자리를 맡아 계속 근무했다.

그러나 나와 새 오너 패밀리의 철학과 경영방식에 차이가 커서 나는 얼마 지나지 않아 2선으로 물러나겠다고 했다. 안타깝게도 민영화 이후 1년 반쯤 지나 내 임무가 사실상 종료된 것이다. 회사는 내실을 강화하기 위해서인지 외국에서 만족스럽지 않은 일이 생길 때마다 프로젝트를 하나씩 접었다. 양질의 회사가 수축되고 종사자들이 위축되는 모습을 걱정스러운 눈으로 지켜보았다.

2008년 내가 두산중공업을 떠날 때까지 지켜본 두산중공업은 매사에 조심하고 안전 위주의 경영을 하는 기업이었다. 그것은 내가 종횡무진 활약하던 대우그룹의 체질과는 상반된 것이었다. 대우그룹과 공기업 한국중공업에서 대우 식의 경영을 해온 나로

서는 두산 쪽 인사들의 판단이 다소 지나치게 신중하다는 느낌
을 받을 때가 많았다.

예를 들어 새 오너 측은 원전보다는 터빈을 파는 일이 안전하
고 쉽다고 판단하는 모습이었다. 그런데 그것은 내 생각과 결이
달랐다. 누가 옳으냐 그르냐의 문제가 아니라 스타일과 선택의
문제였다. 나는 그런 식의 소극적 운영을 하면, 기업의 추진력이
생기지 않는다는 생각을 했던 것이다.

두산중공업이 원자로와 터빈을 생산할 수 있는 기업이니 원자
력발전소의 수요를 창출해서 그에 동반되는 모든 것을 팔도록
하는 것이 중요하다. 그런데 두산은 위험부담을 안고 가기보다
는 남이 원전을 지을 때 안전하게 터빈을 팔면 된다는 생각을 했
다. 플랜트를 턴키베이스로 수주하면 우리가 판매 주도권을 쥐
는 것이지만, 부품을 파는 것은 우리 운명을 상대의 자비심에 맡
기는 일이다. 스스로를 위축시켜 작게 생각하지 말자는 주장을
했지만 뜻을 이루지는 못했다.

앞에서 언급했던 UAE 후자이라의 8억2천만 달러짜리 담수
화 설비와 발전설비 프로젝트는 계약을 한국중공업이 하고 제작
은 두산중공업이 승계하여 하게 되었는데, 새 경영진은 이 공사
에 대해서도 의구심을 가졌다. 너무 규모가 커서 잘못될 때는 그
룹 전체가 흔들릴 수 있다는 것이 그들의 걱정거리였다. 나는 그
동안 우리가 여러 차례 성공했던 경험이 있고, 이 프로젝트는 그

경험의 범위 내에 있기 때문에 전혀 걱정할 일이 아니라고 안심시키며 공사를 계속하게 했다. 그 결과는 앞에서 언급한 대로 이익률이 24%에 달해 제조업의 이익률로는 믿기지 않을 만큼 풍요로운 성과를 거뒀다.

지도 밖에 길을 내며

나는 늘 세계의 산업에서 우리나라의 위치가 어디쯤 있는가, 산업의 지리적 순환 재편성에서 우리가 그 사이클의 어느 지점에 있는가에 관심을 두어왔다. 그리고 그 위치에서 앞을 보면 우리의 미래 먹거리가 있다고 생각하고, 그 아이템을 가져오려고 노력했다. 신통하게도 그런 전망은 대부분 적중했고, 그래서 캐터필러 회사의 지게차를 가져와 10년 후 대우중공업이 세계 제일의 중장비 생산업체가 될 수 있었다. 담수화 설비에서 한국중공업 또한 그렇게 되었다.

지금 세계의 신산업을 이끌고 있는 바이오나 AI 같은 것들도, 그런 변화와 흐름을 예측하고 도전한 기업이나 개인들이 시장의 주인공이 되고 있다. 두산 경영진은 매킨지의 컨설팅을 받은 후 더욱 도전보다는 안전 위주의 조심스러운 행보를 이어 갔다. 조직은 한국중공업 시절로 회귀했고, 회사의 위상은 공장을 짓는 회사에서 부품 납품회사로 변하고 있었다.

역사는 결코 지도 속에 나와 있는 안전하고 편안한 길을 따라 걷는 사람에 의해 만들어지지 않는다. 인류의 역사는 지도 밖을 행군하는 용감한 사람들의 도전으로 새로 쓰여 왔다. 남들이 모두 선택하는 안전한 길에서는 더 새롭고 더 알찬 기회가 눈에 뜨일 수 없다. 남들이 가지 않는 지도 바깥은 비록 걷기 힘들고 두려운 길이지만, 남들이 못 본 거대한 보물들이 즐비하다는 것을 나는 그동안의 체험으로 알고 있었다.

그래서 나는 기업을 하면서 늘 모험적으로 새 길을 놓으려 했다. 그리고 그것은 결과론적으로 나와 기업과 국가에 상상을 초월하는 발전과 소득을 안겨주었고, 소중한 성취감을 선사해주었다.

그렇다고 아무 계획도 없이 무모하게 정글에 도전한 것은 아니다. 변화의 흐름을 면밀하게 파악하고 위험부담을 최소화하는 길로 갈 때 내 앞에는 약속의 땅이 기다리고 있었다. 2008년 나는 두산중공업이 시대적 좋은 기회를 계속 잡아나가 더욱 잘되기를 진심으로 바라면서 회사를 떠났다. 아쉬움보다 특이하고 이질적인 환경에서 벗어나는 홀가분한 마음이 더 컸다.

같으면서도 다른 생활

사실 한국중공업 사장 자리를 제의받았을 때 가장 먼저 생각난 것은 이 기회에 최종 책임을 지는 자리에 가보고 싶다는 것이었다. 민간기업에서는 사내 위치가 아무리 높아져도 창업자의 그늘 아래 있는 것이다. 기업의 운명이 달릴 만큼 큰 결정을 할 때는 창업자의 뒷받침을 믿고 과감하게 선택할 수 있는 장점도 있다. 즉, 창업자의 우산 아래 있는 것은 권한이 제한되지만 보호를 받는 것을 의미하기도 한다.

물론 대우에서 나는 그룹 내 다른 전문경영인들보다 상대적으로 더 많은 권한을 행사했다. 김우중 회장이 사장 시절 그는 대사장이고 나는 소사장이라는 사내 은어가 있을 정도로 그룹 내에 분명한 내 위치가 있었다. 대우중공업 시절 신규 사업에 수도 없이 도전했지만, 김우중 회장의 결심을 받고 실행한 경우는 거의 없을 정도였다.

대우에서 나는 단순히 월급 받고 일하는 피고용인이 아니었다. 월급쟁이가 최고경영자가 되려면 보통으로는 안 되고, 내 회사라고 달려들어 모든 걸 바쳐 일해야 된다고 나는 생각한다. 회사 발전이 나의 발전이고, 내 결정이 회사를 위한 결정이라는 생각에서 한 번도 벗어난 적이 없을 정도로 회사와 나는 분리할 수 없는 존재였다. 따라서 진급을 시켜달라거나 급여를 올려달라고 누구에게 부탁한 적이 한 번도 없다. 그럼에도 창업자가 있는 회사에서는 조연을 벗어나기 어려운 것도 사실이다.

그러나 국가 공채에 의해 임기 3년이 보장되는 한국중공업의 최고경영자로 임명되자, 나의 사회적 지위가 조연에서 주연으로 달라진 것을 확연하게 느낄 수 있었다. 내가 상대하는 사람들은 과거 대우에서 김우중 회장이 만나던 사람들이었고, 나의 역할과 활동 범위도 대우 때보다 훨씬 크고 넓어졌다. 외부에서 나를 대하는 사람들의 시각이 달라진 것을 가장 많이 느꼈다. 창업자가 있는 회사에서와 달리 자리에 대한 임기의 안정성도 일을 하는 데 큰 추동력이 되었다.

돌이켜 보면, 내가 경영자로서 시작하고 크게 벌인 일들이 꽃이 필 때쯤이면 그 자리에는 다른 사람이 앉아 있는 경우가 태반이었다. 과실이 다른 사람에게 돌아가기 때문에 과연 내가 일을 했다고 말할 수 있는가 하는 생각이 들기도 했다. 그러나 한편으로는 내가 대우에서 한 일은 내가 했다기보다 김우중 회장과 같이한 일이라고 하는 게 맞다. 그래서 대우에 관한 일을 이야기할 때는, 내가 관여했지만 그 일을 할 때 마침 내가 거기에 있었다고 소극적으로 해석하고 싶다. 그러나 한국중공업에서 3년 동안 한 일은 누가 뭐래도 내가 한 일이다. 내가 최고경영자였고 아무도 도와주거나 간섭하지 않았다. 잘했건 잘못했건 모든 경영의 책임도 고스란히 내 몫이었다. 그리고 한국중공업에서 거둔 거대한 성과도 국가에 대한 나의 보답이었다.

한국중공업 사장 초기에는 김우중 회장이 뒤에 없다는 것, 즉 보호막이 없다는 것에 간혹 두려움을 느낀 적도 있었다. 하지만 나는 더 큰 호흡으로, 더 큰 용기로 도전하고 성취하는 데 금방 익숙해졌다. 영어권에서 '모든 책임은 여기서 끝난다', 즉 모든 책임은 내가 진다는 말을 'The buck stops here'라고 한다. 스스로 최종 책임을 진다는 의미로 사용되는 이 말은 나를 더욱 깊이 있게 생각하고, 신중하게 행동하도록 한 경구였다. 종합적으로 볼 때, 한국중공업에서의 3년은 내 경영 인생에서 가장 원숙하게 능력을 발휘했던 기간이고 차원이 다른 성취감과 보람을 느꼈던 소중한 시절이었다.

한국중공업에 재임하고 있던 시절 대우그룹이 해체된 것은 나에게 견디기 어려운 슬픔이자 충격이었다. 대우그룹이라는 거대한 배가 가라앉아 가는 동안, 한국중공업 사장이라는 한정된 자리에서 지켜보기만 해야 했던 것이 무엇보다 참담했다.

대우는 내가 창업의 첫 자리부터 함께했고, 젊은 시절의 청춘과 열정을 모두 쏟아부어 일구고 키웠던 나의 정신적 고향이다. 그런 대우가 해체되어 이곳저곳으로 흩어지는 모습을 바라보는 일은 차마 견디기 어려운 고통이었다. 허망함은 곧 말로 설명하기 어려운 분노로 변했고, 그 분노는 겉으로 표현을 할 수 없었기에 더욱 깊숙이 가슴에 남았다.

대우라는 이름은 역사 속으로 사라졌지만, 김우중 회장을 비롯해 수많은 임직원들과 함께 그곳을 '내 보금자리', '내 회사'라 부르며 모든 것을 아끼지 않고 살아냈던 시간들은 오히려 더욱 또렷한 기억으로 내 마음속에 남아 있다. 잃은 뒤에야 비로소 대우 시절이 내 인생에서 얼마나 소중한 한 부분이었는지를 더욱 절감하게 된다. 이 마음은 모든 대우인들이 마찬가지일 것이다.

3부

성공의 뒤안길

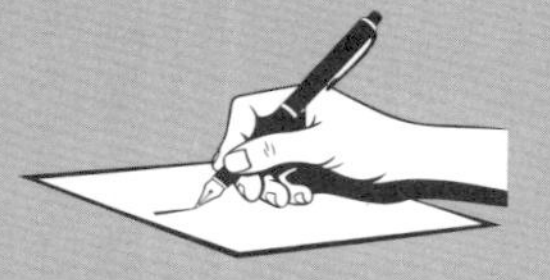

제7장

가족, 또 하나의 우주

인연의 시작

아내 조승자를 처음 만난 것은 1964년 봄이었다. 당시 나는 한성실업에서 근무하고 있었고, 아내는 일본 종합상사 긴쇼 마다이치 서울사무소에서 근무하고 있었다. 함께 일하던 유태유의 여자 친구가 나에게 사람을 소개해 준다고 해서 그들의 약속 자리에 동행하게 되었다. 특별한 기대 없이 나간 자리였지만, 그곳에서 나는 곧 인연의 실마리를 마주하게 되었다.

아내는 단정함과 고운 인품이 자연스레 배어 있는 인상이었다. 첫 순간에 '이 사람과 인연이 닿을 수도 있겠다'는 생각이 마음 한편에 자리 잡았다. 첫 만남 이후 나는 6개월 가까이 거의 매일 그녀의 회사로 전화를 걸어 만남을 청했다. 그러나 아내의 대답은 늘 조심스러웠고, 회신은 냉정할 만큼 단호했다. 반복되는 "오늘은 어렵다"는 짧은 한마디 대답에 마음이 저미는 날도 많았다.

그러나 이상하리만큼 포기할 수가 없었고, 스스로도 근거를 설명하기 어려운 인연의 끌림이 내 발걸음을 돌려세웠다. '서두르지 않되, 멈추지 않는다Sin prisa, pero sin pausa'는 스페인의 속담처럼 나는 결코 성급히 다가가지 않았지만, 인연을 향한 마음을 거두지도 않았다.

두어 달 지나 다시 전화를 걸었을 때, 아내는 전보다 한층 부드러운 목소리로 반가움을 전해왔다. 그 순간을 나는 지금도 생생히 기억한다. 어떤 만남은 이렇게 조용히, 그러나 분명한 전환점을 남기며 인생의 흐름을 바꾼다.

그 무렵부터 아내는 근무를 마치고 나면 거의 매일 내 회사 근처의 다방에서 나를 기다리곤 했다. 다만 나의 상사였던 김우중 회장(그 당시 과장)은 누군가 나를 기다리고 있는 것을 알면서도 다소 짓궂게 매일 밤 10시까지 일을 시켰다. 다방은 9시면 문을 닫았으므로 아내는 어쩔 수 없이 1시간여 문밖에서 나를 기다려야 했다. 장맛비 속에서도, 추운 밤바람 속에서도 아내는 단 한 차례도 불평을 하지 않았다. 그 젊은 날의 인내와 정성은 지금도 내 기억 속에 오래된 등불처럼 따뜻하게 남아 있다. 1년 365일 중 아마도 360일쯤은 만난 것 같다.

시간이 흐르며 결혼 약 6개월 전 무렵 나는 결혼을 결심하게 되었고, 양가 어른들께 인사를 드리는 절차를 밟았다. 아내의 아버지와 고모부께서는 나를 반갑게 맞아주시며 칭찬과 격려를 아끼지 않으셨다. 지닌 것 하나 없는 청년을 믿어주신 그분들의 호의는 내게 큰 힘이 되었고, 지금도 마음속 깊은 곳에 감사의 마음으로 남아 있다.

결혼 후 아내가 나에게 털어놓은 이야기가 있다. "당신은 3년 동안 손 한 번 잡은 적이 없어 나에게 마음이 없는 줄 알았어요." 그러나 나는 그 시절의 내 사정을 머릿속으로 떠올리기만 했을 뿐 내가 왜 결혼에 소극적이었는지를 말하지는 않았다.

나는 10남매 중 유일하게 직장 생활을 하는 아들이었고, 집안 생계를 도맡아야 했던 탓에 독립하여 가정을 꾸린다는 결심은 매우 무겁고 두려운 일이었다. 그 부담을 아내에게 느끼게 하고 싶지 않아 마음을 더 다물었으니, 그가 오해할 수도 있었을 것이다. 그럼에도 우리는 1964년 4월 첫 만남을 시작으로 1967년 11월 22일 혼인했다. 그로부터 정확히 날짜까지 맞춘 1년 뒤 첫 아들 재수를 얻었다.

결혼해서 서울 서대문구 홍은동 10.5평짜리 아파트에 보금자리를 꾸몄다. 신혼여행은 3일 여정으로 온양 온천으로 떠났는데 하루 만에 김우중 회장의 호출로 회사에 출근해 일을 해야 했다. 신혼 초부터 터지기 시작한 일복은 긴 결혼생활의 앞날을 예고하는 듯했다.

결혼 25주년 기념일에 내가 "25년 동안 함께 살아줘서 고맙소"라고 하자 아내는 웃으며 "25년이라니요, 제대로 함께한 시간은 채 3년도 안 되잖아요"라고 말했다. 그 짧은 농담 속에는 오랜 세월의 애정과 서운함, 그리고 서로에 대한 이해가 함께 담겨 있었다.

돌이켜 보면 우리 부부의 삶은 거창한 사건보다는, 서로를 묵묵히 기다려주고 믿어주었던 소소하고 조용한 순간들이 켜켜이 쌓여 이룬 길이었다. 그 길은 지금도 내 인생에서 가장 소중한 여정으로 남아 있다.

나의 더 좋은 반쪽을 보내며

2025년 9월 28일, 이 책의 원고를 다듬던 중 나의 사랑하는 아내는 조용히 눈을 감고 세상을 떠났다. 4년 반의 긴 침묵과 병상病床 위의 고단한 시간이 끝나갈 무렵, 그녀는 마지막 힘을 모아 가족들과 손을 맞잡았다. 그 작은 손짓은 이별을 알리는 의식이자 남은 이들을 향한 마지막 인사였다. 그날의 숨결과 방 안을 채우던 침묵의 울림은 지금도 내 마음 한구석에 오래 남아 잊히

지 않는다. 한 인간이 세상을 떠나는 순간이 이렇게도 고요하고 품위 있을 수 있다는 사실을, 아내는 마지막 순간까지 몸소 증명해주었다.

아내의 유품을 정리하던 날, 가족들은 자연스레 아내에 대한 이야기를 꺼냈다. 나의 아들딸 재수, 혜준, 혜신이는 어머니가 생전에 해주던 이야기가 있었다며 한목소리로 말했다. "아버지는 늘 바빠서서 집에 잘 계시지 않았다. 엄마는 혼자서 집안일과 아이들을 감당해야 했고, 그래서 때때로 외롭고 힘들었다고 하셨다." 그 말을 듣는 순간 나는 아무 말도 할 수 없었다.

입이 열 개라도 변명할 수 없는 부분이었다. 물론 그 시절 내가 집에 소홀했던 것은 가정을 외면하는 마음이 있었기 때문이 아니다. 맡은 일의 무게와 시대의 책임감이 나를 끊임없이 밖으로 내몰았기 때문이다. 그러나 나는 변명보다 차라리 모든 상황에서 내가 최선을 다했는지를 자책하고 싶었다. 그 시절의 나는 그저 일에 몰두하는 것이 가장 큰 의무라고 믿고 있었을 뿐이다.

아내 조승자는 겉모습만 단정한 여인이 아니라 내면의 기품이 깊은 사람이었다. 남편에게 누가 되지 않으려는 신념을 지니고 있었고, 사람들에게 비치는 인상에도 언제나 조심을 하면서 살았다. 젊은 나이에 대기업 사장의 아내가 된 후로는 대부분 연장자였던 임원 부인들 앞에서 겸손한 말투를 잃지 않고 검소한 모습으로 자신을 다스렸다는 이야기를 아이들에게 자주 했다고 한다. 자신의 처신을 자랑하기 위함이 아니라, 훗날 아이들이 사회에 나가 사람과 관계를 맺을 때 가져야 할 태도를 가르치려 했던 것이다.

그녀는 본래 지적이고 고상한 여인이었다. 클래식 음악을 단순히 듣는 취미로 즐긴 것이 아니라 그 배경과 작곡가의 사유까지 연구하듯 탐구했다. 미술 작품을 보기 위해 예술가의 생애와 시대적 배경을 공부했고, 여유가 생기면 유럽으로 날아가 역사와 문화를 직접 보고 느끼며 사고의 폭을 넓히는 사람이었다.

사람들 앞에서는 늘 경청을 우선했고, 남을 헐뜯기보다 남의 아픔에 귀 기울였으며, 사회적 지위나 배움의 높낮이에 상관없이 약자나 소외된 이들에게 따뜻하게 대했다. 그녀의 삶은 조용했지만 깊었고, 말은 적었지만 울림이 있었다.

플라톤은 《향연》에서 인간은 원래 둘이었으나 신의 손에 의해 반으로 나뉘었다고 했다. 그리고 평생 잃어버린 반쪽을 찾으려 하는데 그것이 사랑이라고 했다. 그의 설명대로라면 나는 나의 완벽한 반쪽, 나의 'other half'를 만난 셈이다. 그러나 아내의 성품과 지혜를 생각하면 나는 틀림없이 내게 주어진 더 좋은 반쪽, 즉 'better half'를 만난 행운을 누렸던 것이다. 부부라는 인연은 사랑을 속삭이는 시간보다 말없이 견디는 시간이 더 많은 법이다. 그 긴 견딤의 시간을 아내는 늘 품위와 성실함으로 버텨주었다. 그 자체가 그녀의 사랑이었다.

그런 아내가 나보다 먼저 세상을 떠났다는 사실이 아직도 믿기지 않는다. 시간이 흐를수록 그녀의 빈자리는 더 커지고, 그 공허함은 나날이 깊어만 간다. 아내가 떠난 이후 내가 외출했다가 집에 들어오면 그녀가 늘 정돈하던 서랍이나 손수건 하나에도, 하물며 아이들에게 주려고 적어둔 작은 메모들에까지 내 시선은 오래 머물게 된다. 그러면 어김없이 후회가 차오른다. 조금 더 다정했더라면, 따뜻한 말 한마디를 마음속에만 담아두지 않았더라면…… 그러나 이런 모든 후회가 이제는 아무 의미 없는 일이라는 사실이 더 큰 아픔을 남긴다.

오래전 250여 커플이 모인 대우 임원 만찬 자리에서 사회자가 농담조로 "다음 생에도 지금의 남편과 다시 살고 싶은 분 손 들어 보세요"라고 말했을 때, 아내는 가장 먼저, 아니 유일하게 손을 높이 들며 밝게 웃었다. "저요!" 하고 대답하던 그 순간의 표정이 지금도 눈앞에 생생하다. 나는 그 장면을 떠올릴 때마다 스스로에게 묻는다. 아내는 나를 그렇게도 사랑했는데, 과연 나는 그녀에게 어떤 남편이었을까.

아내가 마흔쯤 되던 어느 날 밤, 남편 없는 시간에 혼자 쓴 편지가 있었다. 아내는 얼마나 절박한 심정이었길래 바로 앞에 있는 나에게 말로 표현하지 않고 글로 써서 마음을 건넸을까. 오래전 일이지만 그래서 그 편지 내용은 지금도 생생하게 기억난다. 비 오는 날 밤에 여자 혼자 집에 있을 때 얼마나 큰 외로움을 느끼는지, 그리고 내가 일에 취해 가정에 소홀할 때 자신이 혼자 짊어져야 하는 삶의 무게가 얼마나 무거운지를 깨알 같은 손 글씨로 또박또박 적은 것이었다. 평생 내게 내색하지 않았던 외로움과 서러움이 담긴 문장이었다.

그 편지를 읽고 있는데 아내가 말했다. "다른 남자라면 열 번도 더 이혼했을 거예요." 이 말이 사실 나를 더욱 부끄럽게 했다. 홀로 가정을 지켜야 하는 순간들이 고통스럽지만 나를 특별한 남자로 여기고 있어 인내한다는 말은, 한편으로는 고맙고 다른 한편으로는 어깨를 세게 내려치는 죽비와 같은 것이었다. 그때 무슨 말을 할 수 있겠는가. 그저 내가 그녀에게 얼마나 큰 빚을 지고 있는지, 내가 앞으로 그녀에게 어떻게 해야 하는지를 깨달았을 뿐이다.

비슷한 시기에 있었던 일이다. 재수와 혜준이만 있던 시절, 내가 밤 11시에 집에 들어가니 아내는 밥상을 차려놓고 아이들과 함께 저녁을 먹지 않은 채 기다리고 있었다. 가장이 돌아오지 않는데 어떻게 먼저 먹겠느냐며 아이들까지 굶기고 있었던 것이다. 그 장면을 보는 순간 큰 충격이 밀려왔다. 그 후부터 늦게 들어갈 때는 꼭 먼저 연락하려고 노력했다. 하지만 연락을 못 하는 날도 많았고 그런 날에는 아내가 굶은 채 잠들어 있곤 했다.

우리가 결혼하던 날, 나는 아내에게 두 가지를 당부했다. 하나는 아들 여섯에 동서가 여섯인 집안에서 형제간 문제를 일으키지 않게 해달라는 것이고, 다른 하나는 어떤 상황에서도 한 번 더 생각하고 현명하게 판단해달라는 부탁이었다.

아내는 평생 이 두 가지를 지켰다. 매년 초가 되면 온 집안 어른들은 물론 조카와 손주들의 생일까지 새 달력에 적어 놓고 일일이 챙겼다. 그 세심함과 정성은 때로는 나조차 감탄하게 했다. 그리고 시모와의 관계에서 늘 원하시는 것보다 더 생각하고 더 해드리려는 현명함을 잃지 않았다.

아내는 숨이 멎는 순간까지도 자신을 다스리고 품위를 유지했다. 자식들 앞에서 고통스러운 모습이나 초라한 모습을 보이지 않고 스스로의 마지막 순간을 정갈히 정리하고 떠났다. 그 모습은 그녀의 일생을 압축한 한 장면처럼 느껴졌다. 절제, 품위, 배려라는 그녀가 살아온 모든 가치가 마지막 호흡 속에도 남아 있었다.

우리는 1967년 11월 22일 결혼해 2025년 9월 28일까지 약 58년을 함께했다. 일수로 계산하면 21,129일이다. 돌이켜 보면, 그 58년 중 함께한 시간은 참으로 짧았다. 그러나 그 짧은 시간조차 아내는 온 마음을 다해 나와 아이들의 가정을 사랑으로 채워주었다.

이제 나는 바란다. 아내가 이 세상에 남기고 간 아이들이 아내가 보여준 그 마음과 자세, 품격을 기억하고 이어 가기를. 때로는 엄격했고, 때로는 버거웠을 엄마의 그 사랑이 사실은 가장 깊은 헌신이었음을 알게 되기를.

그녀가 자식들에게 남기고 싶었던 것은 화려한 유산이 아니라, 사람을 존중하고 품위를 지키며 살아가라는 마음의 유산이었다. 그 마음이 다시 그들의 자식들에게로 흘러가, 한 세대의 사랑이 다음 세대로 이어지길 바란다. 그것이 곧 아내 조승자가 이 세상에 남기고 간 마지막 가르침이요, 남은 시간을 살아가는 우리 가족이 지켜야 할 유언이리라.

나를 지탱한 또 하나의 우주

인생이란 뒤돌아보는 순간에야 비로소 그 의미가 선명해지는지도 모른다. 젊은 시절에는 앞으로 나아가는 일에만 몰두해 있어 주변을 돌아볼 틈이 없었다. 기업경영이라는 험한 바다에서 하루하루를 전투하듯 살아오면서 나는 가족에게 햇볕 같은 따뜻함을 충분히 건네지 못했다. 그러나 과분하게도 지금, 인생의 후반부에 서서 조용히 지난날을 바라보면 내가 사회적으로 이룬 성취보다도 훨씬 더 값지고 고귀한 것이 내게 주어졌음을 깨닫게 된다. 바로 나를 믿고 그저 묵묵히 그 자리에 있어 주었던 가족이 그 존재다.

나와 아내 사이에는 1남 2녀의 자식이 있다. 그리고 세상 그 어떤 보석보다 소중한 세 명의 손자와 세 명의 손녀가 있다. 이

여섯 아이들은 단순한 나의 '후손'이 아니라, 내 생의 의미를 다시 써준 존재들이며 나를 마지막까지 인간답게 붙들어준 은혜의 근원이다.

이들은 오늘의 나를 있게 한 가장 소중한 존재들이다. 아니 내 삶 그 자체일 만큼 나에게는 절대적인 존재들이다. 내가 세상에 자랑할 것이 있다면, 그것은 내가 사회적으로 이룩한 것들이 아니고 오직 나를 지켜준 이들, 내 가족들이다. 그들을 소개하고자 한다.

맏이 재수는 서울대학교 공과대학에서 전기공학을 전공하고 포항공대 대학원에서 전자공학으로 석사를 한 후 미국 와튼스쿨에서 MBA를 했다. 크면서 공부 때문에 부모한테 걱정을 끼치는 일이 한 번도 없는 것만큼 큰 효도가 어디 있을까. 오랜 기간 엔씨소프트의 CFO를 지낼 만큼 컴퓨터와 재무에 뛰어난 능력을 갖고 있다. 아내가 떠난 지 7주가 될 즈음 나보다 앞서 이미 49제 지낼 준비를 해놓는 모습은 새 세대의 주인공이 등장함을 상징하는 것이었다. 아들이 왜 필요한지 보여주어 마음이 든든하다. 내가 경제적으로 도움을 주려고 해도 사양할 정도로 독립적인 성격이 강해 믿음직스럽다.

재수의 아내이자 나의 유일한 며느리 김소연은 전형적인 현모양처의 단아한 모습을 지키며 가정사를 빈틈없이 챙기는 효부

다. 이화여자대학교 영어영문학과를 졸업하고 외국어대학교 동
시통역대학원에 다닐 만큼 외국어에 특출난 재능이 있지만, 사
회생활보다 가정을 우선시하여 집에서 양육과 가사에 헌신하는
전형적인 한국 여성이다. 내가 특별히 신뢰하는 가족이기도 하
다. 유난히 책을 좋아해 늘 지식을 탐구하는 모습이 기특하다.

둘 사이에서 태어난 큰 손녀 지현은 이화여자대학교에서 화학
을 공부하고 대학원에서 약학을 전공한 수재다. 나를 무척 좋아
해 "할아버지 같은 남자 있으면 언제든지 결혼하겠다"고 입버릇
처럼 말하고 다녀 내 귀여움을 아낌없이 받고 있다. 정이 많아 집
에 오면 나를 끌어안고 반가워해, 나는 그 모습을 보고 싶어 언제
나 지현이가 기다려진다. 자기 아빠 앞에서도 "나는 아빠보다 할
아버지가 더 좋다"고 서슴없이 말해 집 안에 웃음을 가득 퍼지게
한다.

지현이가 다정다감하고 가정적이라면 둘째 손녀 지혜는 진취
적이고 사회 진출에 열성적이다. 외교관의 꿈을 꾸고 있는 것으
로 알고 있다. 미국 워싱턴 DC에 있는 존스홉킨스대학교 국제관
계대학원School of Advanced International Studies에 재학 중인데 매
년 여름 방학이면 인턴을 하면서 더 바쁘게 지낸다. 만나면 상당
히 수준 높은 이야기를 하면서 나의 말 상대가 되어줘 즐겁다. 내
가 밖에 나가서 자랑을 많이 하는 지혜는 아마도 다음 세대가 되
면 집안에서 든든한 몫을 할 것이다.

큰딸 혜준은 어려서부터 독립심이 남달랐다. 고려대학교 서어서문학과 재학 중에는 독창회를 열 만큼 성악에 재능이 뛰어났고, 스포츠 기량도 탁월해 대학 때 스키 대표선수로 활약할 정도였다. 뉴욕대학교 대학원에 진학해서는 테솔TESOL과 교육공학 Educational Engineering 두 과목에서 각각 석사학위를 받을 만큼 학업에 대한 열정도 강했다. 뛰어난 외국어 실력으로 지금은 외국 학생들을 가르치는 대학에 재직 중이다.

혜준의 아들 우준은 뉴욕 스토니브룩을 나와 터프스대학원에서 공부했다. 순진하고 착하고 집중력이 남달라 무슨 일을 할 때 몰입하기를 잘한다. 글을 잘 써서 대학에 에세이를 제출할 때 보면 글 쓰는 속도가 놀라울 정도로 빠르고 내용이 우수하다. 우준이가 할머니 가시는 길에 보낸 편지를 아래에 소개한다. 우준이는 나중에 학자가 될 가능성이 커 뜻을 이룰 날이 기대된다.

우준이 동생 서연이는 캐나다의 명문 토론토대학교에서 수학한 후 이 나라 최대 통신회사 중 하나인 텔어스에 전략 담당 인재로 발탁될 만큼 창의적 사고와 상상력이 뛰어난 아이다. "큰 업적을 이룬 할아버지와 세상에 너그러웠던 할머니를 닮은 사람이 되고 싶다"는 말을 해 우리 부부를 감동케 했다. 언젠가 큰 사업가가 되겠다는 꿈을 반드시 이뤄낼 강인한 아이다.

이 둘은 우리 부부가 어려서부터 키웠기 때문에 할아버지 할머니에 대한 정이 매우 깊다. 또 나는 물론이고 아내도 이 두 아이에 대해서는 유난히 깊은 애정을 갖고 있었다. 그래서 간혹 이 손주들이 보고 싶어, 일부러 미국에 가는 기회를 만들기도 했다.

내 마음속에는 혜준이가 좀 더 단란한 가정을 유지하도록 미리 적극적으로 도와주었으면 어땠을까 하는 아쉬움이 늘 부채처럼 남아 있다. 그래도 혜준이와 그의 아이들인 우준이, 서연이 모두가 씩씩하고 늠름하게 살아가는 모습은 내게 큰 위안이 되고 있다.

막내 혜신은 활동력이 강하고 다양한 경험을 하고 싶어 하는 성향이 강하다. 중학생 때 구청의 노인돌보미 자원봉사를 했고, 요양보호사 자격증을 딴 후 정성스레 어머니 간병을 하기도 했다. 경희대학교에 입학하자마자 유학길에 올라 NYU에서 생화학 공부를 마치고 귀국해 카이스트 대학원에 가기로 했었다. 그런데 아내가 집을 구해주러 대전에 가서 본 후 주변 환경이 걱정스럽다며 귀경을 설득해 결과적으로 공부를 더 할 기회를 막은 것이 되어버렸다. 어느 집이건 막내에 대해서는 부모가 유난히 애틋한 생각을 하게 마련이라 그랬던 것이지만, 공부를 더 하도록 도와주지 못한 것이 미안한 마음으로 남아 있다.

사위 변노석은 고려대학교 대학원에서 화공학 석사를 취득한 후 롯데케미칼에서 중견 간부로 근무 중이다. 매사에 책임감이 강하고 늘 긍정적인 모습이라 듬직하다. 내가 특별히 깊은 정을 느끼고 있으며, 모든 일을 믿고 맡길 만큼 신뢰성 있는 사람이다.

혜신이와 사위 변노석 사이에서 나온 두 손자 상현과 상준은 성복고등학교에 재학 중이다. 상현이는 조용하면서도 친구가 많고 공부도 상위그룹에 속해 학교생활을 즐겁게 하고 있다. 우리가 아는 상현이는 내성적인 것 같은데 학교에서 생활은 다른 모양이다. 학기가 바뀌어 반장 선거가 있을 때면 늘 지원자로 나서 줄곧 반장에 선출되고 전교 회장을 할 정도로 리더십이 있다. 아직 미래를 설계하지는 못했지만, 이과 쪽으로 방향을 잡은 것 같다.

상준이는 운동을 좋아해 태권도 공인 3단의 자격을 갖고 있다. 얼리 어답터early adopter 성격도 강하고, 컴퓨터나 모바일폰 등 전자기기에 대해 모르는 게 없을 정도로 영특하다. 활동성이 강한 성격이지만 디테일도 갖추고 있어 미래가 기대된다. 손주들 가운데 가장 나이가 어려 특별히 귀여움을 많이 받고 있다.

젊은 시절 회사 일로 집안에 집중하지 못한 탓에 자식들에 대해서는 소원했지만, 일부 손주들은 우리가 키웠고 또 은퇴 후 자주 접촉하다 보니 자식들 때보다 손주들이 더 귀엽다. 내 나이 또래 사람들은 다 비슷하겠지만, 특히 나는 손주들로 인해 인생 말년에 큰 위로를 받고 있다.

내가 사회에서 이룬 성취들은 세월 속에서 흐려질 것이다. 그러나 내가 사랑한 가족, 그리고 나를 사랑해준 가족들 간의 기억은 내 생이 다한 뒤에도 오래도록 이 가문의 시간 속에 살아 있을 것이다. 어떤 사람은 부를 남기고, 어떤 사람은 업적을 남긴다. 그러나 나는 이렇게 말하고 싶다. 내가 세상에 남기고 가는 가장 큰 자산은 내가 사랑한 가족들이라고.

기업에서 이룬 성취보다, 경제적 성공보다, 내가 마지막 순간까지 지키고 싶은 이름은 바로 '가족'이다. 이들 덕분에 나는 흔들리지 않았고, 이들 덕분에 나는 살아 있었으며, 이들 덕분에 나는 인생이라는 긴 여정을 걸어올 수 있었다.

세상 가장 아름다운 증언

I don't know how to start this letter, so I will list from memory everything I am grateful for. I am grateful for the love you have given me. I have felt your love for as long as I can remember.

I remember your love when I was in elementary school in Korea: the way you would hold me when I was in tears, the way you would look at me with fondness when I was joyous, and the way you would look at me with worry when I was hurt. True love is something I still don't fully understand, but if there were a metric or a standard, I think it would be the way you looked at me with genuine, unconditional care.

I am so grateful to have a grandmother who was so loving, even in times when I didn't love myself. I remember the pain in your eyes when you saw me suffer from atopic dermatitis: the way you didn't express your pain with words, but with your efforts to treat me. I remember the hot sauna treatments you sent me to. And it's the little things I remember most your willingness to spend time with me: sitting with me in that boring sauna, talking to me, telling me stories, teaching me math.

You weren't a person who easily expressed emotion. But I could always feel it. You were happy when we visited. At the Walker Hill house, I would explore the place, looking through every drawer and shelf, finding them filled with so much stuff. I remember always looking at your fridge and seeing the Hershey's chocolate syrup, wanting to eat it. You would look at the kids running around the Walker Hill house with warmth and love.

I know how much you cared sending our family to Hawaii because of my pain. How many grandmas in the world would do that for their grandchild? I am so proud to have been your grandchild, so proud of the values you nurtured in me. You saved me from myself: my self-hatred and self-loathing. And it was intentional. You saw my suffering and you decided to bring me to live with you that summer.

You taught me discipline, patience, and maturity.

I don't know how to end this letter either. And I'm writing impromptu right now, an a time when you are currently passing away. Grandma, please go peacefully and please go proudly. You have contributed so much in your life: so much to other people's lives, positively. I will live my life in a way where I stand proud of you.

Grandma. I remember the day you got sick. I remember your look the look of sadness about what was to come, but also your usual strong face, refusing to show weakness. Grandma, how fragile your body became: the person I would least expect to be sick. You used to deadlift more than I did when I first entered your gym!

Grandma. I only wish we talked more: talked more about what you were going through. I am sorry for not spending more time with you. I stayed away partly to protect my own emotions, to avoid facing the ugly truth of what was happening to you. I hope you don't hold that against me.

I love you, and I wish I had said it more. I don't know what the final moments of death are like, but in those final moments, I hope you were able to look back at your entire life, everyone who was part of it, and leave with a smile.

사랑하는 할머니께!

어떻게 이 편지를 시작해야 할지 모르겠습니다.

그래서 지금 기억나는 모든 감사의 마음을 하나씩 적어보려 합니다.

할머니가 제게 주신 사랑에 감사합니다. 아주 어릴 때부터, 제 기억이 닿는 곳 어디든 할머니의 사랑이 함께했습니다. 한국에서 초등학교를 다니던 시절의 저는, 울고 있을 때면 할머니 품에 안겨 위로받았고, 기뻐서 웃고 있을 때면 할머니의 따스한 눈빛을 느꼈습니다. 제가 다쳤을 때는 누구보다 먼저 걱정하는 마음이 그 눈빛에 그대로 비쳤지요.

저는 아직도 '진짜 사랑'이 무엇인지 정확히 설명할 수 없지만, 만약 사랑에 어떤 기준이나 척도가 있다면, 그건 아마도 할머니가 제게 보여주신 그 진실하고 무조건적인 시선일 거예요.

저는 스스로를 사랑하지 못하던 순간에도 저를 변함없이 사랑해주신 그런 할머니를 가진 것이 너무나 감사했습니다. 아토피로 고통받던 저를 바라보는 할머니의 눈에는 늘 말로 표현하지 못한 아픔이 담겨 있었지요. 하지만 그 아픔을 말 대신 행동으로 표현해주셨어요. 뜨거운 한증막 치료를 보내주시고, 무엇보다 그 지루한 곳에서 저와 함께 앉아 이야기해 주시고, 수학도 가르쳐주셨던 그 시간이 아직도 선명합니다. 저는 그 작은 행동 하나하나에서 할머니의 깊고도 조용한 사랑을 느꼈습니다.

할머니는 감정을 쉽게 드러내는 분이 아니었지만, 저는 늘 느낄 수 있었습니다. 우리가 할머니 집에 방문할 때마다 얼마나 기뻐하셨는지를. 워커힐 집에서 저는 온 집 안을 두루 살피며 서랍 하나, 선반 하나까지 열어보곤 했습니다. 할머니 냉장고 속에 늘 있던 허쉬 초콜릿 시럽을 보며 먹고 싶어 안달하던 기억도 납니다.

아이들이 집 안을 뛰어다닐 때, 그 모습을 바라보는 할머니의 눈빛에는 늘 따뜻함이 가득했어요. 그리고 저는 압니다. 저를 위해, 저의 아픔을 덜어주기 위해 우리 가족을 하와이로 보내주셨던 그 큰마음을. 세상에 몇이나 있을까요, 이렇게까지 손주를 위하는 할머니가. 저는 그런 분의 손주였다는 사실이 자랑스럽고, 그 안에서 길러주신 가치들이 지금의 저를 만들었다고 믿습니다.

할머니는 저를 제 스스로로부터 구해주셨습니다. 자책과 미움 속에 빠져 있던 저를 꺼내주신 분도 할머니였습니다. 그 여름, 저를 데려가 함께 지내기로 마음먹으셨던 것은 우연이 아니라, 분명 할머니의 의지였다는 것을 이제야 깨닫습니다. 그 시간 동안 할머니는 제게 절제와 인내, 그리고 작은 성숙을 가르쳐주셨지요.

이 글을 어떻게 끝내야 할지 모르겠습니다. 지금 저는 이렇게 즉흥적으로 이 글을 쓰고 있습니다. 할머니께서 조용히 세상을 떠나가고 계신 이 순간에.

할머니, 부디 편안히 가세요. 그리고 자랑스럽게 가세요.

할머니는 평생 많은 사람의 삶에 따뜻한 흔적을 남기셨고, 세상에 선한 영향을 남기셨습니다.

저는 앞으로의 삶을…… 할머니가 저를 보며 자랑스러워하실 수 있는 사람이 되기 위해 살겠습니다.

할머니. 그날 할머니가 아프셨던 순간을 기억해요. 다가올 일을 알고 계셨던 듯한 그 슬픈 눈빛도, 그렇지만 결코 약한 모습을 보이지 않으려 애쓰시던 늘 그 강한 표정도 기억나요.

할머니의 몸이 얼마나 연약해졌는지…… 세상 누구보다 아프실 것 같지 않던 분이었는데요. 제가 처음 헬스장에 갔을 때, 저보다 더 무거운 바벨을 드시던 할머니였잖아요!

할머니. 더 많이 이야기 나누지 못한 게 너무 아쉬워요. 할머니가 어떤 시간을 보내고 있었는지, 어떤 마음이었는지 더 묻고, 더 들어드렸어야 하는데 그러지 못했어요. 제가 조금 거리를 둔 건…… 솔직히 제 감정을 지키기 위해서였어요. 할머니에게 닥친 그 잔혹한 현실을 마주할 용기가 나지 않아서였어요. 그걸 할머니가 섭섭하게 여기지 않으셨으면 해요.

할머니, 사랑해요. 그리고 이 말을 더 자주 드리지 못해 미안해요.

죽음의 마지막 순간이 어떤 것인지 저는 알지 못하지만, 그 마지막 순간에 할머니가 살아오신 모든 날들, 할머니 곁에 있었던 모든 사람들을 떠올리며 미소를 지을 수 있었기를…… 진심으로 바랍니다.

외손자 우준이는 아내가 평생 보여준 사랑을 기억하고, 그 사

랑의 깊이를 가장 순수한 언어로 증언해주었다. 나는 이 편지를 읽으며 아내의 삶이 외손자의 가슴속에 단단하고 아름답게 남아 있음을 알 수 있었다.

아내가 세상 앞에서는 말수가 적었지만, 마음 안에서는 자손들에게 얼마나 풍요로운 사랑을 품고 있었는지, 그녀가 선택한 행동 하나하나가 어떤 울림을 남겼는지 외손자가 대표로 쓴 이 글이 조용히 밝혀주었다.

아내는 떠났지만, 그녀의 사랑은 손주의 글 속에서, 그리고 우리의 기억 속에서 지금도 빛나고 있다. 이 편지는 한 사람의 일생을 요약한 기록이자, 사랑이 어떻게 대물림되는지를 보여주는 가장 아름다운 증언이다.

제8장

개인의 역할을 넘어

국경 없는 봉사

평생 기업을 일구고 산업을 키우는 일에 집중해왔던 나에게 국제로터리 3650지구 총재 역할은 또 다른 형태의 리더십을 요구했다. 로터리 총재는 단순한 지역의 대표가 아니라 지구 내 모든 클럽을 하나의 정신으로 묶어 봉사의 방향을 세우고, 국제로터리의 이상(우리는 이웃·지역사회·전 세계에 지속적인 변화Lasting Change를 가져오기 위해 함께 행동하는 사람들의 세계를 지향한다)을 지역사회와 세계 속에서 실천하는 책임자다.

로터리는 단순한 사교 단체가 아니라 지역의 문제를 발견하고 이를 해결하기 위해 스스로 움직이는 실천 공동체다. 나는 그 에너지가 흩어지지 않도록 방향을 제시하고, 필요한 경우 외부 기관과의 협력을 이끌어 내는 역할을 맡았다.

총재 재임 동안 가장 중점을 둔 것은 '현장 중심의 봉사'와 '국제적 연대'였다. 하나는 우리 주변의 어려운 이웃을 돌보는 것이었고, 다른 하나는 국경을 넘어 지구촌의 문제를 나눔으로 해결하는 일이었다. 그해 우리는 독거노인과 장애인 가정을 위한 주거 환경 개선 사업을 꾸준히 이어 갔고, 다문화가정 자녀에게 장학금을 지원했으며, 쪽방촌과 노숙인 시설에도 생활 물품과 의료지원을 확대했다. 청소년 직업교육 프로그램, 장학사업, 외국인 근로자 상담 지원에 이르기까지 로터리의 봉사 영역은 생각보다 넓었다.

또한, 로터리의 오랜 과제인 폴리오 퇴치 캠페인에도 힘을 보탰다. 세계 곳곳에서 아직 완전히 사라지지 않은 소아마비를 종식시키는 것은 로터리 전체의 사명과도 같다. 나는 우리 지구의 회원들이 이 국제 캠페인에 더 적극적으로 참여하도록 독려했고, 여러 클럽이 기부와 현장 봉사로 호응해주었다. 작은 힘이 모여 세계적 사업을 움직인다는 사실을 다시금 확인한 시간이었다.

봉사를 통해 또 하나의 진실을 배울 수 있었다. 한 사람이 가진 마음이 다른 사람에게 건네지는 과정이 봉사라는 것을 배웠다. 기업을 경영할 때 나는 숫자와 성과를 보았지만, 로터리에서는 그 뒤에 있는 인간의 따뜻함을 보았다. 2009~2010년의 로터리 총재 임기는 내 삶의 가치를 봉사를 통해 다져준 소중한 시간이었다.

제조업의 기둥을 세우는 시간

기계산업진흥회장으로 일하던 1998~2006년의 긴 기간, 나는 또 다른 형태의 '국가적 봉사'를 했다. 기계산업은 제조업의 기둥이자 경제의 체력이다. 그러한 분야의 대표 기관을 맡았다는 것은 부담과 자부심을 동시에 안겨주었다.

취임 직후 내가 가장 먼저 한 일은 산업을 둘러싼 정보의 흐름을 한데 묶는 것이었다. 기업들은 기술과 시장 정보를 원했고, 정부는 업계의 목소리를 들을 창구가 필요했다. 나는 이를 잇는 다리가 되고자 했다.

우리 기업들이 해외에서 설 자리를 찾는 일에도 힘을 보태려 애썼다. 여러 해 동안 베트남을 비롯한 신흥시장에 로드 쇼를 열고, 중소 제조기업들도 세계 무대에 설 수 있도록 지원했다. 그들은 거대한 자본을 가진 대기업이 아니었지만, 뛰어난 기술과 성실한 마음을 가진 사람들이었다. 나는 그들의 가능성을 믿었고, 그 믿음을 해외시장에 함께 증명해 보이고 싶었다.

한편 국내에서는 대기업과 중소기업이 함께 성장하는 구조를 만드는 데 공을 들였다. 수급기업 펀드, 연계보증제도, 협력전시회 등등. 말로 하면 단순한 제도 같지만, 이 장치들이 생겨남으로써 중소기업들이 자금과 판로에서 숨통을 틔울 수 있었다. 기계산업 전체의 체질을 바꾸는 일은 하루아침에 이루어지지 않지만, 그 작은 조치 하나하나가 산업의 내력을 바꾼다고 믿었다.

전시회와 기술 교류의 장도 꾸준히 넓혔다. 한국기계전KOMAF은 단순한 전시회를 넘어 세계적 비즈니스 플랫폼으로 성장했고, 나는 이 전시회가 한국 기계산업의 얼굴이 되길 바랐다. 말단기술에서 출발했던 국내업체들이 세계의 기업들과 어깨를 나란히 하던 순간들을 나는 지금도 생생히 기억한다. 그것은 산업이 성장하는 가장 아름다운 장면이었다.

그 시절 나는 산업을 움직이는 것은 결국 사람과 기술, 그리고 서로를 신뢰하려는 의지라는 사실을 다시금 배웠다. 진흥회장으로 보낸 1998~2006년의 기간은 오래전 대우중공업에서 기계와 인연을 맺은 후 국내 기계산업 전체의 진흥을 위해 정열을 쏟을 수 있었던 소중한 시간이었다.

정밀을 향한 땀의 시대

나는 한국공작기계산업협회와 유난히 인연이 깊었다. 제3대(1983~1985), 제7~8대(1993~1997) 등 3대에 걸쳐 회장을 맡았던 기간은 내 경영 인생에서 가장 '산업의 뿌리에 가까이한 시간'이었다. 공작기계는 모든 제조업의 근간이다. 자동차도, 선박도, 항공기 부품도 공작기계 위에서 태어난다. 나는 늘 "공작기계의 수준이 곧 나라의 산업 수준"이라고 말하곤 했다. 협회장을 맡아 대한민국 제조업의 맥박을 살피는 경험을 했다.

기업경영 때도 그랬지만 그 시절 내가 가장 중시한 것은 기술 자립이었다. 대우중공업 사장으로 부임한 다음 해(1981년)에 미국 시카고에서 열린 국제 공작기계 전시회에 간 적이 있다. 그때 우리나라에서 유일하게 전시회에 참여한 대우중공업은 전시회 본 건물이 아닌 외곽의 가건물에서 구닥다리 머시닝센터를 전시했었다. 그 정도로 국내업체들은 선진 기술에 한참 뒤져 있었고, 핵심 정밀부품은 수입에 의존했다.

그러나 내가 한국공작기계산업협회 7~8대 회장을 맡았을 때는 국산 공작기계가 세계시장에서 인정받기 시작한 때였다. 그 실력을 바탕으로 국내 전시회와 국제무대에서 한국 기계산업의 존재를 키우는 일을 중점적으로 추진했다. KIMEX, SIMTOS 같은 전시회를 확대해 세계와 기술을 교류하는 산업 축제의 장으로 키우고자 했다. 해외 바이어들을 초청해 수출 상담회를 열고, 우리 기술을 직접 시연하며 신뢰를 쌓았다. 그 무대에서 중소기업의 부스에 첫 해외 바이어가 찾아와 계약을 맺던 광경을 나는 지금도 잊지 못한다. 그것은 한 기업의 성공을 넘어, 한국 공작기계의 가능성을 증명하는 순간이었다.

인력 양성과 학계와의 협력도 이 시절 내가 애썼던 분야다. 대학·연구소와 협력해 기계가공·정밀측정·CNC 공정 기술 교육 프로그램을 만들었고, 협회 회원사들이 젊은 기술자들을 키우는 데 더 적극적으로 나서도록 격려했다. 산업의 미래는 결국 사람에게서 나오기 때문이다.

돌이켜 보면, 한국공작기계산업협회장 시절은 가장 깊은 현장의 힘을 느낀 시간이었다. 산업은 거대한 공장과 설비에서 자라는 것이 아니라, 보이지 않는 정밀도와 장인의 땀에서 자란다는 진리를 그때 나는 더욱 또렷하게 깨달았다. 그 경험은 내 경영 철학의 기초가 되었고, 오늘의 한국 공작기계가 세계시장에서 존재감을 갖게 된 데 작은 밑거름이 되었다고 믿는다.

세계에 플랜트를 심던 추억

한국플랜트수출산업협회장을 맡았던 2001~2009년의 8년은 내 인생에서 가장 넓은 지평을 바라본 시간이었지 않나 싶다. 플랜트 수출은 한국 산업이 종합적으로 세계와 마주하는 전선이다. 정유·화학·발전·해수 담수화·철강 플랜트 등 거대한 산업들은 한 나라의 기술력, 금융력, 조직력이 총동원되어야 발전이 가능한 사업이다. 나는 그 무게를 누구보다 잘 알고 있었기 때문에 협회장직을 거의 '국가적 사명'에 가깝게 받아들였다.

그 시절 내가 가장 중점을 둔 것은 한국형 수출 경쟁력의 틀을 세우는 일이었다. 정부와 함께 국익을 위해 과당 경쟁을 자제하는 일에 집중했다. 또 정부기관과 수출보험공사 같은 금융권과 긴밀히 협의하며, 대형 플랜트 수주가 가능하도록 '기술+금융+협력업체'가 묶이는 패키지형 구조를 만드는 데도 협회 차원에서 힘을 쏟았다. 이 체계가 자리 잡히자 해외 발주처의 신뢰도는 높아졌고, 우리 기업들은 더 큰 무대에서 경쟁할 수 있었다.

또 기억에 남는 일은 엔지니어링·부품업체의 해외 동반 진출을 추진한 것이다. 예를 들어 한국중공업이 해외 입찰에 참여할 때 입찰 서류에 현대와 효성의 중전기를 부품 명세에 구체적으로 적시해 그들의 존재를 해외에 알리는 역할을 했다. 물론 플랜트 산업은 대기업만으로 이루어지지 않는다. 수천 개의 중소기업과 전문 기술자, 그리고 현장 엔지니어들의 땀이 모여야 턴키 베이스 수출이 완성된다. 나는 협회 내에 공동 전시관, 해외 로드쇼, 수출 상담회 등을 마련해 중소기업들이 해외 EPC 프로젝트에 참여할 수 있도록 길을 열었다. 한국 산업의 미래는 그렇게 열렸다.

플랜트란 단지 기계와 설비의 조합이 아니라 그 나라의 산업구조와 경제개발을 함께 설계하는 일이다. 그래서 나는 늘 "플랜트 수출은 한국의 기술을 넘어 한국의 약속을 수출하는 것"이라고 말했다. 세계의 거친 사막과 습한 항만, 신도시 공사 현장을 직접 걸으며 그곳에 진출한 한국 산업의 진정한 힘을 보았다. 거대 설비 자체가 아니라 사람의 전문성과 책임감, 그리고 국가 전체가 움직이는 협력의 에너지도 보았다.

협회장을 지내는 동안 한국의 플랜트 수출이 40억 달러에서 700억 달러 가까이 폭발적 성장을 하는 대견한 모습을 볼 수 있었던 것은 큰 행운이었다. 한국 플랜트 산업이 세계로 뻗어나가던 결정적 순간에 조금이나마 힘을 보탠 보람이 내 마음에 남아 있다.

마음을 이어 붙이던 시간

나는 2017년부터 6년 동안 서울 사회복지공동모금회 회장을 맡았다. 산업의 현장과 국제무대를 오래 걸어온 나에게, 이 역할은 낯설고 이색적이었다. 내가 다루어야 했던 것은 기술이나 자본이 아니라, 사람의 마음이 모여 만들어 내는 따뜻한 힘이었다. 그래서 나는 이 직책을 '나눔의 경영'이라고 부르곤 했다.

취임 직후 내가 가장 먼저 한 일은 신뢰를 세우는 것이었다. 모금기관은 시민의 마음을 대신 다룬다. 그 무게를 잊지 않기 위해 나는 매달 배분 현장을 꼼꼼히 살피고, 성금이 어느 가정의 어떤 문제를 해결하는지 확인하려고 애썼다.

내가 회장을 맡고 있던 시기에 서울의 모금 규모가 해마다 큰 폭으로 성장한 것은 나에게 행운이었다. 어느 해에는 800억 원을 넘겼고, 코로나19가 한창이던 시기에도 1,000억 원을 돌파하는 사상 최고 모금액을 기록했다. 위기가 클수록 시민의 손길이 더 따뜻해졌다는 것은 가슴 뭉클한 장면이다. 그 성금으로 의료진에게 방호 장비를 전달하고, 고립된 어르신·다문화가정·위기 가구처럼 정부의 손길이 미치지 못하는 최하위 계층에 생계비와 식료품을 지원했다. 그래서 '도시는 차갑다'는 통념이 적어도 그 시기 서울에는 적용되지 않는 것을 보았다.

나는 기업의 힘이 장기적·구조적 문제에 대응할 수 있다는 점에 주목했다. '나눔명문기업'이라는 고액 기부 프로그램이 빠르게 성장한 것은 고무적이었다. 처음 몇 곳이던 기업이 해마다 늘어 어느덧 서울에서만 수십 곳이 참여했고, 회사들은 아동 교육·장애인 자립·노숙인 지원 등 각자의 전문성을 살려 지속적 기부를 이어 갔다. 그 흐름을 보는 일은 잔잔한 감동이었다.

돌아보면, 그 6년 동안 나는 많은 것을 배웠다. 사람의 마음은 숫자로 환산할 수 없지만, 그 마음이 모이면 도시 하나의 온도를 바꾼다는 사실을 나는 실감했다. 기업을 경영할 때는 늘 '사람이 전부'라고 말했지만, 모금회에서의 시간은 그 말의 의미가 한층 더 깊었다.

나라를 서로 잇는 다리가 되어

여러 해 동안 핀란드, 인도, 체코, 몽골, 이란, 독일, 러시아 등과 민간경제협력위원회 한국 측 위원장으로 접촉하고 활동했던 시절은 흥미진진했다. 산업현장에서 오랜 세월을 보낸 내게 이 역할은 자연스러운 업무의 연장이었다. 단순한 무역 확대나 투자 유치에 그치지 않고 서로 다른 역사와 문화, 산업 구조를 가진 나라들끼리 신뢰를 바탕으로 손을 맞잡게 하는 것은 사교성 있는 내 체질에 아주 잘 맞는 역할이었다.

어떤 국가는 첨단기술을 공유하고 싶어 했고, 어떤 국가는 인프라·플랜트 건설을 원했으며, 또 어떤 국가는 교육·보건 분야에서 협력을 요청했다. 나는 우리 기업과 기관들이 상대국의 필요를 정확히 이해하고, 그 요구에 가장 적합한 해법을 제시할 수 있도록 목소리를 이어주는 역할을 했다. 때로는 관료보다 먼저 현장을 찾았고, 때로는 기업의 손을 잡고 해외 정부의 회의실을 함께 걸었다.

중소기업의 국제무대 진출을 도울 때가 가장 보람이 있었다. 대기업은 이미 세계 곳곳에서 활동하고 있었지만, 기술력은 뛰어나도 해외 경험이 부족한 중소기업들은 발을 디딜 기회조차 얻기 어려웠다. 나는 각국 위원회와 공동 전시회, 기술 세미나, 투자설명회를 열어 그들에게 '첫 해외 파트너'를 만나게 하는 일을 가장 소중한 과제로 여겼다.

이란·러시아처럼 정치·경제 환경이 불안정한 지역에서는 리스크를 조정하는 중재자의 역할도 필요했다. 협력의 가능성과 위험을 동시에 고려하며, 기업이 안전하게 사업을 펼칠 수 있는 틀을 만드는 것이 위원장의 중요한 책무였다. 핀란드나 독일처럼 기술 선진국과는 공동연구와 교육 교류, 품질 표준 협력을 추진해 우리 산업의 깊이를 넓히는 데 힘썼다.

돌이켜 보면, 이 역할은 기업경영보다 더 큰 '사람의 외교'였다. 정부가 할 수 없는 일, 관료가 놓치는 작은 연결고리를 민간이 이어주는 것, 그것이 민간경제협력위원회의 존재 이유였다. 국가 간 신뢰는 거대한 선언이 아니라, 사람과 사람 사이에서 묵묵히 쌓여가는 것임을 그때 나는 보았다.

멀리 있는 이웃을 위한 봉사

나는 1991년부터 2012년까지 21년 동안 주한 우간다 명예영사를 맡았다. 한국과 우간다는 서로 지리적으로도, 문화적으로도 멀리 떨어진 나라다. 경제적 교류도 크지 않다. 그렇기에 어떤 대가를 바라보고 맡을 만한 직책은 아니다. 빛이 안 나는 일이고, 대부분의 활동을 스스로 책임져야 하는 자리다. 여러 해 동안 자비를 들여가며 우간다를 한국에 알리고, 국내에 머무는 우간다

인들이 겪는 법적·의료적·생활상의 어려움을 해결하는 조력자 역할을 맡았다.

우간다 정부 인사들이 방한했을 때는 그들의 일정과 산업 방문을 도왔고, 우리 기업들이 동아프리카 시장을 탐색하고자 할 때는 필요한 정보와 연결을 마련해주었다. 결코 화려하지 않았지만, 아프리카를 향한 한국 기업의 첫 발걸음을 돕는 조용한 봉사였다.

내게 가장 기억에 남는 일은 한국에서 학업을 이어 가던 우간다 청년들이 졸업식에 초대해주던 순간들이다. 그들은 나를 'Mr. Yoon'이 아니라 '아버지 같은 분'이라 불렀다. 그 작은 고백 속에서 나는 명예영사로서의 보람을 느꼈다.

이 직책을 통해 내가 한 것은 외교가 아니라 삶의 연결이었던 모양이다. 국가 간 우정은 거대한 협정에서 시작되는 것이 아니라, 먼 나라의 한 사람을 따뜻하게 대하는 작은 배려에서 시작된다는 사실을 깨달았다.

제9장

인생 경영을 정리하며

확신과 회의 사이

기업경영을 하며 살아온 한 사람으로 인생을 말할 때 가장 먼저 떠오르는 단어는 '결정'이다. 나는 수십 년 동안 셀 수 없이 많은 갈림길 앞에 서야 했다. 어떤 선택은 사소한 조정에 불과했지만, 어떤 선택은 회사의 장래는 물론 산업 전체의 방향을 바꾸는 중대사였다.

그래서 나의 머릿속에는 늘 보이지 않는 저울 하나가 있었다. 새벽까지 깨어 기회비용을 헤아리고, 각 시나리오가 불러올 후폭풍을 상상하고, 이해관계자들의 반응을 가늠하며 무거운 저울 위에 생각을 하나씩 올려놓는 시간은 나에게 일상이었다.

그러나 아무리 계산을 반복해도 미래는 쉽게 모습을 드러내지 않는다. 숫자는 논리적이지만, 현실에서는 언제나 비논리적인 변수가 돌출한다. 국제정세, 환율, 기술의 급격한 변화, 고객의 예기치 않은 요구, 경쟁사의 선제적 움직임 등은 어느 날 갑자기 상황을 뒤흔들곤 했다. 그래서 나는 스스로에게 묻곤 했다. "지금의 선택이 과연 최선인가? 이 선택이 우리 회사를 어디로 데려갈 것인가?" 아무리 뛰어난 참모들이 곁에 있어도 선택의 책임은 결국 최고경영자 한 사람에게 귀속된다. 큰 선택일수록 외로운 밤을 견뎌야 했다.

심리학자 마틴 셀리그먼은 인간을 '호모 프로스펙투스homo prospectus'(미래를 숙고하는 존재)라고 불렀다. 그러나 미래를 예측하도록 진화했다 해서 언제나 올바른 결론에 닿는 것은 아니다. 오히려 그 반대인 경우가 많을 것이다. '내가 옳다'는 확신이 스스로를 속이는 장벽이 되기도 한다. 자기가 옳다고 생각한 것이 '답'이라고 결론지어버리는 확증편향confirmation bias 때문이다.

이런 확증편향의 위험을 피하려면 다른 사람들의 다양한 의견이 필요하다. 그래서 나는 무수히 많은 회의를 열어 지혜를 구하고자 했다. 회의 그 자체를 좋아해서가 아니라, 내 생각이 굳어지지 않도록 스스로에게 '환기'를 하기 위해서였다. 회의는 단순한 보고 자리가 아니라 서로의 생각을 비스듬하게 비춰보며 균형을 잡는 시간이었고, 나에게는 아이디어와 용기를 얻는 중요한 통로였다.

서류만 보며 결정을 내리는 사람은 숫자만 볼 뿐 회사의 '맥박'을 읽지 못한다. 나는 회사의 맥박을 느끼기 위해 수없이 많은 대화를 했고, 그 과정에서 깨달음을 얻었다. 회의는 나에게 보고의 장소가 아니라 소통의 장이었고, 나를 교정해주는 거울이었다.

49%의 승리

웨스트포인트 졸업생들을 분석한 하버드대의 보고서는 나에게 많은 생각을 안겨주었다. 성적과 용맹성을 기준으로 네 부류로 나누어 그들의 최종 계급을 비교한 결과, 뛰어난 성적과 강한 용맹을 가진 사람이 정상을 장악하지 못했다는 결론은 흥미로웠다. 지나친 자기 확신은 갈등을 낳고, 갈등은 조직의 결속을 해친다.

반면 성적은 좋지만 덜 용맹스러운 사람들, 즉 신중하되 책임감이 강한 이들이 오히려 조직을 끝까지 이끌었다는 사실은 깊은 교훈을 남겼다. 나는 이 보고서를 접한 후로 '어디에서 용맹해야 하고 어디에서 양보해야 하는가'를 다시 생각했다. 입찰과 기술 개발에서의 용맹은 필요했지만, 거래에서의 용맹은 불필요한 상처를 남길 뿐이었다. 거래는 상대가 있는 게임이며, 그 상대와 앞으로도 수년 동안 관계를 이어 가야 한다.

그래서 입찰 경쟁, 기술 개발 경쟁에서는 정정당당하게 이기려고 노력했다. 그러나 거래할 때는 상대에게 충분한 배려와 양보를 하려고 노력했다. 상대가 단 1%라도 나보다 더 가져가도록 하는 것이 신뢰를 쌓는 길이고, 좋은 관계를 오래 유지하는 길이라고 생각한 것이다. 내가 49%만 갖고 상대에게 51%를 준다는 마음, 거래할 때 그런 마음으로 임하면 대개의 경우 성공한다. 그런데 돌아서서 보니 내 손에 51%가 쥐어진 경우가 상당히 많았다.

49%의 승리를 바보의 선택이라고 해도 좋다. 나쁘다고 생각하지 않으면 된 것이다. 인생의 기본이, 지는 것이 이기는 것이라고 생각했다. 이기려고 하는 사람이 이기는 것이 아니라, 질 줄 아는 사람이 끝내 이긴다는 사실을 몸으로 배웠다.

그렇게 살아오니까 후회가 많지 않다. 하지만 그렇게 살려면 용기가 많이 필요하다. 강하게 싸우는 것이 용기가 아니다. 싸우지 않도록 참을 수 있는 용기, '지는 용기'야말로 가장 큰 용기라고 생각한다. 손익을 따지면 그런 용기는 얻을 수 없다. 지더라도 상대에게 나에 대한 신뢰는 남겨두려고 했다.

신뢰를 쌓는 사람들

그래서 직원들에게도 늘 신뢰를 쌓지 않으면 성공할 수 없다고 말했다. 당장의 이익이 영원한 이익이 아니다. 최고의 세일즈맨은 어떤 사람인가. 많이 파는 사람일까? 아니면 높은 가격에 파는 사람일까? 능력 있는 최고의 세일즈맨은 내가 팔고 싶은 사람에게 내가 팔고 싶은 가격에 파는 사람이라고 생각한다. 그것이 내가 지금까지 살아오면서 가지고 있는 기준이자 철학이다.

예를 들어 판매에 성공했다고 하는데 분석해보니 덜 좋은 조건으로 팔았다면, 그 사람을 좋은 세일즈맨이라고 할 수 없다. 나는 꼭 팔아야겠다고 생각한 가치 있는 상대에게는 몇 년이 걸리더라도 계속 도전을 하고, 그때마다 다양한 방법으로 다시 접근하는 끈기를 갖고 살아왔다. 4년에 걸친 도전 끝에 나에게 인생의 변곡점이 될 만큼 큰 상담을 성사시켜 준 미국 최대 섬유 바이어 시어스 로벅과의 인연도 그런 사례였다.

때에 따라서는 서둘러 포기하면서 더 크게 생각하려고 마음을 다스려왔다. 포기할 때는 한 번 더 크고 넓게 생각하며 미래를 보자는 것이 내 인생을 이끌어 왔다. 잘못된 것에 미련을 가지면 앞이 안 보인다. 포기하지 않으려 노력하지만 그래도 안 되면, 다시는 뒤를 돌아보지 않는 게 나의 오랜 철학이고 관습이었다.

재판再版의 마음으로

'인생을 처음부터 다시 한번 더 살아 보겠냐?'는 제안을 받는다면 나는 기꺼이 그렇다고 답할 것이다. 내가 살아온 인생 여정에 대해 후회되는 일이 많아서가 아니다. 오히려 내가 살아온 길을 다시 걸어볼 수 있다면 한 번 더 세상을 배우고, 한 번 더 사람을 만나고, 한 번 더 성취와 실패를 경험하는 기쁨을 누리고 싶기 때문이다.

책을 낸 저자가 재판에서 오류를 수정하듯, 내 삶도 수정판을 만들 수 있다면 얼마나 많은 이들에게 더 따뜻한 방향의 선택을 할 수 있을까. 가끔 이런 생각을 한다. 그러나 그 기회가 주어지지 않더라도, 나의 지난 선택들을 기록하는 일은 의미가 있다고 생각한다. 기록은 반성의 도구이자 다음 세대를 위한 조언이기 때문이다.

내 인생을 점수로 매긴다면, 가정에서는 50점으로 낙제점에 가깝고 사회활동에서는 80점 정도 되는 것 같다. 그러나 얼마나 열심히 살았느냐를 기준으로 하면 점수가 좀 더 올라가지 않을까 싶다. 그만큼 나는 충분히 열심히 살았다고 자신 있게 말할 수 있다. 사회생활로만 한정하면 나는 누구보다 최선을 다했고, 나에게 허락된 시간과 기회 안에서 정말 치열하게 살았다. 이 점수는 남이 매긴 점수가 아니라 내가 매긴 점수이기에, 무엇보다 솔직하다.

혹여 내가 열심히 사는 것이 남에게 불편을 주지는 않았는지, 내가 경영을 맡았을 때의 아랫사람들에게 군림하며 불편을 주는 존재는 아니었는지 궁금했다. 그래서 은퇴한 후 과거 비서실 직원들에게 물어본 적이 있다. "내가 혹시 회사에서 군림하는 존재

었나?" 나는 마음속으로 그런 사람이 아니라고 여겼다. 그러나 그들의 대답은 예상과 달랐다. "회장님은 군림하셨지요. 다만 직원들이 군림 당하는 줄 몰랐을 뿐입니다." 그 말이 처음에는 낯설었지만 곧 이해했다.

기업이 어려움을 겪던 시기, 나는 더 꼼꼼하게 파고들었고 더 단호하게 방향을 제시했다. 그러나 그것은 고압적 태도에서 비롯된 것이 아니라 책임감에서 비롯된 것이었다. '군림'이라는 단어 속에는 두려움과 억압이 담겨 있지만, 그들이 느끼지 못했다는 것은 내가 강요로 조직을 움직인 것이 아니라는 뜻이었다. 나는 그렇게 이해했다.

선봉의 책임

어떤 스타일로 경영을 하든 불만스러운 현실에서 이상적인 미래를 상상하고 설계하는 것은 참으로 어려운 일이다. 이상만을 좇는 기업은 지속성을 잃고, 현실에 묶인 기업은 발전을 놓친다. 기업은 어두운 현실과 상상 속 밝은 미래와의 간극을 좁혀야 생존하고 발전할 수 있는 것이다.

그 간극을 메우는 것이 바로 최고경영자의 역할이다. 경영자는 발등에 떨어진 난제들을 마주하면서 어떻게 이 난관을 극복하고 발전적인 미래를 건설해 나갈 것인지를 고민해야 한다. 그래서 미래를 읽고, 시장을 해석하고, 지금 무엇을 해야 할지 결정하는 힘이 경영자에게 꼭 필요한 것이다. 시대를 정확하게 읽고 대처하는 능력이야말로 지도자의 필수 덕목이다.

기업의 무대는 시장이다. 시장을 예측하면 기업이 지금 해야 할 일이 보이고, 그 뒤에 도전하고 성취했을 때의 기업 미래상이 보인다. 그 전제가 되는 것은 긍정적인 생각이다. 세상을 긍정적으로 보면 하고 싶은 일, 해야 할 일들이 태산처럼 많이 보인다.

그 일들을 향해 맨 앞에 선다는 것은 그 자체가 부담이다. '선봉에 서다, 진두지휘하다'라는 뜻의 영어 단어 'spearheading'은 여러 가지 의미를 시사한다. 화살의 맨 앞쪽이라는 말인데 선봉에 서면 자신이 가장 먼저 타격을 받게 마련이라는 의미를 함유하고 있다. 화살의 머리는 목표물에 충돌하는 순간 목적을 달성하고 제일 먼저 부서지는 존재다. 지도자가 힘든 것은 이처럼 먼저 희생해야 한다는 것 외에 추종자들보다 훨씬 더 큰 책임을 져야 한다는 부담 때문이기도 하다.

모세의 선택에서 얻은 교훈

예를 들어 성경에 나오는 모세가 바로 그런 존재다. 이스라엘 민족을 이끌고 40년 동안 광야를 헤매다 가나안 땅을 눈앞에 둔 모세는 12명의 척후병을 보낸다. 가나안을 정탐하고 온 12명 가운데 10명은 "젖과 꿀이 흐르는 땅인 것은 맞지만 그곳에는 기골이 장대한 군인들이 엄청난 무기를 보유하고 있어 들어가면 안 된다"고 보고했다. 나머지 두 명은 반대로 "기골이 장대한 군사들이 엄청난 무기로 무장하고 있는 것은 맞지만 그곳에 젖과 꿀이 흐르고 있으니 들어가야 한다"며 진군을 건의했다.

이때 지도자는 어느 쪽을 선택해야 할까. 무리의 운명을 걸고 최종적으로 한쪽을 선택해야 하는 것은 보통 외롭고 두려운 일이 아니다. 나는 그런 경우 가급적 긍정적으로 전망을 하는 사람들 편에 서서 일하는 쪽을 택했다. 위험이 보이지만, 가능성도 보였기 때문이다.

미래를 긍정적으로 바라보는 힘은 그 결정의 방향을 정해주는 나침반과 같다. 나는 긍정적 사고방식을 잃지 않으려 노력했다. 긍정과 낙관은 다르다. 낙관이 '그렇게 되면 좋겠다'는 희망이라면, 긍정은 '그렇게 만들겠다'는 의지다.

운이라는 것도 비슷하다. 항해를 하다 보면 운이 좋으면 순풍을 만나고 운이 나쁘면 폭풍을 만난다. 그러나 운은 미리 볼 수 있는 것도 아니고 내가 어찌 할 수 있는 것도 아니다. 그렇다고 모든 것이 운에 따른 것이니 그저 요행만 바라고 있다면 그것은 어리석은 짓이다. 운이 오기만을 기다리는 사람에게는 아무것도 오지 않는다. 나는 운에 기대지 않았고, 다만 올 가능성에 대비하여 끊임없이 자신을 준비하려 힘썼다.

낮은 것들의 가치

젊은 시절에는 거창한 것을 내세우거나 허세를 부리고 싶은 때도 있었다. 의욕적으로 일할 때는 목표를 높게 잡고 도전하는 용기를 갖기 위해서 이런 성향이 요구되기도 했다. 그러나 무엇인가를 해내야 한다는 부담을 안고 치열하게 달려와 원하던 많은 것을 이룬 지금은 작은 것, 하찮은 것, 낮은 것들이 더 친근하게 여겨진다. 그래서 남은 인생은 내가 가진 것들을 작고 하찮고 낮은 존재들을 위해 베풀고 떠나야겠다는 생각을 한다.

내가 숱하게 많은 우여곡절의 순간과 끝없이 이어진 실패 속에서도 마침내 오늘과 같은 성취를 이룰 수 있었던 가장 큰 은혜는 '사람'이었다. 내가 걸어온 길에서 만난 수많은 은인들과 동료들, 그리고 그들과 함께 현장에서 흘린 땀방울들이 오늘의 나를 있게 했다. 내가 이룬 사회적 성취들은 어찌 보면 굉장히 많은 행운이 연달아 찾아와 생긴 산물일 수도 있다. 아니면 불행이 비껴간 것일 수도 있다. 어느 쪽이든 감사할 뿐이다.

짐 콜린스의 window & mirror 현상이란 것이 있다. 무능한 경영자는 일이 잘 풀렸을 때 거울 속 자신을 보면서 스스로 칭찬하고, 일이 잘 안됐을 때는 창밖을 가리키며 노조가 저러니 성공할 수가 있냐는 식으로 외부에 책임을 미룬다고 한다. 반면 유능한 경영자는 회사가 큰 성취를 이뤘을 때 창밖을 가리키며 모두

가 열심히 해준 덕이라고 그 공을 남에게 돌리고, 반대로 상황이 좋지 않을 경우 거울을 보며 자책을 한다는 것이다.

나는 어떤 자세로 일했을까? 이 물음은 지금도 내게 숙제로 남아 있다.

지도에 없는 길

살아온 인생을 되돌아보면, 그때그때 최선을 다한 적이 많아서 그런지 버릴 것은 그다지 많지 않다. 물론 후회되는 일들도 있었지만 그것 또한 버리고 싶지 않다. 행복할 때, 어려울 때를 다 지내고 결국 그 합계가 지금의 '나'이기 때문이다.

친구들을 거절하지 못하는 성격이라 부탁을 안 들어줄 수 없었고, 들어주다 보면 손해를 보는 경우도 많았다. 회사가 피해 보고 개인도 피해를 봤지만, 그것 역시 다 내 인생이다. 나에게 허점, 약점이 좀 있으면 어떤가. 그것조차도 다른 사람들에게는 교훈이 될 수 있지 않은가. 그러나 내가 살아온 것이 다른 이들에게 표준이 되리라고 생각하지 않는다. 강요한다고 될 일도 아니다.

젊은 시절 나는 높이 날고 싶었다. 사람들에게 인정받고 싶었고, 큰 목표에 도전하고 싶었다. 그래서 "가장 높게 나는 새가 가장 멀리 본다"는 말을 좋아했다. 이 말은 보통 높은 시야, 통찰, 비전을 상징하는 비유다. 높이 나는 새는 멀리까지 볼 수 있으니,

넓은 안목을 가진 사람이 미래를 꿰뚫어 본다는 뜻으로 사용된다.

그러나 시간이 흐르며 깨달았다. 그 말이 빛나는 진실이긴 하지만, "가장 낮게 나는 새가 가장 멀리 간다"는 말 또한 무시할 수 없는 진리라는 것을 경험으로 알게 된 것이다. 낮게 난다는 것은 땅 가까이, 현실 가까이 있다는 의미로 해석할 수 있다. 이상이나 환상보다는 현실에 발을 딛고 묵묵히 가는 존재 또한 중요하다는 이야기다. 멀리 간다는 것은 단기 성취보다는 지속성과 인내의 결과로 이룬 먼 여정을 상징한다. 지도자는 높이 날아 멀리 보기도 해야 하지만, 낮게 내려와 실무자들의 손을 잡고 고충도 살펴야 한다.

나는 늘 흐름을 읽으려 했다. 산업의 재편, 순환 주기, 변화의 신호. 그 속에서 우리의 위치를 파악하고, 그 빈틈을 기회로 만들고자 했다. 기회는 준비된 눈에만 보인다. 나는 그 눈을 가지려 애썼다.

그런 과정에서 나는 지도 속에 나와 있는 편안한 길만 선택하지 않았다. 돌아보면 오히려 '지도에 없는 길'을 걸어온 흔적이 더 길게 남아 있다. 남들이 가지 않는 그 길 위에, 늘 거대한 가능성이 기다리고 있다는 것을 나는 알고 있었다. 그 길은 외롭고 두려웠다. 하지만 그 길 끝에서 나는 국가와 기업, 그리고 내 삶에 찬란한 결실을 안겨준 감사한 보상을 받았다.

이제 나는 삶의 마지막 언덕에서 이 모든 여정을 조용히 바라본다. 결단과 두려움, 경영과 신뢰, 승리와 양보, 겸손과 감사. 그 모든 것이 내 인생의 합계이자 평균이다. 그리고 그 평균은 내게 충분하다. 나는 그렇게 살았고, 그렇게 걸었으며, 이제 그 길이 끝난다 해도 후회는 없다.

4부

인연,
그리고 사람들

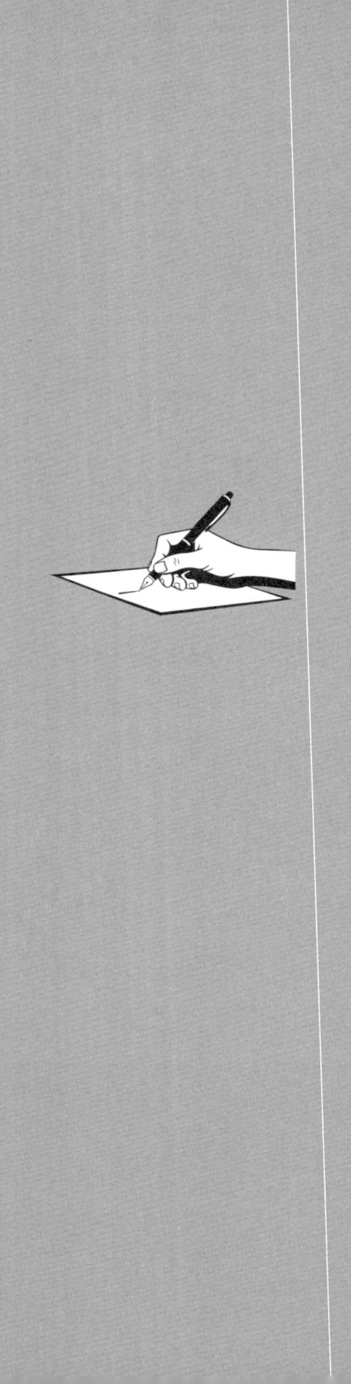

제10장

내가 본 윤영석

다재다능한 사람

손경식 | CJ 그룹 회장

윤영석 회장과 나는 경기중학교, 경기고등학교 동기 동창이다. 6·25 피난 시절 경기중학교에 입학해 부산 서대신동의 천막으로 된 임시교사에서 처음 만났는데 그것이 73년 전이다.

윤 회장은 매우 지혜로운 사람이다. 영리한 사람은 꾀를 많이 써서 실망감을 주기도 하는데 이 사람은 소박한 사람이다. 그래서 뭇사람들에게 친근감을 주고 친구가 많다.

윤 회장은 유능한 경영인이다. 대우그룹의 창업에 참가하고 해외 지사를 누비며 우리나라의 수출 활동을 이끌었다. 그만큼 해외 사업에 대한 지식과 경험이 많다. 대우조선의 사장을 지내기도 했는데, 그때 윤 회장의 초청을 받아 거제도 조선소 현장을 방문하기도 했다. 그 거대한 조선소를 경영하는 모습이 친구로서 여간 자랑스러울 수가 없었다.

그 후 김우중 회장이 대우그룹 총괄회장으로 발탁하여 대우의 2인자로서 경영을 지휘했다. 대우를 떠난 후에도 한국중공업(후일 두산중공업) 대표를 맡아 커다란 업적을 쌓아 올리며 그 경영 역량을 십분 발휘했다.

윤 회장은 다재다능한 사람이다. 고교 시절에는 밴드부원이 되어 색소폰을 잘 불었는데 그 후 기회가 없어서 계속하지는 못한 것 같다.

윤 회장은 매우 다정한 사람이다. 언제 어디서든 그에게서 전화가 오면 항상 반갑다. 그 다정한 목소리가 즐겁기 그지없다. 윤 회장을 비방하는 사람은 아직 한 번도 보지 못했다.

윤 회장 이야기가 나오면 그 부인을 빼놓을 수 없다. 몇 달 전 작고하셨는데 매우 훌륭한 분이다. 내 처가 항상 존경하던 분이셨다. 판단력이 높아 윤 회장에게는 큰 내조자이셨다. 내 처와 윤 회장 부인, 그리고 국회부의장이셨던 이상득 의원의 부인이 일본어 공부를 함께했는데, 남편 되는 우리 세 사람을 우리 스스로 학부형이라고 불렀다. 부인의 투병 중에 윤 회장의 간병도 매우 눈물겨웠다.

윤 회장은 매우 가정적인 사람이다. 부인뿐만 아니라 자녀들에게도 애정이 깊어 우리가 배울 점이 많다.

윤 회장은 활동 범위가 넓은 사람이다. 로터리언이기도 해서 국내의 로터리 클럽의 회장을 맡기도 했으며, 국제로터리 본부의 중요 직책을 맡아 국제로터리 업무에 참여하기도 했다.

윤 회장은 정의를 신봉하고 신의를 지키는 모범 시민이다. 법이 없어도 스스로 나아갈 길을 찾아갈 사람이다. 비록 연령은 높지만, 앞으로도 우리 사회를 위하여 나아갈 방향을 제시하고 정의를 구현함에 일조하리라 믿는다. 그는 우리나라 경제 발전에 공헌한 사람이며, 그의 경험과 역량은 우리 경제 발전을 위하여 바람직한 길을 가르쳐줄 것이다.

지금 우리 사회는 더욱 정의롭고 생산적인 지도력이 필요한 시대다. 윤 회장이야말로 앞으로도 그 역할을 거뜬히 해낼 것으로 믿는다.

윤 회장 같은 좋은 친구를 둔 나는 누구보다 행복한 사람이다.

가장 존경받는 기업인
오명 | 전 부총리 겸 과학기술부 장관

윤영석 회장은 내가 평생 알고 지낸 친구이자, 한국 기업사에서 가장 존경받는 경영인 가운데 한 사람이다. 우리는 경기고등학교 3학년 6반에서 책상 하나를 사이에 두고 지냈다. 그는 이과 반 학생이었지만 서울대학교 상대에 거뜬히 합격했을 만큼 빼어난 실력을 갖추고 있었다. 그리고 학문에 대한 태도는 늘 진중하고 치밀했다. 그 시절부터 이미 윤 회장은 '성공할 사람' 특유의 기개와 품격을 품고 있었다.

무엇보다 인상 깊었던 것은 사람에 대한 그의 따뜻한 시선이었다. 일례로, 담임 선생님이 정년을 맞았을 때 누구보다 먼저 나서서 미국 일주 여행을 마련해드렸고, 이후 선생님이 마음고생을 심하게 하실 때에도 변함없이 곁을 지키며 챙겼다.

뿐만 아니라 한 번 모신 상사를 평생 모셨고, 한 번 함께 일한 사람은 끝까지 자신의 사람으로 품었다. 어려운 친구가 찾아오면 누구보다 반갑게 맞았고, 많은 이들을 불러 허심탄회하게 이야기 나누는 것을 즐겼다. 베푸는 것을 삶의 기쁨으로 삼았던 그의 곁에는 늘 사람들이 모였고, 그가 쌓아 올린 신뢰와 인간적 매력은 세월이 흐를수록 더욱 깊어졌다. 한 번 인연을 맺은 이들에 대한 깊은 의리와 예우는 지금까지도 윤 회장의 삶을 움직이는 가장 중요한 원칙으로 남아 있다.

잠시 서로 쉬고 있던 어느 시기에, 우리는 운명처럼 파리에서 마주쳤다. 그리고 자연스레 두 부부가 함께 이집트를 여행하게 되었다. 그곳에서 나와 아내는 윤 회장의 넓은 세계관과 해박한 역사·경제·문명에 대한 통찰을 다시 한번 실감했다. 아프리카부

터 중동, 유럽까지 이어지는 경제의 큰 흐름을 설명하는 그의 시
각은, 그가 왜 대우그룹을 일구던 시절 그렇게 과감하면서도 논
리적인 글로벌 경영을 펼칠 수 있었는지를 보여주는 한 장의 답
안지 같았다.

무엇보다 윤 회장은 '일을 즐길 줄 아는 사람'이었다. 그는 늘
말했다. "열심히 하는 것보다 좋아서 하는 것이 낫고, 좋아서 하
는 것보다 즐기며 하는 것이 가장 좋다." 그는 성공을 좇기보다
의미를 찾으며 살아온 사람이기에 누구보다 넓고 보람된 인생을
누려왔다. 성공을 좇으며 자신을 잃어버리는 이들이 많은 시대,
그는 성공을 품되 그 성공의 무게에 흔들리지 않는 보기 드문 리
더로 회자된다.

윤 회장은 기업을 성장시켜 한국 경제에 큰 족적을 남겼을 뿐
아니라, 주변 사람들에게 따뜻한 온기를 나누며 인생의 품격을
높여온 사람이다. 그의 삶은 단지 '잘 산 인생'이 아니라, 아름답
고도 깊이 있는 인생이다.

나는 그를 오래 지켜본 친구로서 주저 없이 말할 수 있다.

"그는 한국에서 가장 성공한 기업인이다."

그의 삶을 녹여낸 이 책이 앞으로도 많은 후배 경영인들에게
깊은 울림과 귀감이 되기를, 그리고 삶을 다시 바라보게 만드는
따뜻한 빛이 되기를 소망한다.

우리나라의 상징적인 전문경영인

유흥수 | 전 국회의원/전 주일대사

'윤영석' 하면 우선 누구나 대우그룹을 떠올리지 않을 수 없을 것이다. 윤영석 회장은 전문경영인 출신임에도 대우그룹의 핵심 경영자 역할을 했다는 점에서 매우 상징적인 인물이며, 김우중 회장과는 창업 동지라고 평가할 수 있다. 젊은이들에게 큰 꿈과 포부를 안겨주었던 대우그룹을 김우중 회장과 함께 일구어낸 상징적인 인물이기 때문이다. 그야말로 대우그룹의 창립 멤버요 대우의 간판 경영인이다.

윤 회장은 신입 사원부터 시작해 총회장에 이른 입지전적인 전문경영인이다. 특히 대우가 세계적으로 뻗어 나가는 과정에서 그룹의 해외 전략, 세계 경영 전략에서 핵심적 역할을 맡았다. 지금까지도 대우의 간판이 세계 도처에 남아 있는 것은 오로지 그의 공이라 할 것이다. 더 나아가 1998년 한국중공업 사장으로 선임되어 오늘날 한국의 중공업이 국제적으로 진출할 수 있는 중공업 전략의 기초를 닦는 데도 큰 역할을 했다.

은퇴 후에도 그는 결코 쉬지 않았다. 국제로터리 3650지구 총재를 역임하고 서울 사회복지공동모금회 회장을 하는 등 사회봉사 활동에도 정열적으로 참여했다. 아주대학교의 의료 발전에도 큰 족적을 남겼다.

사적인 이야기를 조금 첨가하자면, 나와 윤영석 회장은 70년 동안의 친구다. 고교에 입학하면서 알게 된 후 걸어온 길은 서로 다르지만 지금까지 친교가 이어지고 있다. 말하자면 거의 평생을 같이한 친구라 할 수 있다. 지금도 한 달에 한두 번은 꼭 만나고 있다. 그의 딸 결혼 주례를 했을 정도로 서로 신뢰하는 사이다.

아무튼 일할 때는 그렇게 무섭고 빈틈이 없으면서도 워낙 온화한 성품이라 누구에게나 싫은 소리 하는 것을 보지 못했다. 우리나라의 상징적인 전문경영인 한 사람을 꼽으라면 나는 단연코 '윤영석'을 선택한다.

오래오래 우정을 나누면서 저세상까지 같이 가고 싶은 친구다.

잘 돕고 잘 베푸는 그 따뜻함

이동건 | 부방그룹 회장/국제로터리 전 세계 회장

'음수사원飮水思源', 물을 마실 때 그 근원을 생각하라는 말이다. 풍요 속에 사는 지금의 우리가 가슴에 새길 말이다. 불과 반세기 전만 해도 한국은 1인당 국민소득 1,000달러도 안 되는 최빈국이었고, 보릿고개를 견디던 시절도 있었다. 그러나 산업화의 주역들이 흘린 땀과 헌신이 '한강의 기적'을 만들었고, 지금의 번영은 그들의 희생 위에 세워졌다.

윤영석 회장은 그 기적의 현장에서 조국 근대화를 이끈 1세대

경영자다. '세계경영'의 중심에서 산업 발전을 견인하며 국가 경제 도약에 크게 기여한 인물이다. 나는 윤 회장과 같은 1938년생으로 평생을 함께해온 벗이다. 서로의 가정까지 한 가족처럼 가깝고, 인생의 절반을 나눈 소중한 인연이다.

내가 몸담고 있던 한강로터리클럽에 윤 회장을 권유해 로터리의 길도 함께 걷기 시작했다. 이후 나는 서울지구 총재로 회현로터리클럽을 창립했고, 윤 회장도 자연스레 회현으로 옮겨 우리 관계는 더 깊어졌다. 로터리는 회원들이 가족보다 더 자주 만나게 되는 공동체다. 행사와 봉사활동을 함께하며 나눈 시간들은 우리의 우정을 더욱 두텁게 만들었다.

윤 회장은 현명하고 진중하며 무엇 하나 흠결이 없는 사람이다. 일에 있어 넘치지도 모자라지도 않는 균형감, 점잖고 성실한 인품, 남을 돕는 데 인색함이 없는 따뜻함을 겸비했다. 큰 이상과 세밀한 디테일을 동시에 챙기는 능력은 세계경영을 이끌던 지도자다운 면모다. 이런 인물은 반드시 시대를 움직이는 큰일을 한다는 사실을 새삼 느끼게 된다.

윤 회장은 로터리에 비교적 늦게 입회했지만, 한국뿐 아니라 국제로터리에서도 지도자로 성장했다. 입회 13년 만에 서울지구 총재를 맡아 회원 수를 2,400명대에서 3,000명 이상으로 늘리는 놀라운 리더십을 보여주었다. 이후 로터리재단 이사로 4년 동안 세계 로터리 발전에 기여했고, 2017년부터는 서울 사회복지

공동모금회 회장으로 6년간 취약계층을 돕는 데 헌신했다. 더 따뜻한 사회를 만드는 데 누구보다도 앞장섰던 따뜻한 사람이다.

우리의 인연은 두 사람의 우정보다 더 깊게 아내들이 먼저 친해지며 시작되었다. 그래서 더욱 한 가족처럼 지냈는데, 안타깝게도 몇 달 전 윤 회장의 부인이 먼저 세상을 떠나는 큰 슬픔이 있었다. 나 역시 허전함이 크지만, 남겨진 윤 회장의 마음은 그보다 훨씬 아프리라 생각된다. 자녀들이 모두 효심이 깊어 든든하게 아버지를 모시고 있는 것이 다행이라면 다행이다. 특히 장남 윤재수가 사회적으로도 우수한 인재이지만, 집안에서도 맏이로서 그 역할을 잘 해내고 있어 큰 위안이 된다.

우리는 가난했던 시절부터 나라라는 수레를 함께 밀어온 동행자이자 로터리언이다. 이제는 그 결실을 나누며 남은 여정을 함께 걸어갈 일만 남았다. 살아 있는 동안 자주 만나고, 예전처럼 변함없는 마음으로 두 손 꼭 잡고 봉사의 길을 함께 걸어가게 되길 바란다.

우리 모두의 멘토
야산 장만영 | 한국로터리총재단 의장

윤영석 총재님을 처음 뵌 것은 2007년 가을, 청주에서 열린 한국로터리 지도자 연수회였다. 총재님과의 첫 만남에서 아호 '해암

海巖'처럼 탁 트인 바다같이 넓고, 바위처럼 흔들림 없는 품격이 느껴졌다. 말투는 조용했지만 또렷했고, 묵직한 품위가 자연스레 배어 나왔다. 이후 20년 가까이 동기 총재이자 인생 선후배로 교류하며, 나는 총재님으로부터 많은 것을 배우는 행운을 누려왔다.

사람은 평생 배우며 성장한다. 유년기에 가정에서 바른 행동을 익히고 학교에서 지식을 쌓는 것은 수동적 배움이다. 사회에 나와 스스로 부딪치며 배우는 것은 능동적 학습이다. 젊은 시절 어떤 일을 하고 어떤 사람을 만나는가는 인생의 방향을 크게 좌우한다. 한 분야의 전문가가 되기까지는 시행착오와 도전이 필요하고, 그 과정에서 인생의 멘토를 만나는 일은 매우 중요하다. 멘토는 지혜와 신뢰, 삶의 가치가 응축된 존재이기 때문이다. 윤영석 총재님은 내게 그러한 멘토 가운데 한 분이다.

총재님은 화려한 학력과 경력을 지녔지만 언제나 겸손하고 소탈했다. 1960~1970년대 한국 경제가 새롭게 도약하던 시절 산업현장에서 직접 땀 흘리며 성장했고, 해외영업 주재원으로 수출 최전선에서 뛰었으며, 봉제공장에서 노동자들과 함께 밤새워 일했다. 그리고 그 경험을 토대로 더 큰 경영인의 길을 걸었다. 대우조선 대표이사, 한국중공업 초대 사장, 대우그룹 총괄회장을 맡아 우리 산업 발전의 중요한 전기를 마련했다. 뒤처져 있던 산업을 선도 산업으로 끌어올리는 데 총재님이 기여한 바는 결코 적지 않다.

특기할 만한 점은, 바쁜 중에도 총재님이 로터리를 선택했다는 사실이다. 기업경영에서 벗어나면서 남은 에너지와 열정을 봉사에 쏟고자 했던 것이 아닐까 싶다. 3650지구 총재를 시작으로 국제로터리 재무위원, 로터리재단 이사 등 세계무대에서도 활발히 활동하며 한국로터리의 위상을 높였다. 특히 어려움에 처한 한국로터리장학문화재단을 정상화로 이끈 일은 총재님의 경영 감각과 책임감을 잘 보여주는 사례다. 총재님 특유의 논리적·합리적 리더십, 소탈함과 긍정적 시각은 로터리에서도 많은 이들에게 신뢰를 주었다.

돌이켜 보면, 나 역시 30대 중반 안정된 교직을 떠나 산업현장에 뛰어들었을 때 사람들로부터 "왜?"라는 질문을 많이 받았다. "더 많은 친구를 얻기 위해서"라는 다소 순진한 대답을 했지만, 세월이 흐른 지금 보니 그 말이 정답이었다. 사업과 로터리에서 만난 수많은 선물 같은 인연들이 나의 멘토가 되었고, 윤영석 총재님 또한 그중 한 분이다.

이제 총재님은 구순九旬을 앞두고 걸어온 길을 돌아보는 시기에 서 계신다. 그간의 헌신과 봉사에 깊이 감사드리며, 앞으로도 우리 모두의 멘토이자 인생 여정의 든든한 가이드로 오래도록 함께해 주시기를 진심으로 기원드린다.

경영 능력과 인품을 겸비한 신사

홍성부 | 전 대우건설 회장/부영그룹 고문

나는 1973년 대우에 들어오면서 윤영석 회장을 처음 만났다. 그 이후 반세기 가까운 세월 동안 윤 회장은 내가 가장 존경하고 아끼는 전문경영인이자, 사회를 더 나은 방향으로 이끌기 위해 쉼 없이 봉사하는 참된 신사로 기억되어 왔다. 단정한 복장과 곱게 넘긴 머리, 그리고 언제나 온화한 미소를 지닌 그의 모습은 첫 대면부터 깊은 인상을 남겼다. 차분하고 조리 있는 화법으로 이야기를 이끌어 가면 누구라도 자연스럽게 귀를 기울이게 되고, 그의 품격과 인품은 조직 전체의 분위기마저 다르게 만들었다.

대우가 성장하던 시절, 윤 회장은 언제나 최일선에서 실적과 혁신을 동시에 견인한 핵심 인물이었다. IMF 이후 모두가 패장의 심정으로 회사를 떠나야 했던 어려운 시기에조차 그는 달랐다. 국가적 공모 절차를 통해 한국중공업 사장에 취임하여 홀로 무거운 임무를 떠맡았고, 당시 '덩치만 크고 쓸모없다'는 평가를 받던 회사를 짧은 기간 안에 정상화시켰다. 세계적 경쟁력을 확보한 해수 담수화 플랜트, 초대형 단조프레스 활용과 같은 성과들은 한국중공업이 두산그룹으로 매각된 이후에도 안정적으로 운영될 수 있는 기반이 되었고, 그의 탁월한 경영 능력을 다시 확인시켰다.

대우 재직 시절에도 그는 변화의 순간마다 뛰어난 리더십을 보여주었다. 1980년 대우실업과 대우건설의 합병으로 ㈜대우가 출범하던 혼란기, 무역 출신이라며 우려의 시선을 받았음에도 대우중공업 사장으로서 'MIPA' 운동을 주도하여 조직 혁신을 이끌어 냈다. 이어 대우조선 사장 재임 시에는 경영 개혁 운동 'MAST'를 펼쳐 난관을 돌파하며 중공업·조선 분야에서 연속으로 성과를 낸 보기 드문 경영자로 자리매김했다. 산업화 시대에 걸출한 인재들이 많았지만, 그중에서도 윤 회장은 단연 돋보이는 인물이었다.

나 개인에게는 더욱 잊지 못할 은인이기도 하다. 1983년 11월 어느 토요일, 나는 대우센터 헬스클럽에서 갑작스러운 심근경색으로 쓰러졌다. 의사도 원인을 찾지 못해 시간을 허비하던 중, 저녁 만찬을 마친 윤 회장과 이경훈 회장이 불참한 나의 상태를 이상히 여겨 헬스장으로 직접 찾아왔다. 윤 회장은 나를 보자마자 "지체할 수 없다"며 즉시 큰 병원 응급실로 옮기도록 결단을 내렸다. 병원에서는 오늘을 넘기기 어렵다는 진단까지 나왔으나, 그의 신속한 판단 덕분에 나는 생명을 건질 수 있었고, 3개월 치료 후 다시 일상으로 복귀했다.

윤영석 회장은 뛰어난 경영 능력과 품격 있는 인품을 겸비한 신사이며, 나에게는 생명을 구해준 고마운 은인이다. 그의 삶은 리더십과 봉사의 의미를 누구에게나 다시 생각하게 하는 귀한 본보기다.

제11장

윤영석의 그림자들

회장께서는 탁월하셨다

이선주 | 대우조선 사장실 근무

"왜 거 있잖아? 얘기를 하다 보면 늘 아이디어가 많이 떠오른단 말이야……"

계획도 예고도 없는 직원들과의 끝장 토론, 그 긴 대화에서 본인이 한 얘기를 모두 메모하여 '사장 지시사항'으로 관리하라 하셨다. 즉흥적인 생각을 지시로 각색하지 않나 느껴져 그 일은 좀 하기가 싫었다. 15년쯤 후 내가 한 조직의 수장이 되어 학습과 고민을 많이 할 때가 되어서야 그 '아이디어와 영감'의 소중함과, 사람에 따른 그 능력의 차이를 깨달았다. 회장께서는 탁월하셨다.

비서로 고생을 한 덕에 홍콩으로 발령을 받았다. 중국과의 교역이 막 시작된 때라 중국을 자주 드나들었다. 5년간 100번 정도 출장을 갔고 그 후 몇 년간 중국 전문가 행세도 했다. 최근 (2025년 11월 17일) 발표한 FKI 연구 결과에 의하면 한국 산업경쟁력이 아직 중국을 앞선 몇 안 되는 분야 중 선박(한국 100, 중국 96.7)이 있다.

거제 조선소에서 근무를 한 연유로 회장께서 대우조선 사장을 역임하시는 동안 수행 비서를 했다. 그래서 그 당시(1980년대) 조선산업의 애환을 누구보다 잘 안다. 기술은 모자라고, 자본도 부족하고, 국제 지명도는 바닥이었다. 24시간 3교대로 일해야 하는데 노조는 드세고 사고도 잦았다. 경쟁기업의 견제와 신참 기업의 약점을 파고드는 선진국 선주들의 횡포는 하늘을 찔렀다. 그 와중에 한국 최초로 VLCC와 잠수함을 건조하는 모험에 가까운 투지를 보이셨다. 지금 MASGA로 대미협상에서 한국이 갖고 있는 유일한 무기가 된 조선산업의 어릴 적 모습이다.

선박의 대중국 우위도 앞으로 5년 정도라고 한다. 5년 이내에 선박뿐이 아니고 모든 산업에서 중국에 뒤진다고 한다. 우울해진다. 그런데 AI가 유일한 탈출구라고 한다. 동감이다. 걱정되는 건 AI가 무언지, 또 어떤 방향으로 가야 하는지 모르면서 정책을 좌지우지하려는 정치인들이다. 산업은 산업인들에게 맡겨야 하는데 말이다. 회장 같으신 분이 AI의 한 영역을 맡아 진두지휘하면 어떤 일이 생길까 궁금해진다.

비서를 마친 후 10년쯤 되어 폴란드에서 근무하고 있을 때 회장께서 출장을 오셨다. 귀국하시는 날 공항으로 당연히 직접 운전해서 모셨고, 배정된 자동차가 대우가 만든 작은 승용차인데 하필 기어가 수동이었다. 수동 기어 차를 운전한 지가 오래되어 서툴렀고, 소리를 작게 내려고 기어를 미리미리 바꾸다가 차가 계속 덜그럭거렸다.

"기어는 말이야, 속도가 꽉 차서 뿌웅 소리가 날 때 바꿔야 해."

어리던 비서가 임원이 되었다고 일부러 운전석 옆자리에 앉아주신 회장 말씀이다. 해보니 정말 그랬다. 혼자 속으로 말했다. "운전도 직접 안 하시는 분이 아시는 게 참 많네!" 그 본질을 탐구하는 다양한 경험에서 나오는 잔소리가 가끔은 그립다.

삶 전체를 바꿔놓은 살아 있는 학교
고영렬 | 대우조선 사장실 근무

윤영석 회장님은 하루 세 끼를 거의 모두 고객들과 함께하시고, 약주까지 곁들이는 날이 많은데도 늘 한결같으셨다. 그 강철같은 체력과 꺼지지 않는 열정은 옆에서 지켜보는 나까지 숨을 고르게 만들 정도였다. 특히 1987년 대우조선이 극심한 노사분규 소용돌이에 휘말렸을 때, 옥포 현장에서 용접봉을 들고 본관까지 몰려오는 과격한 노조원들 앞에서도 한 치도 물러서지 않고 묵묵히 자리를 지키셨다. 그때 회장님의 뚝심은 지금 생각해도 대단 그 자체였다. 회사에 대한 절대적인 주인의식 없이는 나올 수 없는 품새였다.

1986년, 회장님을 모시고 러시아와 핀란드를 열흘 가까이 동행한 적이 있다. 그 기간 단 한 번도 한식을 찾지 않고, 낯선 현지 식조차 자연스럽게 받아들이는 모습을 보며 '이분은 정말 세계를 자신의 식탁처럼 대하는구나' 하고 느꼈다. 젊던 나도 버거워하던 음식이었는데 회장님은 시뻘겋고 니글거리는 핀란드의 수프까지도 거리낌 없이 드셨다. 그 모습 자체가 이미 국제 비즈니스맨이었다. 게다가 영어 실력은 말할 것도 없었다. 내가 써간 연설문을 보시며 단어 하나의 뉘앙스까지 집어내셨다. 도대체 언제 시간을 마련해 영어 공부를 하셨을까 싶어 한동안 경탄이 멈추지 않았다. 회장님 세대에서는 좀처럼 보기 힘든 경지였다.

1988년, 회장님은 쉰 살을 넘긴 나이에 미국으로 석사 공부를 하러 떠나셨다. 출국 전 "박사과정까지 가능할까?" 하고 조심스레 물으셨던 회장님의 표정을 잊지 못한다. 그때 나는 솔직히 어렵다고 말씀드렸었다. 그런데 정작 내가 회장님의 배려로 유학길에 오르며 샌프란시스코의 회장님 댁에 들렀을 때, 회장님은 새벽부터 책을 펴고 열정적으로 공부하고 계셨다. 여러 분야에 걸쳐 깊고도 생생한 관심을 보이시는 모습은 마치 평생 지식을 위해 준비해온 사람 같았다. 그때야 비로소 '내가 판단을 너무 좁게 했구나' 하는 생각이 들었다. 뿐만 아니라 회장님은 뉴욕으로 떠나는 우리 부부를 직접 공항까지 태워다주셨는데, 그 따뜻한 배려는 지금도 잊을 수가 없다. 이후 회장님은 김우중 회장님의 부름을 받고 (주)대우 사장으로 다시 복귀하셨다.

1987년 회장님 부부를 모시고 스위스에서 열린 회의에 참석했는데, 일정 중 한가한 시간에 인터라켄에서 함께 쇼핑을 했다. 그때 사모님께서 갑자기 아름다운 꽃무늬 손수건 5세트를 건네주셨다. 평범한 순간이었지만 그 작은 선물이 내 마음을 깊이 흔들었다. 그래서인지 그 손수건을 지금도 소중히 사용하고 있다.

1999년 초, 내가 대우조선 노르웨이 오슬로 지사로 발령을 받았다고 보고드리자 회장님은 "조선에서 더 크게 성장하려면 런던이나 뉴욕을 거쳐야 하는데……"라고 아쉬움을 조금 비치셨다. 그런데 신기하게도 불과 2년 뒤 정말 런던 지사장으로 다시 가게 되었고, 4년을 그곳에서 일한 뒤 귀국하여 대우조선 영업 총괄 부사장으로 퇴직하게 되었다. 그 흐름 자체가 지금 생각해도 묘한 인연처럼 느껴진다.

1986년 태국에 Power Plant 수주를 위해 갔을 때는 공항에서 시내로 향하던 고속도로 한복판에서 자동차가 펑크가 나 멈춰 선 적이 있었다. 숨이 턱 막히는 열기 속에서 다른 차량을 기다리는 동안, 현지 지사장은 어쩔 줄 몰라 했지만 회장님은 불편한 기색 하나 없이 오히려 그를 격려하셨다. 그 순간, 회장님의 넓은 마음과 담대한 배려심을 다시 한번 온몸으로 느낄 수 있었다.

윤 회장님 비서로 지낸 2년은 내 인생에서 가장 귀한 공부의 시간이었다. 옆에서 보고 듣고 배운 회장님의 리더십, 사람을 대하는 방식, 인맥을 다루는 태도는 훗날 내가 HSD엔진 CEO로 일할 때 뼈처럼 자리 잡아 큰 힘이 되어주었다. 지금 돌이켜 보면, 그 시간은 단순한 비서 경험이 아니라 내 삶 전체를 바꿔놓은 살아 있는 학교였다.

세 가지 기억

이경원 | ㈜대우 사장실 근무

회장님께서는 1980년대 후반 대우중공업, 대우조선 사장을 역임하신 후, 2년여 기간 미국 대학 연수를 마치고 1990년 1월 ㈜대우 무역부문 대표이사 사장으로 부임하셨다. 나는 이때부터 1991년 3월까지 1년 4개월간 회장님을 모시게 되었다. 그 후, 참 오랜 시간이 흘렀지만 세 가지 정도가 가장 인상적인 기억으로 남아 있다.

첫째, 사장을 맡으신 다음 가장 먼저 한 일이, 업무에 대한 직급별 전결 규정을 없애고 모든 사안을 사장이 직접 최종 재가하게 한 조치다. 이는 방대한 해외 네트워크를 운영하며 거의 모든 산업을 커버하는 종합상사의 특성에 비추어 초임 과장인 내가 보기에도 상당히 획기적인 일이었다. 처음엔 황당하기도 했다. 결재 서류로 올라오는 각 부서별, 부문별 사업들을 내가 요약·정리해서 보고드리면 좀 더 상세한 검토가 필요한 사안들만 선정해서 관련 부서 및 담당 임원에게 직접 보고받게 된다. 결과적으로, 회장님은 매우 빠른 시간 안에 회사 내 상황과 현안들을 파악할 수 있게 되고 해당 부문 임직원들도 더욱 긴장감을 갖고 업무에 집중하게 되는 긍정적인 효과를 보았다.

둘째, 소련 출장 시의 에피소드다. 당시 소련은 연방이 해체되고 러시아만 남아 극심한 경제 침체를 겪고 있던 상황이었다. 이에 회장님은 구소련이 갖고 있던 각종 첨단 과학기술들을 유리한 조건으로 이전받을 수 있는 절호의 기회로 판단하셨다. 그 일환으로 세계적인 러시아 과학자들을 포함한 모스크바대학 총장 일행을 한국에 초대하여 폭넓은 협의를 진행했다. 또한, 주량이 세다고 정평이 난 러시아 사람들에게 한국식 폭탄주로 혼을 내주기도 했다.

이후 러시아를 방문하게 되었는데 회의 후 저녁 식사 자리에서 러시아 측 고위 인사들의 지속적인 보드카 공세에 직면하게 되었다. 보드카를 스트레이트로 계속 권하니 결국 회장님이 힘에 부치게 되었고, 대신 나에게 계속 잔을 권하는 바람에 완전히 뻗었던 기억이 있다. 그날 아침에 일찍 모여 라면으로 속을 달래던 일은 재미있는 추억으로 남아 있다. 일종의 자존심 경쟁이었던 셈이다. 이 당시 도입한 여러 러시아 과학기술들이 이후 국내 산업에 적절히 적용되어 경제 발전에 큰 도움이 된 것으로 알고 있다.

셋째, 불가리아 출장 시의 일이다. 소련 해체로 동구권이 자유화 과정으로 들어가자 사업 기회를 미리 선점하고 확대하기 위해 불가리아를 방문했다. 소피아공항에서부터 마치 상대국 대통령 일행이 도착한 것처럼, 총리를 비롯한 고위 인사들이 영접 나와서 극진한 환대를 받았다. 투자 관련 회의와 저녁 식사까지 한 후 호텔로 돌아왔는데 현지 상황들을 근거로 여러 사안을 다시 검토한 결과, 불가리아 투자를 진행하기엔 리스크 요인이 너무 많다는 결론에 이르렀다. 머릿속에 오래도록 남아 있는 아쉬웠던 출장의 기억이다.

회장님의 회고록에 글을 올릴 수 있다니…… 이보다 뜻깊은 일이 어디 있으랴. 어설픈 소감 대신 회장님과 함께한 세 가지 기억을 소환하는 것으로 이 영광을 전한다.

인생의 스승이요 대부
김동규 | 한국중공업 사장실 근무

윤영석 회장님은 내가 직장인으로서, 사회인으로서 성장하는

데 필요한 사회적 훈련과 가르침을 주신 인생의 스승이요, 대부 같은 분이다.

1998년 당시 공기업이던 한국중공업 입사 4년 차 신참 대리로서 인도 시장을 담당하며 수시로 출장을 다니던 무렵이었다. 갑자기 아무 설명 없이 비서실로 가보라는 상사의 지시를 받았다. 당시 새로 오신 사장님은 대우그룹 출신의 민간 경영인으로 영어를 잘하시고 업무에 매섭다는 사내 소문이 있었다. 그간 근처에도 가보지 못한 사장실을 혼자 불려가면서 떨리는 심정과 왜지? 하는 의구심을 안은 채 여비서의 안내를 받아 사장실 문을 열었다. "어, 자네가 김동규야?" 하면서 선 채로 여러 질문을 하셨는데 "회사에 대해 어떻게 생각하느냐"는 질문에 대해 "대한민국의 성장에 중요한 발전설비를 초정밀로 설계, 제작, 설치하는 전문 기술을 가진 자랑스러운 회사"라고 생각한다는 취지의 답변에 "나도 와보니 참 좋은 회사라는 생각을 한다"고 하시고는 여러 가지 문제점과 "앞으로 이래야 할 것 같아"라는 말씀을 하시던 기억이 있다.

이후 바로 사장실 비서로 발령받아 일정을 관리하는 여직원 한 명만 두고, 대리로서 비서실 업무와 전 일정을 수행하는 업무를 3년 반 동안 했다. 그 특별한 경험이 내 인생에서 가장 큰 훈련이 되었다.

IMF 시절 당시 정부의 가장 중요한 국정 과제 중 하나는 공기업 민영화였다. 그 임무를 맡아 강성 노조와 공기업의 임원들을 매달 경영 현안 설명회를 통해 직접 설득하셨다. 그러면서도 해외 수주 활성화와 내부 경영 혁신으로 탁월한 경영 성과를 내셨다. 그리고 대외적으로 발전설비 일원화와 제한 입찰을 통하여 결국 거대 공기업의 민영화를 완수하셨다. 이 점은 경영인으로서 분명한 책임 완수와 사회적 기여를 하신 것으로 생각한다. 과정에 많은 임직원들의 헌신적인 공헌이 있었고, 어쩔 수 없는 구조조정의 과정에 회사를 떠나게 된 분들의 원망과 아픔도 있었긴 했다.

회장님은 한성실업 직장인으로 시작하여 대우라는 큰 기업의 최고 경영진이 되셔서 그룹의 흥망성쇠를 직접 겪으신 분이다. 그리고 갖고 있는 경영 노하우와 네트워크를 한국중공업의 경영 혁신과 민영화에 쏟아부은 분이다. 그런 거인의 모습을 직접 모시고 지켜보았던 감회는 '감사와 영광' 그 자체였다.

회장님은 아무리 술자리가 있어도 매사에 흐트러짐이 없는 자세로 매일의 격무에 철저하셨고, 아무리 화가 나셔도 한 번도 직원을 비난하거나 험한 말씀을 하지 않으셨다. 또한, 가족과 가까운 지인들에게 더할 나위 없이 자상하셨다. 모두가 회장님을 뛰어난 경영인 이전에 좋은 품성과 인격을 갖춘 분으로 존경하는 부분이다.

비서실 근무 후 미국 지점, 인도 지점장을 거쳐 회사를 떠났다.

그리고 다시 인도에서 코트라 무역관장으로 근무했다. 이러한 30년간 늘 회장님의 업무 자세와 모습을 연상하며 일했다. 어디선가 항상 지켜보고 계신다는 생각이 부족한 나를 단련하는 채찍이었다. 내가 이만큼이라도 살아가는 힘은 다 회장님 덕분이라고 생각한다.

미수米壽를 지나며 사모님을 먼저 보내드리는 아픔을 겪으신 회장님!

"지나온 세월을 회고하는 지면에 작은 소감을 올릴 수 있게 되어 영광입니다!"

인생 전체를 통틀어 가장 값진 경험
김기풍 | 대우그룹 총괄회장실 근무

28년 전인 1997년 2월 18일, 용인연수원에서 받은 한 통의 전화는 내 인생의 궤적을 완전히 바꾸어 놓은 결정적인 계기가 되었다. 돌이켜 보면, 그 순간이야말로 오늘의 '나'를 있게 한 가장 큰 원동력이었다.

당시 전임자 장은석 과장의 "김 대리, 오후에 회장님께 인사드려야 하니 빨리 올라와"라는 갑작스러운 연락에 영문을 몰라 되물었다. "아니, 갑자기 무슨 일인데요? 제가 왜 인사를 드려야 하죠?" 장 과장은 급한 목소리로 "앞으로 네가 총괄회장님 비서를

맡아야 하니까. 그렇게 알고 빨리 올라와. 급하다니까"라고 짧게
답했다.

전화를 끊고 당황하여 인사팀 김현태 부장에게 상황을 말씀드
리자, 김 부장은 "윤영석 회장님께서 너를 비서로 쓰시려는 모양
이다. 네 나이에 큰 기회이니 바로 올라가 봐라. 권오택 상무님께
는 내가 얘기해둘게"라며 격려해주셨다. 그 말씀에 힘을 얻어 급
히 차를 얻어 타고 대우센터 25층으로 올라가, 장은석 과장의 안
내를 받아 처음 회장님을 뵙게 되었다.

소파에 앉아 신문을 보며 메모하고 계시던 회장님께서는 얼굴
이 상기된 채 서 있는 나를 보시고 지긋이 웃으시며 말씀하셨다.
"네가 김기풍이구나. 서울대 경영학과를 나왔다고? 비서는 처음
이지? 비서는 첫째도 입조심, 둘째도 입조심, 셋째도 입조심이다.
자세한 건 장 과장과 미스 안이 알려줄 테니, 앞으로 많이 도와
줘." 나는 긴장된 목소리로 "네, 잘 알겠습니다"라고 답하고 방을
나왔다.

그날을 기점으로 1998년 4월 한국중공업 대표이사로 취임하
시기 위해 JFK공항에서 귀국하시기까지 1년여간 회장님을 모셨
다. 그리고 그 시간은 내 인생의 목표와 방향을 재정립하는 소중
한 계기가 되었다.

1989년 12월 대우그룹 신입사원 공채 면접에서 박정훈 상무
께서 지원 동기를 물으셨을 때, 나는 "대우의 나이가 제 나이와

같고, 샐러리맨들이 창업해 성장한 세계적인 기업은 대우가 유일하기 때문에 저도 그분들처럼 되고 싶어 지원했습니다"라고 답했다.

그러나 현실의 나는 어떻게 하면 3호봉을 받아 빨리 진급할까 고민하던 평범한 3년 차 대리에 불과했다. 그런 나에게 회장님을 모신 기회는 그야말로 천재일우千載一遇였고, 잊고 있던 초심을 일깨워준 결정적 전환점이 되었다. 아버님과 같은 1938년생 범띠이신 회장님을 친아버님처럼 모시겠다는 당시의 다짐은 지금도 변함이 없다.

회장님을 모시면서 나는 '기업가 정신'과 '역지사지의 마음'을 가장 깊이 배웠다. 언제나 "내가 '대우'다. '대우'가 나다"라는 사명감과 주인의식으로 일하시는 모습은 저에게 큰 울림이었다. 최종 결정과 책임을 지는 최고경영자가 문제를 어떻게 바라보고 해결해야 하는지, 사람을 대할 때의 존중과 원칙, 그리고 스스로를 어떻게 관리해야 하는지를 몸소 보여주셨다.

나는 회장님의 일거수일투족을 관찰하며 닮고자 끊임없이 노력했다. 지금도 중요한 문제에 맞닥뜨릴 때면 "회장님이라면 어떻게 하셨을까?"라고 스스로에게 묻곤 한다. 이 질문들은 내 삶의 기준이자 판단의 축으로 자리 잡았다. 모신 시간은 길지 않았지만, 그 배움과 울림은 인생 전체를 통틀어 가장 값진 경험이었다.

많은 리더가 기업가 정신을 말하지만, 나는 회장님을 통해 그 정신이 실제 리더십 속에서 어떻게 구현되는지를 생생하게 배울 수 있었다. 회장님께서 보여주신 책임감, 용기, 혁신적 관점, 결단력, 실행력, 사람에 대한 진정성, 조직과 국가를 향한 마음은 시간이 지나도 내 삶의 확고한 기준으로 자리하고 있다.

나는 지금도 회장님을 '아버님처럼' 생각하며 살아가고 있다. 물론 앞으로도 중요한 순간마다 회장님을 떠올릴 것이다. 방향을 잃거나 판단이 어려울 때마다 회장님께서 내 마음속에서 조용히 말씀해주시는 듯하다. "흔들리지 마라. 네가 옳다고 믿는 길을 가라." 회장님께서 내게 남겨주신 가르침은 앞으로 살아갈 모든 길의 굳건한 초석이 될 것이다. 그 은혜를 잊지 않고, 내가 몸담은 공동체와 사회에 의미 있는 발자취를 남기기 위해 최선을 다할 것이다.

"회장님, 항상 건강하시고 평안하시기를 진심으로 기원합니다. 저의 청춘 한가운데에서, 그리고 지금도 마음 깊은 곳에서 빛과 길이 되어주신 존경하는 회장님께, 다시 한번 깊이 감사드립니다."

인생의 자부심

안상언 | 대우중공업 부회장실/대우그룹 총괄회장실 근무

존경하는 회장님의 회고록에 글을 올릴 수 있다니, 생각지도

못한 일이지만 오랜 시간 가져왔던 감사한 마음을 조금이라도 전해 드릴 수 있는 기회라 생각하며 글을 적어 본다.

1994년 봄 대학을 졸업하고 사회에 첫발을 내딛는 사회 초년생으로 회장님을 모시는 비서가 되었다. 모두가 부러워하는 직장 생활의 시작이었고 부모님께서도 기뻐하셨던 기억이 난다. 처음 하는 직장 생활이기도 했고 대기업 회장님 비서실에서의 업무를 익혀가는 것이 쉽지만은 않았다.

주말도 없이 일하시는 회장님 덕분에 늦은 토요일 오후 서울역을 내려다보며 어디론가 놀러 가는 사람들을 부러워하기도 했었고, 막 퇴근했는데 회장님께서 다시 사무실로 들어오신다는 연락에 부리나케 다시 돌아와 책상에 앉았던 기억도 난다. 처음에는 회장님 입맛에 딱 맞는 커피를 타 드리고 싶어서 몇 번을 버리고 다시 탔던 적도 있다. 아침마다 조금 더 일찍 출근해서 책상에 펼쳐져 있는 다이어리에 일정을 정리하고 여러 신문들과 자료들을 정리해놓으면 언제나 한결같은 모습으로 집무실에 들어오시던 회장님 모습도 생각난다.

어느새 30년 가까운 세월이 지나가고 처음 회장님을 모셨던 20대의 미스 안은 그때의 내 나이 아들을 둔 중년이 되었다. 하지만 신기하게도 회장님은 따뜻하게 웃어주시던 그때 그 모습 그대로이신 것 같다.

사람은 누구를 만나느냐가 중요하다고 한다. 나는 20대에 회장님을 모시면서 참 많은 것들을 배웠다. 실수를 할 수는 있지만 반복은 하지 않으려는 노력, 한 가지만 보는 것이 아니라 한 가지 더 미리 생각하고 준비해보는 자세, 인연을 소중히 여기는 마음, 사회생활에서의 처신, 유능함을 키우려는 노력, 꾸준하게 해나가는 일관성 있는 행동, 문제 앞에서의 해결 능력 등. 아직 많이 부족하지만 회장님을 모시면서 배워 나갔던 경험은 나에게 소중한 자양분이 되었음은 분명하다.

회장님을 모셨던 시간은 5년이 채 되지 않지만, 그 이후에도 비서들을 챙겨주시고 연말에는 부부 동반으로 초대해서 맛있는 식사도 사주시던 기억이 난다. 우리를 늘 격려해주시고 응원해주셨던 회장님이셨다. 언젠가 그 자리에 돌도 안 된 아들을 안고 갔던 날도 있었다. 너무나도 높은 상사이셨지만 언제나 불러주시면 그 자리에 함께하고 싶어서 그랬다.

CYY(윤영석 회장 약어) 피플 팀으로 함께할 수 있어서 진심으로 행복하다. 회장님의 비서였다는 것은 내 인생의 자부심이고 나를 조금 더 나은 사람으로 성장시켜 준 최고의 디딤돌이었다. 이제는 회장님께 제가 기쁨과 자랑이 될 수 있도록 더 열심히 잘 살아가겠다.

"사랑하고 존경하는 회장님! 늘 건강하시고 평안하시길 진심으로 기도드리겠습니다."

우연이 만든 인연

이규민 | 대우중공업/대우조선 사장실 근무

우연한 만남이 인생의 행로를 바꾸고, 새로운 운명을 만들어 주는 경우를 많이 본다. 윤영석 회장님이 김우중 회장님을 만난 것이 그러했고, 내가 윤 회장님을 만난 것도 그러했다. 윤 회장님은 이 회고록에서 본인이 인복 많은 사람이라고 하셨는데, 인복 많기로 말할 것 같으면 윤 회장님을 만난 나만 한 사람도 없을 것이다.

나는 1980년 군사정권 시절 동아일보 기자로 있다가 신군부에 의해 강제 해직되었다. 신혼에 직장을 잃고 암울한 미래를 걱정하며 1년을 보낼 때쯤 홍보요원으로 대우에 입사하게 되었다. 입사 면담을 앞두고 대우에 먼저 가 있던 언론계 출신들을 만났는데 "면담에서 회사를 선택할 때 대우중공업에는 안 가겠다고 해라. 윤영석 사장이 성품은 좋은데 모시고 일하기는 제일 힘들다"고 충고를 해주었다.

당시 나는 일에 대해서는 두려움이 없었기에 모실 사람의 성품이 좋다면 다른 것은 문제가 없다고 생각했다. 그래서 김우중 회장님과의 입사 면담 때 거꾸로 대우중공업으로 보내달라고 했다. 이유를 묻는 김우중 회장님께 "그 회사 사장이 제일 사람이 좋다고 해서요"라고 답했더니 "다른 사장들도 다 좋은 사람들이야"라고 말씀하셨다. 그러면서도 김우중 회장님은 대우중공업에 있던 홍보 담당자를 다른 곳으로 보내고 나를 그 자리로 보내주셨다. 전임자는 나에게 "해방시켜 줘서 고맙다"며 뒤도 안 돌아보고 가버렸다. 그 이유를 그때는 몰랐다.

여하튼 그 우연한 선택이 내 인생을 바꾸었다. 기자를 하다가 기업의 홍보 담당과 비서실 일을 하는 것은 쉽지 않았다. 그래서 여러 번 그만둘 마음을 먹었었는데 그때마다 주변 상사들이 만류해 결국 신문사로 복직이 허용될 때까지 7년 동안 윤 회장님을 모시고 있었다.

사실 그 기간을 견디기는 몹시 힘들었다. 대우가 한창 팽창기였기 때문에 할 일이 보통 많은 것이 아니었다. 또 당시 사장이셨던 윤 회장님의 지시가 구체적이지 않은 때가 많았고 분명하게 결정을 해주지 않으시는 때가 많아 일을 여러 겹으로, 몇 배 많이 해야 하기도 했다.

한번은 대우중공업이 전국 정밀도 경진대회라는 상공부 주관 기능사원들의 조그만 대회에서 우승한 적이 있었다. 당시 윤 사장님은 이 사실을 유력 신문 1면 톱기사로 내라고 말씀하셨다. "1면 톱기사는 그 신문사의 편집국장도 함부로 정하지 못합니다. 이렇게 이름 없는 작은 대회 소식은 기사화할 가치가 없어서 지금까지 기자들이 1단으로도 안 썼던 것입니다"라고 아무리 말씀드려도 안 통했다.

그날 밤을 하얗게 지새우며 방법을 고민했다. 그리고 정밀도 경진대회 과제인 '5,000분의 1mm'에서 아이디어를 얻어 "우리나라에서 최초로 우주선을 만들 때 요구되는 1만분의 1mm 대 오차를 달성했다"는 과장 보도자료를 만들었다. 그리고 다음 날 하루 종일 유력 신문사 간부들을 찾아다니며 이 기사를 안 내주면 내가 사표 내게 된다고 애걸했다. 그 덕분인지 내가 근무했던 신문사 한 군데에서 경제면 톱기사로 다뤄주었다. 그 결과를 본 윤 회장님은 과정이 어떠했는지 묻지도 않으셨고, 수고했다는 말도 하지 않으셨다. 그냥 한마디 하셨는데 그것은 "봐, 되잖아. 왜 안 된다고 그러나"였다.

윤 회장님이 지시를 하실 때 이런 식이 많았지만, 그럼에도 일이 성사되는 경우가 많았던 것도 사실이다. 나는 그때에서야 왜 사람들이 나에게 대우중공업에 가지 말라고 했는지 알았다. 그러나 그런 과정을 통해 한계를 극복하는 수단과 방법을 알게 되었고 그 결실도 경험하게 되었다. 그것은 내가 8년 만에 신문사에 복직한 후 나를 기자직의 정상에까지 오르게 한 비결이 되었다. 대한민국의 기계공업 역사도 윤 회장님의 그런 식 경영과정에서 눈부신 발전사를 기록할 수 있었다.

그런 고생에도 내가 인내하며 계속 모실 수 있었던 데는 윤 회장님의 부인 고 조승자 여사님의 역할이 컸다. 조 여사님만큼 아랫사람들의 어려움을 세세하게 이해하시고, 더없이 많은 인정을 베푸신 분은 세상에 없다. 조 여사님은 윤 회장님의 부족한 면을 완벽하게 채우다가 가신 분이다. 내가 여러 차례 그만두려 할 때마다 나를 보이지 않는 손으로 붙잡아 둔 것은 조 여사님이라는 존재 그 자체였다. 그래서 조 여사님을 하늘로 보내드릴 때 내가 얼마나 많이 울었는지 모른다.

정권이 바뀌어 신문사로 복직하면서 대우를 떠났지만, 나는 그 후에도 윤 회장님 부부를 계속 뵙고 싶어서 역대 비서실 근무자들을 규합해 '윤 회장님과 그의 사람들'이라는 모임을 만들었다. 그리고 조 여사님 생전에는 거의 매년 연말에 부부 동반 만남을 지속해왔다. 모시던 상사 부부와 비서실 책임자들의 이런 모임은 아마도 세상에 또 없을 것이다.

윤 회장님 부부 두 분은 나에게 각기 다른 의미에서 깨우침을 주신 인생의 스승들이셨다.

시대를 함께 견뎌 낸
인연들에게 바치는 마음의 기록

오랫동안 주변에서 회고록이나 자서전을 쓰는 것이 어떠냐는 권유를 많이 받았다. 우리나라 경제가 싹을 틔우기 시작하던 무렵 수출시장을 개척하고 국내 기계공업을 육성시킨 경험담을 후학들에게 자료로 넘겨줘야 한다는 것이 그 이유였다. 처음에는 듣기 좋으라고 하는 말인 줄 알고 흘려들었다. 비록 책을 쓸 생각까지는 하지 않았지만 그런 제의를 받으면서 내가 살아온 길을 뒤돌아보게 되었고, 머릿속으로 인생을 회고하고 반추하며 정리하는 기회를 갖게 되었다.

그리고 나의 발자취가 남긴 흔적이 무척 길고 진했다는 느낌이 들었다. 동시에 그 많은 일들을 겪는 과정에서 내가 얼마나 좋은 사람들을 많이 만났는지 새삼 경탄하게 되었다. 인생은 수많은 만남으로 이루어지는데 어떤 사람을 만나느냐에 따라 삶의 궤적은 달라질 수밖에 없다.

그 만남이 나를 어디로 데려갔는지를 따라가다 보니 자연스럽게 인생 역정이 복기가 되었다. 인생의 결정적 순간마다 좋은 사람들을 만날 수 있었고, 그들과 함께 꿈꾸고 도전하며 걸어올 수 있었던 것은 큰 행운이었다. 나는 그 인연들을 이 회고록의 시작에서 가장 먼저 기록하고 싶었다. 평생 살면서 내가 받은 가장 큰 축복은 사람 복, 즉 인복人福이었다는 사실을 기록하고 싶은 생각이 들었다.

어느 유명 인사는 성공의 비결을 묻는 언론의 질문에 "부모님을 잘 선택한 것"이라고 농담처럼 얘기했다. 물론 부모님을 내 의지로 선택할 수는 있는 것은 아니다. 내가 받은 인복의 시작은 좋은 부모님으로부터 태어난 것이다. 험한 시대였지만, 성실히 살아가는 모습을 몸으로 보여주셨던 부모님은 내 삶의 초석이었다.

아버지는 나에게 세상 사는 지혜를 가르쳐주셨고 어머니는 자기희생과 헌신으로 세상 사는 방법을 깨우쳐주셨다. 그분들한테 나는 말보다 무거운 행동의 가치를 배웠다. 궁핍한 형편 속에서도 열 명의 자녀를 지혜롭게 키워내신 부모님의 헌신과 절제는 나의 가치관 형성에 결정적 영향을 주었다.

그리고 그 부모님 아래서 태어난 10남매 형제자매들은 서로에게 또 다른 인복이었다. 때에 따라 찬밥과 더운밥을 나누고 왁자지껄 함께 자란 10남매 형제자매들은 내게 공동체의 의미와 삶의 책임감을 일깨워준 소중한 벗들이다.

두 번째 인복은 젊은 날 사회생활의 시작점에서 김우중 회장을 만난 복이다. 크고 거친 세계를 개척해 나가던 그분을 만난 것은 내 인생에서 가장 크고 특별한 인연이었다. 젊은 시절, 패기와 비전으로 충만했던 그는 나를 기업의 세계로 이끌었고, 그로 인해 나는 산업이라는 새로운 지평을 바라볼 수 있었다. 우리는 함께 대우를 일으켰고, 도전과 창의, 책임과 헌신의 정신으로 수많은 어려움을 극복하며 새로운 역사를 써 내려갔다. 김우중 회장은 나의 스승이었고 한국 산업 발전이라는 공동의 이상을 향해 쉼 없이 달려온 동반자였다.

김우중 회장은 내게 큰 꿈을 꾸는 법을 가르쳐주었고, 그 꿈을 현실로 만드는 기회를 아낌없이 내주었다. 그는 내게 넓은 바다를 보여주었고, 그 바다를 항해할 배를 내주었다. 나는 그 소중한 기회를 단단히 붙들었을 뿐이다. 그가 아니었다면 나는 아마도 여전히 세상의 중간쯤에서 맴도는 한 직장인이었을지도 모른다. 그래서 그의 그림자는 내 속에 크고 진하게 남아 있다.

그리고 내가 평생 마음에 새기며 결코 잊을 수 없는 인복이 있다. 엔진 하나, 중장비 하나, 공작기계 하나를 국산화하기 위해 수없이 많은 밤을 새워준 사명감 강한 엔지니어들을 만난 것이다. 당시의 우리는 아무것도 없는 상태에서 시작했다. 설계도면 하나조차 외국에서 사 와야 했던 시절, 우리 손으로 국산 기계를 만들겠다는 신념 하나로 세상에 맞섰다. 그들의 손끝에서, 그들의 눈빛에서, 한국 기계산업의 맥박이 뛰기 시작했다.

경영을 함께 고민해준 훌륭한 참모진들, 현장에서 기계를 붙잡고 땀 흘리던 젊은 기능사원들, 공장의 불이 꺼지지 않도록 자신을 불사르던 현장 관리자들과의 만남도 나에게 넘치는 인복 중 하나였다. 나는 그들을 믿고 맡겼다. 그리고 때로는 무모한 도전을 설득하며 끌고 갔다.

그렇게 수많은 동료들과 함께 걸어온 길이, 오늘의 나를 만들었기 때문에 그들의 노고는 내가 눈을 감을 때까지 잊을 수가 없다. 내가 이룬 업적이 있다면, 그 모든 결과물은 그들의 피와 땀과 눈물로 이루어진 결정체라고 할 수 있다. 나는 그저 앞에 있었을 뿐, 이룬 것은 전부 그들의 몫이다. 그들은 나보다 위대한 공헌자들이며, 나는 다만 그들의 열정과 땀을 하나의 조직 안에서 모아낼 수 있었던 사람일 뿐이다.

각급 학교를 함께 다니고 사회에 진출해서도 지금까지 교분을 나누고 있는 존경하는 나의 학우들, 그리고 내가 간절한 상황에 처할 때마다 수호천사처럼 나타나 정책적으로 도와주던 정부의 많은 공직자들, 거대한 수출 물량을 안겨줘 나를 감동케 했던 해외의 유명 바이어들처럼 헤아릴 수 없이 많은 은인들도 내 인생

길에서 만난 인복의 존재들이다.

그래서 이 회고록은 비록 나의 이야기를 담고 있지만, 결코 나혼자만의 역사를 담은 책이 아니다. 내가 받은 인복의 주인공들에 관한 이야기다. 그들이 이 책의 진짜 주연들이다. 비록 그들의 이름 하나하나를 다 적을 수는 없었지만, 이 책의 행간마다 그들의 숨결이 배어 있는 것은 그 때문이다.

어느 위치에 놓아야 할지 망설이다가 여기에서야 언급하지만, 내가 태어나 받은 인복 중에서 가장 빛나고 소중한 인복은 평생을 반려자로 동고동락해온 사랑하는 나의 아내 조승자를 만난 복이다. 이 글을 쓰고 있던 시기에 세상을 떠났지만 내 아내는 내가 가장 깊이 감사해야 할 주인공이다. 격동의 산업화 시대 남편을 산업현장에 '빼앗기고' 가정생활과 아이들 양육을 오로지 홀로 책임지며 묵묵히 나를 뒷바라지해준 그녀가 없었다면 나는 지금의 자리에 결코 설 수 없었을 것이다. 그녀는 나의 부족한 부분을 메꾸어주었고, 내 부모와 형제자매와의 관계에서 나를 대신해 많은 것을 헌신해준 세상의 현모양처다. 그가 없는 세상이 이렇게 허전할 줄은 몰랐다.

일에 몰두하느라 소홀하게 대해야만 했던 나의 사랑하는 아들딸들은 내 삶에 기쁨과 위안의 원천이 되어준 소중한 존재들이다. 평생 이들과 함께 살 수 있었던 복만큼 큰 인복이 어디에 있으랴.

이 책에 담긴 나의 발자취 속에 혹시라도 후대가 기억해줄 만한 성과나 업적이 있다면, 그것은 결코 나 개인의 능력에서 비롯된 것이 아니다. 좋은 사람들과의 만남, 그리고 그들과 함께 부딪히고 고뇌하며 전진했던 그 시간이 만들어 낸 결과들이다.

그만큼 나는 참으로 복이 많은 사람이었다. 그래서 이 회고록은 내 이야기이기 이전에, 내 삶을 풍성하게 만들어준 그 모든 사람에 대한 감사의 기록이다. 이 책을 읽는 분들이 내 인생의 '길'보다도, 그 길을 함께 걸어준 '사람들'에 더 많은 관심과 따뜻한 시선을 보내주셨으면 좋겠다. 그들이 있었기에 내 인생이 가치 있었고, 내 역할이 의미를 가질 수 있었기 때문이다.

이 책은 이처럼 내 인생에 우연처럼 찾아와 필연이 되어준 사람들에게, 각자의 자리를 지키며 나와 함께 시대를 견뎌 낸 이들에게 바치는 마음의 기록이다.

끝으로 이 책을 쓰는 동안 자료수집부터 검증에 이르기까지 전 집필 과정에 헌신해준 이규민 전 동아일보 편집국장에게 깊은 감사의 말을 전한다. 내가 CEO로 출발할 때부터 7년 동안 내 곁을 지켰던 그는, 내가 인생을 글로 정리하는 마지막 순간까지 자리를 함께했다.

(세심하게 보고 또 보았지만 만에 하나 글에 오류가 있거나 꼭 언급돼야 하는데 누락된 인사가 있다면, 그것은 어디까지나 예전만 못한 나의 기억력에서 비롯된 것일 뿐 다른 의도는 없으니 이해해주기 바란다.)

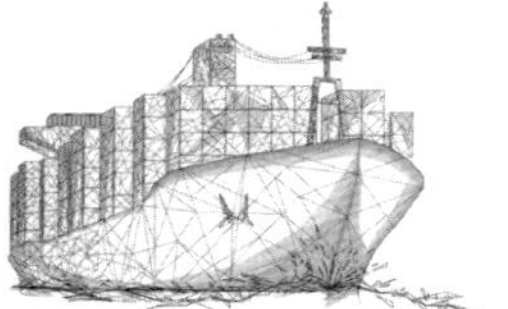

기적을 만들던 순간들,
역시 사람이었다

1판 1쇄 2026년 3월 27일
1판 2쇄 2026년 4월 10일

지은이 윤영석
펴낸이 김병우
펴낸곳 생각의창
주소 서울 서대문구 거북골로 120, 204-1202
등록 2020년 4월 1일 제2020-000044호

전화 031)947-8505
팩스 031)947-8506
이메일 saengchang@naver.com

ISBN 979-11-93748-15-2 (03320)